AF617707

EN MEMORIA DE FRANCISCO JAVIER ELOLA

EN MEMORIA DE FRANCISCO JAVIER ELOLA

Coordinador
César Estirado de Cabo

tirant lo blanch
Valencia, 2025

EDITA: TIRANT LO BLANCH
C/ Artes Gráficas, 14 - 46010 - Valencia
TELFS.: 96/361 00 48 - 50
FAX: 96/369 41 51
Email: tlb@tirant.com
www.tirant.com
Librería virtual: www.tirant.es
NIPO 149-25-005-2
Depósito legal: M-19780-2025
ISBN: 979-13-7010-774-1

Índice

Fuente: Agencia Efe

Prólogo

CÉSAR ESTIRADO DE CABO

En mi doble condición de ciudadano español demócrata y antifascista, y de fiscal español demócrata y antifascista, es para mí un gran honor haber recibido de la Fiscalía General del Estado el encargo de dirigir y prologar un libro promovido por esa Institución dedicado a glosar la vida y obra del que fue primer Fiscal General de la República y Magistrado del Tribunal Supremo de ese régimen democrático D. Francisco Javier Elola Díaz-Varela.

De este modo atendemos una deuda histórica en materia de Memoria Democrática que, siendo enorme en general en nuestro actual sistema democrático, lo es de un modo especialmente llamativo y grave en lo relativo a la Justicia democrática. Con este homenaje empezamos a pagar esta deuda histórica. En efecto, este hombre, gran jurista, de profundas convicciones democráticas, no cesó en su vida de aportar sus esfuerzos para la modernización de un Poder Judicial sometido plenamente al Derecho, dentro de un Estado de Derecho que respetara escrupulosamente las garantías propias del mismo, incluso en los momentos más difíciles para el Estado republicano que defendió. Tal fue su convicción de que no podía ni debía hacer otra cosa, que tras la caída de Cataluña en 1939, lugar donde acabó sus días, no abandonó el país y afrontó sus responsabilidades al no tener nada que ocultar. Esta actitud tan coherente como suicida le costó la vida, al ser asesinado por el bando rebelde, como tantos otros, tras un simulacro de juicio y sentencia, en el Campo de la Bota en Barcelona.

D. Francisco Javier Elola aprobó la oposición a la carrera judicial y fiscal, entonces unitaria, en 1905. Su inquietud jurídica y su nivel técnico le llevó a representar a España en distintos Congresos Penales Internacionales. Al comienzo de la Dictadura de Primo de Rivera, fue designado vocal de la Junta Organizadora del Poder Judicial. Si bien, a la vista de que el nuevo régimen estaba muy lejos de satisfacer las ansias regeneracionistas que precipitaron el agotamiento de la vieja Restauración, abandonó con rapidez esta colaboración.

El 13 de mayo de 1931 el Gobierno Provisional lo nombra Fiscal General de la República, cargo del que dimite el 31 de julio de 1931 cuando se le nombra Magistrado del Tribunal Supremo.

Sorprendentemente para la mentalidad actual, fue elegido diputado a Cortes Constituyentes el 28 de junio de 1931, compatibilizando su condición de Magistrado del Tribunal Supremo con la de diputado. Esta elección se produjo por el partido radical de Alejandro Lerroux. Este líder político es lo que hoy la prensa llamaría un populista, primero de izquierdas y luego de derechas. No obstante, lo cierto es que estaba muy comprometido contra el viejo régimen monárquico y a favor de la instauración de la República. Es probable que ese compromiso republicano determinara la adscripción partidaria de D. Francisco Javier, que en 1933 abandonó para pasar a ser diputado republicano independiente. Este año 1933 coincide con el giro muy derechista del partido radical, que acabó conformando el bloque radical-cedista que dio lugar al llamado bienio negro 1934-1936.

En sus intervenciones parlamentarias, siempre defendió una modernización y renovación del Poder Judicial, alejado de toda inercia corporativista, debiendo dejar de ser una "oligarquía judicial que el día de mañana pueda imponerse y enfrentarse con la democracia". Palabras éstas sobrecogedoras por su carácter premonitorio.

También se opuso siempre al reforzamiento del poder ejecutivo mediante mecanismos excepcionales, defendiendo el sometimiento pleno del Ejecutivo a las previsiones jurídicas ordinarias, sin restricción de garantías a los ciudadanos. Rechazó por inconstitucional la práctica antigua de arresto gubernativo por impago de multa. Insistía en que todos los ciudadanos tienen los mismos, derechos, sin importar a estos efectos su ideología. También rechazó expresamente la ley de defensa de la República.

Siempre defendió la independencia del poder judicial, que prefería llamar "jurisdiccional", de cualquier intromisión por el Ministerio de Justicia, tradición que le parecía, con razón, aberrante.

Al disolverse las Cortes Constituyentes en octubre de 1933 dejó de ser diputado continuando en el desempeño de Magistrado del Tribunal Supremo.

Tras el golpe fascista del 18 de julio de 1936 fue nombrado presidente de la Sala Tercera del Tribunal Supremo (de lo Contencioso-administrativo). Además, al fracasar el golpe en Madrid, se le nombró juez especial para instruir la causa por rebelión en la capital. El principal procesado era el general Fanjul, y al rechazar el carácter sumarísimo del procedimiento, optando por admitir las diligencias de prueba de descargo propuestas por la defensa del general golpista, llegó a ser apartado de dicha instrucción.

Ese mismo año 1936 fue designado instructor del "expediente general sobre el movimiento de rebelión militar y sus múltiples derivaciones, debiendo entender en ella con función permanente y plenitud de funciones jurisdiccionales", con extensión en todo el territorio nacional.

Es decir, D. Francisco Javier tuvo la máxima responsabilidad en la persecución del delito de rebelión contra todos los responsables del golpe fascista, si bien en el caso de la zona republicana, donde el golpe había fracasado, los procesados estaban a disposición judicial, mientras los responsables de la zona rebelde fueron procesados en rebeldía, como es el caso de Franco, Mola o Queipo de Llano.

En agosto de 1937 fue nombrado presidente de la "Junta de Inspección de los Tribunales de Madrid" creada con objeto de "investigar la actitud y adhesión al régimen de los funcionarios de la administración de Justicia".

El Tribunal Supremo legítimo, y con él D. Francisco Javier, acompañó al Gobierno legítimo en su abandono de Madrid, en noviembre de 1936, trasladándose a Valencia, y posteriormente, en octubre de 1937, a Barcelona. En junio de 1938 el Servicio de Inteligencia Militar de la República descubrió que una parte de la judicatura actuaba en favor del bando rebelde. El Juez especial de espionaje acordó su ingreso en prisión. Pues bien, dichos jueces fueron absueltos al no comprobarse actuaciones ilegales, al margen de su adscripción ideológica. En la sentencia se aclaraba que "los presidentes de sala del Tribunal Supremo, excmos. sres. Elola, Aberrategui, Álvarez Martín y Paz afirman merecerles confianza la lealtad de todos los funcionarios". Se especificaba que no correspondía al tribunal "penetrar inquisitivamente en la conciencia de los encartados para discriminar su ideología", sino "su fidelidad en el momento actual". Trágicamente algunos de estos magistrados que realmente sí estaban confabulados con el bando rebelde, una vez socorridos por D. Francisco Javier, abandonaron a éste a su suerte cuando poco después sufrió la represión más arbitraria.

Acabada la guerra, se presenta a las nuevas autoridades fascistas, afirmando que se negó a abandonar el país "por su amor infinito a España" y que "quise dar cuenta de mis actos a las autoridades legítimas". Como es habitual en todas las víctimas de la enorme represión franquista, para sobrevivir debió simular lealtad al nuevo régimen salido del golpe militar, tratando de salvar su responsabilidad derivada de la natural lealtad a la causa republicana. Se decretó su inmediato ingreso en prisión, incurso en la causa seguida contra magistrados, fiscales y jueces de la Sala Sexta del Tribunal Supremo "del llamado Gobierno de la República".

La acusación a D. Francisco Javier era por delito de rebelión. No cabe mayor monstruosidad jurídica, aparte de ética: los autores del alzamiento armado contra las instituciones republicanas establecidas, reos flagrantes del delito de rebelión, se autoconsideran el Estado legítimo, mediante argumentarios tautológicos y fanatizantes, ajenos totalmente al mundo del Derecho y de la forma más arbitraria transforman el Estado contra el que se rebelan en un "bando" que al resistirse al golpe militar, como es su deber natural y legal, pasa a convertirse en el bando rebelde. Esta extravagancia jurídica es el pilar mayor de la arquitectura represiva del nuevo régimen fascista. En efecto, la esencia del nuevo régimen es la represión eficaz, organizada y sistemática, como medio para cumplir su función, que no es otra que depurar la sociedad de la parte que les estorbaba para su nuevo concepto ideal de nación española. Esta depuración se producía mediante diversas técnicas de represión: la principal era el exterminio calculado de todos los cargos relevantes del régimen republicano y del mundo sindical y obrero, así como de un porcentaje importante de su base social; además se produjo un encarcelamiento masivo por orden administrativa del responsable militar o civil de la plaza, o por disposición de montajes judiciales, el ingreso en campos de concentración, la esclavización laboral, el exilio, la depuración profesional, con examen individualizado de cada persona, la represión económica, articulada a través de la ley de responsabilidades políticas de 1939 (un auténtico saqueo al imponer a las víctimas la obligación de financiar el golpe y sus desastrosos efectos), la imposición de la humillación social, el sometimiento constante para cualquier actividad a la vigilancia de la Policía, la Falange y la Iglesia, que operó como brazo civil de la represión. Y, sobre todo, el terror subsiguiente, que enmudeció y paralizó al grueso de la población.

En el caso de D. Francisco Javier Elola esta ironía en la utilización del tipo de rebelión alcanza su máxima virtualidad, pues la prueba mayor de su delito fue el testimonio de las diversas causas que se incoaron bajo su responsabilidad máxima por delitos auténticos de rebelión, contra los responsables del golpe militar. Es decir, se le consideró reo de rebelión por instruir causas contra los verdaderos rebeldes. Para colmo, renunció a la instrucción que inició contra el máximo cabecilla del golpe en Madrid, el general Fanjul, al estar en desacuerdo con las limitaciones de defensa del procesado derivadas de la naturaleza sumarísima del proceso. Además, se opuso a la instauración de los Tribunales Populares, como siempre se opuso a las jurisdicciones excepcionales, pese a que dicha figura trató de poner coto, con bastante eficacia además, a los ajustes de cuenta descontrolados de las milicias populares.

Es emblemática la argumentación de D. Francisco Javier al recurrir su auto de procesamiento: "No me conceptúo reo de delito de rebelión militar, porque no me levanté contra la Constitución del Estado, ni del Jefe del mismo, ni de las Cortes, ni del Gobierno formalmente legítimo. Tampoco me adherí expresa o tácitamente a ningún movimiento de esta índole; como magistrado del Tribunal Supremo, integraba un Poder del Estado y no me aparté un solo momento de mis deberes constitucionales y orgánicos, de obediencia, deber funcional, subordinación y disciplina, permaneciendo alejado de toda clase de partidismos y luchas políticas... En concreto he obrado por obediencia debida y en cumplimiento legítimo de un cargo jurisdiccional, cuya investidura era indiscutible para el que la recibiera, en mala hora por el insólito y grave hecho perseguido, sino por su actuación jurisdiccional, respecto a su trascendental misión...Solicito se ahonde la instrucción sumarial a fin de aislar e individualizar mi responsabilidad concreta, respecto de los hechos que se me imputan como constitutivos de un delito de rebelión en cualquiera de sus matices".

A estos razonamientos impecables, propios de un jurista, frente a una banda de fanáticos sanguinarios, enemigos de la cultura y la intelectualidad que hablaban otro lenguaje, se añadían unas notas de D. Francisco Javier, que le fueron intervenidas en prisión y adheridas a la causa. Esta argumentación añadida quedará, debe quedar, para la posteridad de la Justicia, como la afirmación del Derecho y la Justicia frente a la represión criminal: "Surge la rebelión por el alzamiento colectivo en armas contra un poder legalmente constituido. El 18 de julio de 1936 existía un Estado con todas las condiciones jurídicas y reales a las que debía su ser en el mundo internacional. Era el de la República española. Se regía por una ley fundamental: la Constitución de diciembre de 1931. Su estructura era racionalizada. Hallábase dotada de leyes, reguladoras de su vida interior. Poseía organismos públicos en pleno funcionamiento...No se concibe, pues, una rebelión del Estado organizado, contra una minoría que por las razones sociales y políticas que la asistiesen para combatir el poder legal y formal se había levantado en armas contra aquél. Real y jurídicamente la rebeldía estaba en el campo de los que se levantaron contra el Estado republicano y no se consolidó como tal Poder...Por lo tanto, en los primeros meses a partir de julio de 1936, no podía calificarse de rebelde al servidor del Estado, ni al Estado mismo...El Estado naciente podría calificarnos de afectos o desafectos, de leales o de sospechosos, de confianza o desconfianza, pero jamás como rebeldes para fundar sobre esta calificación jurídica una sanción penal...Las ideas no delinquen, sino las conductas, férreamente subsumidas en los preceptos legales coetáneos a sus presuntas infracciones. Todo otro criterio sería horriblemente injusto, inicuo, desmoralizador y contrario a los intereses del Estado nuevo, en régimen jurídico de permanencia y de convivencia social".

En el Consejo de guerra testificó a su favor José Castán Tobeñas, afirmando que Francisco Javier Elola "siempre dio prueba de independencia y buen magistrado, estudioso y capacitado".

La sentencia del Consejo de Guerra de Barcelona de fecha 13 de marzo de 1939le condenó por un delito de adhesión a la rebelión militar, basándose fundamentalmente como hechos probados en su actuación como Juez Instructor especial de las distintas causas instruidas contra los responsables del golpe militar, precisamente por delito de rebelión militar. Reconociendo expresamente que se negó a participar en los Tribunales Populares. Se le condenó a la pena de muerte. Pareciera que España volvía a la Edad Media y a la Inquisición.

La sentencia fue apelada ante el Alto Tribunal de Justicia Militar, con sede en Valladolid. Dicho Tribunal, compuesto por su Presidente Ruiz del Portal Martínez, y los Vocales Ruiz de Atauri, Fermoso Blanco, La Cerda López Mollinedo, y Conde Pumpido, dictó Sentencia el 18 de abril de 1939. Esa sentencia mantenía los Hechos Probados de la sentencia de instancia. Ante la absoluta falta de relación jurídica entre los hechos probados y su calificación penal, se añadió la siguiente palabrería absolutamente ajena al derecho: "el sr. Elola actuó como Juez especial contra los verdaderos españoles que se sumaron al legítimo Movimiento Militar…". También se incluyó un intento de legitimación, muy burdo, del golpe militar, en los siguientes términos: "Resultando que los días 17 y 18 de julio de 1936, el Ejército, en cumplimiento del imperativo precepto del art. 2 de su ley constitutiva de 29-11-1878, que le señala como misión primordial la de defender a la Patria contra sus enemigos exteriores e interiores, e invocando los principios de tradición y cultura nacionales, asumió el poder ilegítimamente detentado por el Gobierno frente-populista que se había constituido mediante un golpe de fuerza a raíz de las elecciones de 16-2-1936 cuyos resultados se falsearon con aquella finalidad por elementos dedicados al servicio de poderes ocultos internacionales que trataban de llevar el país a la anarquía y a la ruina. Resultando que la guarnición de Madrid, bajo la dirección del Exmo. Sr. General D. Joaquín Fanjul Goñi, secundó el Movimiento Militar iniciado en África el 17-7-36 cooperando al Gobierno legítimo que había asumido la gobernación de España, manteniendo durante varios días cruenta lucha entre los secuaces del ilegal gobierno, paisanaje y turbas armadas y las fuerzas leales que en número reducido y sin elementos sucumbieron después de una resistencia heroica (alusión al asalto del Cuartel de la Montaña), quedando dicha capital y su provincia así como otras y varias de la Península en abierta y franca rebeldía contra el legítimo poder al que combatieron con numerosas fuerzas militarmente organizadas mandadas por Jefes castrenses que hostilizaron a las del Ejército Nacional".

Este documento, como otros muchos similares de la época, no es una verdadera sentencia, al carecer de los elementos más esenciales de ese tipo de resoluciones judiciales, las más relevantes. En efecto, la sentencia es un silogismo jurídico, se aprecian unos Hechos Probados que deben corresponderse con la realidad evidenciada, y se subsumen en la norma jurídica que los prevé, siendo las consecuencias previstas en la norma la decisión que se aplica, que no es sino el efecto jurídico previsto en la norma. Siguiendo la filosofía de Kelsen, los hechos son el "ser" y la norma el "deber ser". Y lo más importante de la sentencia es la exteriorización de los razonamientos, que deben ser lógicos, que hayan llevado a los juzgadores a acreditar los hechos y a subsumirlos en determinada norma jurídica. Cuando un documento, que se autodenomina sentencia, carece de lejos de esos elementos esenciales, no es una sentencia.

Y es el caso: los únicos hechos probados relevantes e indiscutibles es que el procesado D. Francisco Javier Elola, cumpliendo sus funciones legítimas de juez especial designado para instruir los sumarios, mediante otros jueces auxiliares, relativos al delito de rebelión militar contra los militares que se alzaron violentamente con las armas que detentaban contra todo el Estado republicano constituido, instruyó inicialmente el sumario contra los cabecillas del golpe en Madrid y supervisó la instrucción de los sumarios en todo el territorio nacional contra los máximos responsables del alzamiento armado. Está claro que estos hechos no son subsumibles en ningún precepto penal, pues el cumplimiento ordinario de las acciones judiciales legalmente previstas al evidenciarse un delito flagrante de rebelión contra la República, nunca puede ser un delito. Y mucho menos un delito de rebelión. Por tanto, una verdadera sentencia no puede calificar los hechos como delito de rebelión al no resistir ninguna lógica jurídica. Por ello lo que el documento, ajeno al mundo del Derecho, perpetra es una sustitución de la argumentación y lógica jurídicas, ínsitas al Derecho procesal y en este caso al Derecho penal, por un argumentario (lo contrario a la argumentación) tautológico, es decir, expresiones absurdas carentes de todo rigor, incomprensibles en el mundo de la lógica y el raciocinio, que por una parte sustituyen la realidad histórica por una reconstrucción ficticia y dogmática de los hechos, y por otro lado sustituyen el razonamiento lógico de la subsunción jurídica por la expresión de una voluntad de exterminio de lo que se llaman implícitamente "malos españoles" frente a los "verdaderos españoles". Pues si los verdaderos españoles son los que se sumaron al alzamiento armado, quiere decir que los que se opusieron al mismo, defendiendo el orden constitucional, son los enemigos de los verdaderos españoles. En el contexto de las declaraciones realizadas desde el inicio del golpe por sus máximos responsables, relativas a que debía emplearse una violencia extrema contra los desafectos al golpe, para sembrar el terror en la población, y eliminar definitivamente a los enemigos ideológicos, está claro que el argumentario real de lo que se denomina sentencia, y que es una panfleto arbitrario es: como el Sr. Elola se opuso al golpe fascista, como juez especial designado para instruir los sumarios contra el mismo, es enemigo de los verdaderos españoles, es desafecto al nuevo régimen fascista y, por tanto, debe ser eliminado. Esto se evidencia también por las constantes alusiones en la sentencia a la ideología o antecedentes de derechas (los buenos) frente a los de izquierda (los malos). Un claro ejemplo de lo que hoy se conoce como "el Derecho penal del enemigo", en su peor versión, pues es una instrumentalización del Derecho para cubrir con aparentes ropajes jurídicos un genocidio ideológico y social, una destrucción de la parte del grupo nacional que no encaja en el nuevo concepto ideal de nación, lo que se vino luego en llamar "autogenocidio".

El asesinato se efectuó, según diligencia de ejecución, el 12 de mayo de 1939 a las cinco horas, en el Campo de la Bota, de Barcelona, como otros muchos. Simultáneamente fueron asesinados por orden de la misma "sentencia" el Magistrado del Tribunal Supremo D. Fernando Berenguer de las Cagigas, y el Secretario del Tribunal Supremo, D. Pedro Rodríguez Gómez.

La propia sentencia dedujo testimonio para la depuración prevista en la ley de responsabilidades políticas de 1939, que preveía una sanción económica por oponerse al golpe militar, transmisible incluso a los herederos. Tras la búsqueda de bienes a su nombre, sólo se encontraron unas acciones por valor de 18.000 pesetas, que se embargaron. Si bien por una modificación posterior de esa infame ley, que fijaba un mínimo de 25.000 pesetas el embargo para la ejecución de la sanción, fueron devueltas las acciones embargadas a los herederos.

Está claro que desde la reinstauración del Estado de Derecho y la democracia, tras la muerte del dictador, se retoma teóricamente un hilo de legitimidad procedente de la Segunda República. Se retoman las verdaderas sentencias, esos silogismos jurídicos kelsenianos. Se retoma la sumisión de todos los Poderes públicos al ordenamiento jurídico. Y el respeto democrático a la voluntad del pueblo. Los jueces y fiscales de la democracia nos debemos a los principios sagrados de juristas tan elevados como D. Francisco Javier Elola, sólo nos debemos a la realidad evidenciada de los hechos probados, y a su recta calificación jurídica, sin consideración alguna a los aspectos personales o ideológicos de los justiciables, sólo valoramos la prueba y la ley aplicable. Es necesario dar a conocer a personas tan ilustres como éste, que fue asesinado por su ejemplo y volvió a ser asesinado tras la nueva democracia de 1978 al olvidarle completamente, bien sepultado en un olvido institucional, para que ese ejemplo no estorbara a los herederos de esa Dictadura tan tenebrosa. Con este libro le rescatamos institucionalmente, para que nos sirva de ejemplo a quienes cumplimos profesionalmente la alta función constitucional de servir a la Justicia.

Para desarrollar esta obra, he seleccionado a dos historiadores gallegos, como lo es el origen de nuestro protagonista, muy cualificados para la reconstrucción de nuestra Memoria Histórica, que conocían ya la figura de D. Francisco Javier Elola y sus vicisitudes: Dña. María Torres Celada y D. Lourenzo Fernández Prieto, en trabajo conjunto con el también historiador D. Antonio Míguez Macho. María Torres es una gran investigadora de la Memoria Democrática, muy destacada en el ámbito de las víctimas de la represión franquista deportadas a los campos de concentración y exterminio nazis, sobre todo de origen gallego. Lourenzo Fernández y Antonio Míguez son catedráticos de la Facultad de Historia de la Universidad de Santiago de Compostela, siendo además Lourenzo miembro de la Real Academia Galega. Y a dos juristas de primer nivel, tanto por su preparación jurídica como por su preocupación por la Memoria Histórica y su gran sensibilidad democrática: los magistrados D. Ramón Sáez Valcárcel y D. José Ricardo Prada Soloesa. Ramón Sáez desempeña actualmente el cargo de magistrado del Tribunal Constitucional, y José Ricardo Prada el de magistrado de la Sala Penal de la Audiencia Nacional. Creo que no podía dejar el desarrollo de este libro en mejores manos, pues tan importante en el rescate de la memoria de D. Francisco Javier Elola es el aspecto histórico como el jurídico.

Así, en el aspecto histórico, María Torres hace una aproximación a la personalidad, carácter y mentalidad de nuestro ilustre personaje a través de las noticias, reseñas, opiniones y anécdotas que la investigadora historiográfica ha ido rescatando de la prensa, especialmente de la gallega local. A través de este técnica investigativa, ha resultado un excelente reportaje de reconstrucción de tan magna personalidad, adentrándose en su faceta intelectual, de inquieto jurista, así como filosófica y política. Como los grandes juristas clásicos, españoles y extranjeros, se interesaba por todas las humanidades y ciencias políticas y sociales, sin encerrarse en los laberintos del análisis jurídico, aislado de cualquier otra inquietud intelectual, tan frecuente hoy día. A esta exclusividad jurídica de la sabiduría de muchos juristas actuales, como en general de los técnicos profesionales, llamó nuestro gran filósofo Ortega y Gasset "la barbarie del especialista".

El trabajo conjunto de los historiadores Lourenzo Fernández y Antonio Miguel profundiza en el papel de Francisco Javier Elola dentro de una Justicia democrática e independiente, que busca no apartarse de las reglas de un Estado de

Derecho, incluso en circunstancias tan excepcionales como la de verse envueltos en un ataque golpista contra todas las instituciones republicanas. Así, enfrenta la narración del desarrollo de las pruebas en el Consejo de Guerra "montado" contra nuestro protagonista, cuyo resultado le es absolutamente favorable, en cuanto al cumplimiento escrupuloso de sus obligaciones judiciales, de las que en todo caso se excedía para garantizar de forma extrema los derechos de los procesados verdaderamente rebeldes, con el informe de la acusación y los "fundamentos" de las sentencias de ambas instancias, que se separan de toda lógica procesal para afirmar falacias tautológicas al servicio de la propaganda fascista. En suma, fiscales y jueces, militares y profesionales bien identificados, que subordinaron sus funciones profesionales a los principios ideológicos del nuevo Estafo fascista. En definitiva, este trabajo demuestra la bifurcación entre el desarrollo del proceso sumarísimo y la parafernalia de las sentencias, como puros instrumentos torpes de la legitimación del asesinato de un extraordinario jurista, que por sus propios méritos y generalizado prestigio ascendió a los máximos escalones de la Fiscalía y la Judicatura, una tremenda metáfora del asesinato del Estado de Derecho.

El ilustre jurista y magistrado D. Ramón Sáez hace una demostración brillantísima de la talla jurídica de nuestro protagonista. Especialmente se centra en su enorme aportación para la creación de un Tribunal Constitucional en nuestro país. Primero, como jurista teórico, en distintas publicaciones y como asesor de comisiones jurídicas, y luego como legislador constituyente, en las Cortes republicanas de 1931. De gran calado son sus análisis del juicio de constitucionalidad de las leyes, que D. Francisco Javier impulsa dentro de una concepción del Derecho como un ordenamiento global jerarquizado e interrelacionado, siguiendo los esquemas de Kelsen, y por otra parte muestra sus preocupaciones por el adecuado uso que debe hacerse de este instrumento que no se ocultaba potente para no lesionar el principio democrático. En este sentido, D. Francisco Javier era un Juez anticorporativista, constantemente precavido ante el riesgo de que una oligarquía judicial atacase el principio democrático de soberanía popular. En fin, una maravilla este homenaje desde la magistratura del Tribunal Constitucional que encarna D. Ramón Sáez hacia el gran precursor en España de la creación de un tribunal de garantías constitucionales, muy adelantado a debates que siguen vivos mucho tiempo después, en este como en otros ámbitos, como el control jurisdiccional de la Administración o la responsabilidad penal de las personas jurídicas.

Finalmente el ilustre jurista y magistrado D. José Ricardo Prada, de renombre internacional, desarrolla de forma tan amplia como minuciosa los trabajos de D. Francisco Javier en pos de una modernización democrática en la organización del poder judicial, empezando por la propia polémica de una denominación hoy pacífica. Comenzando por sus aportaciones durante la dictadura de Primo de Ribera, y siguiendo por las que hizo al debate constitucional de la Segunda República y a su asesoramiento en sus leyes de desarrollo sobre este aspecto. Destacando su sabia diferenciación en cuanto a las garantías de independencia, entre el poder jurisdiccional de cada juez o tribunal, y el aspecto orgánico de su estatuto y administración. Y en este último aspecto su equilibrio entre el autogobierno judicial y el principio democrático. Una verdadera joya totalmente de actualidad hoy en día.

Nota sobre las fuentes

Para este prólogo he contado con el artículo publicado por D. Federico Vázquez Osuna en el nº 48 de la revista de la Asociación de Juezas y Jueces para la Democracia de 24 de noviembre de 2003, número dedicado a "la recuperación de la memoria histórica, la judicatura republicana". Así como con la documentación histórica custodiada en el Archivo del Tribunal Supremo, en cuanto a las causas instruidas bajo la dirección de Francisco Javier Elola por rebelión militar contra la República, y la causa franquista seguida contra el propio Francisco Javier por adhesión a la rebelión.

Un recorrido por la historia del magistrado a través de la prensa

MARÍA TORRES CELADA

«Que me sentencie el pueblo, que es para mí el más alto Tribunal, si no cumplo con mi deber»[1]

Francisco Javier Elola Díaz-Varela

Esta frase fue pronunciada por Francisco Javier Elola en el homenaje que le tributó el colectivo gallego de Madrid tras su nombramiento como fiscal general de la República. No se cumplió su voluntad, sino la de la justicia franquista que puso fin a su vida a las cinco de la mañana del 12 de mayo de 1939 en el Camp de la Bota de Barcelona. En su certificado de defunción se señala que falleció de "profusa hemorragia interna"[2]. Sus restos permanecen en el Fossar de la Pedrera del Cementerio de Montjuitch desde hace 84 años.

Escribió Cicerón que «*La vida de los muertos perdura en la memoria de los vivos*» (Filípicas, IX, 10) y es una afirmación intangible, pero la vida, además de en los archivos, también permanece en las páginas amarillentas de los periódicos, hoy por fortuna digitalizados en su mayoría. En ellas encontramos muchos trazos de la existencia pública de Francisco Javier Elola, que muestran, como en una antigua fotografía, los infinitos matices de grises y las múltiples facetas de este magistrado, uno de los más brillantes de la República, a la que se mantuvo fiel hasta el final de su vida. Un juez sin cara de juez, como algún periodista le describió.

En la prensa histórica consultada, además de dar cuenta de todos sus nombramientos, nos encontramos a un hombre que es recibido por los responsables de las más altas instituciones, por todos los presidentes de Gobierno. Organiza y acude a múltiples actos de la colonia gallega en Madrid, toma parte en infinidad de homenajes, participa activamente en los debates de las Cortes Constituyentes y además, colabora con la prensa, siendo un personaje muy accesible para la misma. Incluso los periódicos extranjeros, en particular los franceses, se hicieron eco de su nombramiento como fiscal general, de la posterior dimisión y por último, de su detención y ejecución.

Trabajador incansable, despertaba a partes iguales admiración y recelo. De ideas conservadoras, sorprendía con sus sentencias transgresoras para la época, sobre todo las relativas a las mujeres y las clases menos pudientes. En 1932 condenó a un hombre casado que engañó a una joven de 16 años, al pago de una pensión mensual, estableciendo un criterio severo contra los seductores. En los juicios sobre impago de alquileres, acababa apoyando al inquilino que no podía hacer frente al pago o a la subida anual que quería establecer el propietario, e impedía los desahucios. Incluso falló en contra de un casero hidrófobo recordándole que el acto de bañarse no podía ser motivo de sanciones contra su inquilino.

Dos semanas antes de la proclamación de la II República española, se pronunció en contra del Código de la dictadura: «Toda ley que en su contenido y en su forma no obedezca a las previsiones y ordenamientos de la Carta será una ley facciosa...»[3] Fue testigo presencial de los alborotos promovidos por los monárquicos en la calle Alcalá, antes de las elecciones del 12 de abril: «De pronto, salieran de la casa en cuestión elementos que llevaban lazos bicolores y flores de lis, gritando: "¡Viva el Rey!" A este grito, y por virtud de una reacción colectiva natural en los que se encontraban en la calle, se contestó con el de "¡Viva la República!" Enseguida, empezaron a caer unas hojas tituladas "El Murciélago". Como el

---

1 *El Pueblo Gallego*, 24 mayo 1931, p. 2

2 Registro civil de Barcelona, Tomo 159-7, Página 49, expedido el 29 marzo 2023

3 *El Heraldo de Madrid*, 1 abril 1931

asunto parecía tomar mal cariz, requerí el auxilio de un guardia, conminándole a la detención de los provocadores, porque aquello podía dar origen a un día de luto.»[4]

Y a pesar de ser católico estaba a favor del divorcio: «Soy convencido partidario de la legalización civil del divorcio en su sentido más amplio. Constituye la liberación de un vínculo que pretende unir en vano lo que el corazón rompió. Debe acometerse su implantación bajo la fórmula contenida en el principio de "discrepancia objetiva" o motivación "sine causa" por el disenso de los cónyuges, estimado en conciencia, mediante el seguro y libre arbitrio judicial y con garantías sociales y económicas para los hijos.»[5]

La primera información de Francisco Javier Elola en la prensa data de octubre de 1895. *El Diario de Galicia* se hacía eco de un telegrama dirigido al presidente del Ateneo León XIII de Santiago de Compostela, firmado por varios alumnos de Derecho manifestando su apoyo en relación con los sucesos de Barcelona que tuvieron su origen en la suspensión de Odón de Buen del desempeño de la cátedra de Historia Natural, hecho que produjo numerosas protestas entre los estudiantes. Dos años más tarde *El Alcance* informaba: «Ha recibido el grado de Licenciado en Derecho el escolar vigués Don Javier Elola»[6] y en mayo de 1905 *El Correo de Galicia* publicaba la relación completa de aspirantes al Ministerio Fiscal y a la Judicatura y en la que Elola figuraba en la posición 36.[7] Ese mismo año es nombrado juez municipal de Vigo[8], y en octubre pasa a ocupar provisionalmente la plaza de juez de Primera Instancia, hasta la incorporación del titular. Vigo no era una ciudad desconocida para él, pues en ella vivió con su familia varios años. Su padre, Gregorio Elola, impartió la asignatura de piano en la Escuela de Artes y Oficios. La familia Elola-Díaz Varela residía en una vivienda en la tercera planta del número 12 de la calle Velázquez Moreno, en la que también ofrecía clases particulares el cabeza de familia. Y es en esa época que Javier Elola, con tres compañeros de Derecho forma «el cuerpo de redacción de *Vigo juvenil*, que habían fundado con gran entusiasmo y cuya tirada alcanzaba la cifra de 4 ejemplares que, cada uno de los redactores, escribían a mano con tinta de color violeta —por ser más barata — difundiendo dicho "porta-voz" entre los muchachos de su época, cuyas hojas de papel de barba cuidaban de que tuvieran la mayor difusión, hasta que a fuerza de dobleces, y de uso en los bolsillos de los lectores, acababan por ser ilegibles.»[9]

En marzo de 1906 recibe el nombramiento de juez de Primera Instancia de Luarca, localidad asturiana donde pasó casi dos años hasta su traslado en diciembre de 1908 a Sarria, un municipio de Lugo que apenas alcanzaba los 1.500 habitantes y donde aún no había llegado la electricidad.[10] Al poco tiempo asiste a las honras fúnebres de Ramón Castaño, joven auxiliar de la secretaria del Juzgado Municipal: «El Juez de Primera instancia de este partido D. Francisco Javier Elola, dando una prueba de sus buenos y ejemplares sentimientos, concurrió a la conducción del cadáver al cementerio.»[11] Meses después, cuando Alfonso XIII se desplazó a Santiago de Compostela en el Año Santo de 1909 para realizar la Ofrenda al Apóstol y visitar también la Exposición Regional Gallega, hizo una breve parada en Sarria. La prensa destacaba que «S.M. estrechó, con la amabilidad que le distingue y la bondad que retrata en su rostro la mano del juez de primera instancia Sr. Elola.»[12]

Tres años más tarde y en una carta al director publicada en *El Norte de Galicia* podemos leer: «Esta tranquilidad que desde ha tiempo venimos gozando con gran contentamiento es debido en grandísima parte a la rectitud y justicia con que obra el digno Juez de 1ª Instancia Don Francisco Javier Elola, que viene dando pruebas de ser un hombre íntegro, cual

---

4 *La Tierra*, 12 mayo 1931, pp. 1-2

5 *Estampa*, 6 junio 1931, p. 24

6 *El Alcance*, 22 junio1897, p. 1

7 *El Correo de Galicia*. 27 mayo 1905, p. 2

8 *La Correspondencia Gallega*, 12 agosto 1905, p. 3

9 *Vida Gallega*, 20 junio 1932, p. 13

10 *Diario de Galicia*, 19 diciembre 1908, p. 2

11 *El Norte de Galicia*, 21 abril 1909, p. 2

12 *El Norte de Galicia*, 29 julio1909, p. 2

no se recuerda otro entre los muchos que ocuparon antes que él dicho destino, por lo cual los paisanos a una y las demás personas honradas y por ende amantes del orden y la tranquilidad lo mismo, lo quieren y estiman y dicen que si en ellos pendiera harían que fuese perpetuo en el destino por los incalculables beneficios que viene prestando a este país.»[13]

EL ASUNTO DE SARRIA

El juez Elola no era aceptado con buenos ojos por gran parte de la población entre la que se encontraba algún funcionario del Juzgado como Julio Álvarez López, secretario judicial, que fue denunciado por falsificación de documentos y prevaricación, siendo suspendido por Elola, a quien esta decisión le valió una recusación. *La Voz de la Verdad* adelantaba su final en Sarria: «el dignísimo Sr. Juez propietario del partido judicial de aquella hermosa villa, hombre de reconocidos méritos y reputación en la Magistratura a quien Sarria debe mucha paz y justicia, y en donde perdurará su nombre entre las personas de buena voluntad.»[14] Y es que a raíz de la intervención de limpieza realizada por Elola en el Juzgado, el alcalde de la villa telegrafió al Gobernador para informarle que le había sido solicitado permiso para celebrar una manifestación contra el integérrimo juez del Partido, permiso que denegó temiendo una alteración del orden público. Inmediatamente salió para aquella localidad un teniente de la Guardia Civil con 18 números de tropa y varios policías de la capital con su inspector al frente. «El Alcalde explicó a los enviados como mantenedores del orden público, que desconocía los nombres de los peticionarios del permiso para la proyectada manifestación, y que, eran ocho individuos aproximadamente. Pero Sr. Gobernador ¿cabe desconocer el artículo 13 de la Constitución y el 1º de la ley 15 de junio de 1880, que exige a los que convoquen alguna reunión pública dar conocimiento escrito del objeto de la misma, día y hora, además del sitio de la reunión con 24 horas de anticipación?»[15]

Este hecho provocó que el juez de Sarria fuera llamado a Madrid para comparecer ante el Ministro de Justicia de forma inmediata. L*a Voz de la Verdad* publicaba dos artículos en los que afirmaba: «El Sr. Gobernador civil sabe perfectamente por medio de sus subordinados enviados a Sarria, por todo el que quiera rendir dignamente tributo a la verdad, que allí ni por asomo hubo siquiera conatos de la más leve protesta contra el Juez, modelo en los de su clase. Consignamos estos datos desinteresadamente, sin pasión de ningún género, y también nos parece oportuno hacer constar que ha llegado la hora de ver caer en desuso los procedimientos de intriga que tienden hacer "saltar" por influjos caciquiles a todo funcionario recto que pueda servir de estorbo para los perjuicios de antaño. Lo que pasa en Sarria es digno de estudio; es lo peor de los bajos fondos sociales que se vuelve airado y violento, contra la presión de la Justicia, contra la falta de transacción con su peculiares conveniencias; el pueblo en su absoluta mayoría reconoce la labor intensísima de rehabilitación del principio de justicia llevado a cabo por el Juez actual y nadie, salvo raras excepciones, la escatima el reconocerlo en público. [...] Tenemos el convencimiento completo y la conciencia tranquila de que todo elogio al Sr. Elola es un pálido reflejo de su rectitud y competencia, tanto más meritoria, cuanto mayores son las dificultades con que ha sabido luchar...»[16] *A Voz do País*, semanario regionalista editado en Monforte, recogía en su edición del 11 de agosto: «tamen s' alcontra entra nosotros disfrutando quince días de licencia ó digno e intexérrimo Xuez de instrucción de Sarria D. Xavier Elola Díaz Varela, que está sendo obxeto de xenerás simpatías pol a campaña moralizadora que está levando a cabo na Vila veciña. Sin reservas de ninguna crás apraudimos o seu valente proceder e folgámonos moito nou lle fagan mella as xudiadas e falcutruas d'aqueles caciques empecatados. Funcionarios coma o señor Elola honran a administración de xusticia e son o teror de caciques, que se revolven coraxudos contra os que velan pol os seus sagrados prestixos.»[17]

---

13 *El Norte de Galicia,* 4 marzo 1911, p. 2
14 *La Voz de la Verdad,* 20 junio 1912, p. 1
15 *La Voz de la Verdad,,* 2 julio 1912, p. 1
16 *La voz de la verdad*, 8 julio1912, p. 3
17 *A Voz do País* 11 agosto 1912, p. 3

Javier Elola ya no regresaría al Juzgado de Sarria. El 27 de julio solicitó traslado, se tomó quince días de vacaciones y se le ordenó que al finalizar las mismas girara una visita de inspección a los Registros civiles de Xinzo de Limia, Verín y Allariz en Ourense[18]. En octubre de 1912 es nombrado juez de Ponte Caldelas y en enero de 1913 trasladado a La Bisbal, localidad en la que nació el 6 de mayo uno de sus cuatro hijos, Francisco Javier, abogado y jurista que actuó durante la Guerra de España en el Cuerpo Jurídico Militar de la República, donde alcanzó el grado de capitán auditor y que acabaría exiliándose en México.

En mayo de 1916 recibe el nombramiento de teniente fiscal de la Audiencia de Gerona; en diciembre, teniente fiscal de la de León; en 1917 teniente fiscal de la Audiencia Territorial de Valladolid y en 1920 magistrado de León. No encontramos ninguna referencia a él en la prensa hasta abril de 1923 en que figura en una relación de personas de la Audiencia Territorial de Valladolid, que pueden ser habilitadas para ejercer la fe pública en las próximas elecciones de diputados a Cortes.[19]

LA UNIÓN JUDICIAL

Establecido el Directorio militar que asumiría todas las funciones del poder ejecutivo y con el nombramiento como Jefe del Gobierno de Primo de Rivera y con el propósito de reformar la Administración de Justicia independizándola del poder político, en noviembre de 1923 se crea la Junta Organizadora del Poder Judicial por Real Decreto de 20 de octubre, de la que forma parte Francisco Javier Elola. A este respecto se publicaba en *El Foro Español* la siguiente nota: «Como se ve, el grupo de la Unión Judicial ha logrado solamente una digna representación, pero no el triunfo completo a que aspiraba. Lo celebramos por dos razones; porque queremos a sus elementos directivos a pesar de sus ingratitudes para con nosotros y porque esa Junta debe ser de todos y no de un bando determinado; al menos así lo pensamos los que tenemos como deseo una verdadera unión total entre los funcionarios judiciales.»[20]

Elola ostentaba la presidencia de Unión Judicial, asociación privada de la Magistratura. La candidatura de la Unión Judicial resultó extremadamente criticada por otros sectores, quienes veían en la misma aspiraciones interesadas que reproducían los partidismos que había tratado de erradicar la creación de la Junta.[21] También gozaba de opiniones favorables: «Unión Judicial, nos dice un autorizadísimo comunicante, constituida por la inmensa mayoría de los magistrados y jueces, no es un Sindicato, ni una Junta de defensa al estilo marcial, sino un bloque de conciencias honradas para estrechar los lazos del compañerismo y conseguir la independencia, dignificación, cultura y responsabilidad de los que hemos hecho vocación de justicia, dentro de la más estricta disciplina y del más acendrado amor a España.»[22]. En la prestigiosa *Revista España* fundada por Ortega y Gasset y más tarde dirigida por el propio Manuel Azaña, se señalaba con la firma de José María Carreras: «…nada, que no sea el robustecimiento del Estado y su justicia, podrá oponerse al ímpetu del oleaje sindical. También la Administración de justicia, abandonada, preterida por todos, maltrecha, sintió esa necesidad inexcusable y surgió la benemérita Unión Judicial, que es garantía de la clase judicial, que, en definitiva, no reclama más que «justicia para la justicia».[23]

La Correspondencia de España informaba que la *Revista de los Tribunales*, estaba organizando un homenaje «interpretando los deseos de la mayor parte de los funcionarios judiciales, un homenaje en honor de los ilustres presidente y secretario de Unión Judicial por sus triunfos al frente de esta entidad y con motivo de haber sido designados para la Junta Organizadora del Poder

---

18 *El Regional*, 8 agosto 1912, p. 3

19 *Boletín Oficial de Zamora*, núm. 49, 23 abril 1923, p. 3

20 *El Foro español*, 30 noviembre 1923, p. 3

21 De Benito Fraile, Emilio Javier: La *independencia del Poder Judicial durante la dictadura de Primo de Rivera (1923-1926). Realidad o ficción. Trabajo realizado en el seno del proyecto de investigación «Control y responsabilidad de los jueces: una larga experiencia»* (DER 2013-44216-P). AHDE, tomo LXXXV, 2015, p. 356

22 *El Debate*, 16 agosto 1923, p. 1

23 *España*, 15 septiembre 1923, p. 12

judicial".[24] El homenaje a los dos magistrados Elola y Bellón fue un éxito, encargándose al escultor Enrique Cuartero «hacer los bustos de los magistrados señores Elola y Bellón, para sacar las medallas que les han de ser ofrendadas en recuerdo de su valiosa gestión al frente de Unión Judicial.»[25]

Un año después, en noviembre de 1924, es designado juez de Primera Instancia del distrito de Chamberí en Madrid.

BANCO DE CASTILLA

En marzo de 1925 fue designado como juez especial para la instrucción del sumario incoado en virtud de la querella interpuesta por el fiscal de la Audiencia Territorial por ciertos hechos que podían constituir delito de estafa, derivados de actos realizados como consecuencia del procedimiento seguido por la solicitud del Banco de Castilla de declaración de suspensión de pagos. La querella se dirigió contra los antiguos y actuales interventores.[26] Elola procedió a destituirlos, hecho aplaudido por los acreedores en el posterior juicio, alegando que la parcialidad de los mismos a favor del Banco era evidente. Realizó la práctica de diligencias en la sede del Banco descubriendo un cajón violentado en el que se encontraban dos botellines que contenían líquidos, que una vez analizados, resultan ser ácido acético y un preparado a base de cloro y que posiblemente se utilizaron para borrar datos de documentos.[27] Tres meses después tuvo lugar la vista pública del convenio de acreedores. La prensa de Madrid como *El Heraldo* y *El Sol* alabaron el fallo de Javier Elola: «El digno juez del distrito de Chamberí, D. Javier Elola, nombrado especial para la tramitación judicial y resolución de este asunto, ha dictado sentencia por la que aprueba el convenio presentado en la suspensión de pagos del Banco de Castilla. Consta la sentencia, extensiva, por cierto, de trece resultandos, veintisiete considerandos, sintiendo, en verdad, que apremios de espacio no nos permitan dar a conocer el notabilísimo trabajo jurídico que ha llevado a cabo el Sr. Elola al redactar la sentencia, ocupándose de cuestiones interesantes de derecho, y que, si no tuviese ya acreditada su competencia, bastarían, para reconocérsela.»[28] «Como puede verse por el extracto de los considerandos de la sentencia, el estudio realizado por el juez don Javier Elola es verdaderamente meritorio. No es posible una simple lectura de tan importante resolución para hacer el comentario que merece. Las circunstancias actuales, la repetición de suspensiones de pagos, la novedad de la ley que las regula, las discusiones encontradas y aun de pasión que surgen al examinar tales preceptos, dan a esta sentencia, que no es la sentencia vulgar que pone término a un incidente, una importancia que precisa recoger con todo detenimiento.»[29] También se hace eco la *Revista ilustrada de banca*: «En el documento, que tiene gran amplitud, se razona el concepto jurídico que tenía en el derecho anterior al vigente el régimen de suspensión de pagos, que es situación intermedia entre la condición moral del comerciante que cumple con regularidad sus compromisos y la posición desgraciada del que se encuentra imposibilitado de satisfacer sus deudas; bien entendido que dicho estado civil, accidental y transitorio, si tiene su génesis en las previsiones de nuestra legislación mercantil, sólo se favorecería a base de un predicado de solvencia notoria...»[30]

En agosto, *El Ideal Gallego* transcribe la noticia publicada en la *Revista de los tribunales y de legislación universal*, de que «algunos funcionarios judiciales habían solicitado de los Poderes públicos que se concediese la Medalla judicial y premio de 5.000 pesetas a determinados magistrados.[31] Una de las personalidades para quienes se solicita tal distinción es el magis-

---

[24] *La Correspondencia de España*, 29 diciembre 1923, p. 6

[25] *El Heraldo de Madrid*, 11 febrero 1924, p. 4

[26] *La Voz*, 18 marzo 1925, p. 1

[27] *El Heraldo de Madrid*, 8 abril 1925, p. 3

[28] *El Heraldo de Madrid*, 4 julio 1925, p. 4

[29] *El Sol*, 6 julio 1925, p. 1

[30] *Revista ilustrada de banca, ferrocarriles, industria y seguros*, 10 julio 1925, p. 9

[31] *El Ideal gallego*, 19 agosto1925, p. 5

trado del Tribunal Supremo, recientemente jubilado, D. Edelmiro Trillo, quien rehúsa el homenaje a través de una carta dirigida al juez Elola agradeciendo la iniciativa, pero manifestando: «No se avienen tales homenajes con la austeridad de nuestra Carrera, que constituye un sacerdocio de la Justicia, y por ello, el preclaro autor de la Ley Orgánica del Poder Judicial procuró con especial empeño separar a Jueces y Magistrados de cierta clase de actos que no se acomodan a la privativa índole de las funciones de Justicia. El Juez, que consagra sus energías todas y pone sus amores todos, en el desempeño de la elevada misión social que se le confió, recibe como merecido premio la íntima satisfacción del deber cumplido.» Y en cuanto a solicitar del Gobierno la concesión de una recompensa «¡ah! De ello no debe hablarse nunca. ¡Qui habet aures audiendi, audiat!» [32]

A primeros de septiembre de 1925 salta la noticia de que El Directorio llevaba un tiempo recibiendo denuncias de médicos relativas a irregularidades cometidas por sus colegas encargados de las certificaciones en los Registros civiles. Se dio traslado de la denuncia a la subsecretaria de Justicia y se dictó una Real Orden designando a Javier Elola juez especial para depurar la misma. Este, que realizó las primeras diligencias con gran sigilo, advirtió que «las quejas no carecían de fundamento, pues en varios Registros los médicos certificaban las defunciones, después del médico de cabecera, firmando en barbecho sin reconocer el cadáver, como es su obligación.» [33] Citó ante él a varios familiares de personas fallecidas y comprobó la exactitud de la denuncia.

El día de Reyes de 1926, un suceso conmocionaba a la población de Madrid, denominado "el caso de la comadrona". Una mujer pidió a la comadrona que le había atendido en el parto que dejara a la niña recién nacida en la inclusa, pero en su lugar, ésta entregó el bebé a una amiga que no podía tener hijos. Unos meses después, cuando se disponían a la inscripción en el Registro civil, se denunció el hecho. Elola, como juez de guardia en aquel momento «adoptó la severa providencia de disponer que todos quedasen detenidos ante la gravedad legal del delito realizado que hubo de impresionarle hondamente. Tuvo un rasgo humano. La "madre" fue enviada a su casa, porque no podía abandonar a su hija. Allí, en el domicilio, se estableció un servicio de vigilancia, hasta que el juez competente, al encargarse hoy de las actuaciones resuelva lo que proceda.» [34]

JOSÉ MILLÁN-ASTRAY

En el Boletín Oficial de A Coruña se publicaba el 1 de julio de 1927 el siguiente edicto firmado por el Juez Elola: «En virtud de la providencia dictada en el día de hoy por el Juez de primera instancia del distrito de Chamberí de esta Corte, en el expediente promovido por el Excelentísimo Sr. D. José Millán y Terreros, General de Brigada, sobre adición de apellido, ha acordado anunciar la solicitud de dicho señor para usar los apellidos de su padre Millán y Astray, en la forma de Millán-Astray, en la que expone que sus apellidos actuales son Millán y Terreros, pero por los servicios prestados a la Patria, en el orden civil por el ilustrísimo Sr. D. José Millán Astray, ya fallecido, que llegó a alcanzar por los puestos oficiales que durante su vida desempeñó, era costumbre ser designado siempre por sus dos apellidos, o sea, por el nombre de Millán-Astray, cuyo apellido lo ha usado durante toda su vida y muy especialmente en estos últimos años el solicitante, a partir del año mil novecientos veinte, en que fundó, organizó y tomó el mando del Tercio de Extranjeros, comúnmente denominado la Legión, y que durante su mando hasta el día de hoy ha usado su nombre Millán-Astray, con el que ha sido públicamente conocido en España entera y aún en el Extranjero.»[35]

---

32 *El Ideal gallego*, 19 agosto1925, p. 5

33 *El Ideal gallego*, 3 septiembre 1925, p. 2

34 *El Imparcial*, 6 enero 1926, p. 2

35 *Boletín oficial de la provincia de La Coruña* núm. 155, 8 julio 1927, p. 4

LA FUNDACIÓN AGUIRRE

Por Real orden de 5 de octubre de 1927, se designó a Francisco Javier Elola para la instrucción de un expediente informativo relacionado con el funcionamiento de la Fundación Aguirre y que pudiera servir para comprobar los abusos cometidos en su administración.[36] Lucas Aguirre, fundador de las Escuelas Aguirre había nacido en Cuenca, ciudad en la que vivió hasta su traslado a Madrid, falleciendo pocos años después. En 1871 otorgaba testamento, en el que ordenaba que una vez cumplidos todos los legados, se vendieran sus fincas y con el dinero obtenido, se crearan dos escuelas en Madrid y Cuenca, para lo que daba tres años de plazo a los albaceas, que no cumplieron su voluntad e hicieron uso indebido del dinero. Elola se trasladó a Cuenca acompañado de un secretario. Instaló su despacho oficial en una sala del palacio de la Diputación que se alzaba frente a las Escuelas Aguirre para revisar toda la documentación. Al poco de llegar recibió a un redactor del diario *El Sol*, al que aseguraba que «allí dónde me designan para hacer justicia, voy sin titubear» y «no olvide usted que al presidente, tanto como exigir responsabilidades por el pasado, le preocupa el dejar las cosas en tal forma que no puedan repetirse en lo futuro. Y acaso esto de Aguirre plantee francamente el problema de las fundaciones benefícodocentes de España». Terminó lanzando un mensaje a la prensa: «Conviene que la Prensa forme un estado de conciencia que permita el éxito de la campaña emprendida. Y el día que esa conciencia esté formada, no podrá burlarse impunemente la voluntad de filántropos como el benemérito Aguirre, que llegó a pasar privaciones para que heredaran más sus pobres.»[37]

———

En febrero Ga*licia Nueva* difunde lo que considera una importante sentencia del juez por lo trascendental de la doctrina que declara nulo como usurario el préstamo contenido en una letra de cambio: «La conciencia del juez tiene la convicción de que el préstamo es usurario, de que el contrato de cambio no ha sido un subterfugio, el más comúnmente utilizado para ello, y de que cuando el prestatario acudió al prestamista, hallábase en lamentable situación económica, dada su modesta posición social, las enfermedades que perturbaban la tranquilidad de su hogar y la situación angustiosa y precaria que estas circunstancias le acarreaban, y que le llevaron a suscribir una letra de cambio por cantidad superior a la recogida, elemento suficiente según la ley de 1908 para declarar nulo el convenio.[…] A más de esto las circunstancias de tiempo y de modo, y otras objetivas que se dejan anotadas, subrayan el carácter aflictivo y leonino de la obligación pecuniaria impuesta al deudor por un prestamista, que, frente a los dictados de la equidad y el Derecho, sacrifica a su insaciable egoísmo el interés del prójimo y desacata los principios de la moral cristiana…» [38] Esta sentencia es el motivo por el que en el mes de mayo, organizado por el Comité de Funcionarios Ferroviarios, se celebrara en el Colegio de Abogados de Madrid un homenaje de admiración y gratitud a Javier Elola y al letrado Francisco Pastor por su rectitud y ecuanimidad, en el que se les hizo entrega de artísticos pergaminos que reproducían la sentencia. Elola manifestó con gran modestia que «solo puso en la sentencia su buena voluntad y expresó su deseo de que actos como éste contribuyan al enaltecimiento en el país de todos los hombres dedicados a administrar Justicia.» [39] La prensa afirmaba que el juez «ha sabido hermanar la severidad docta de su difícil misión con la máxima flexibilidad de la ley y con la más piadosa y humana indulgencia…»[40]; «Por la trascendencia social y jurídica que entraña, nos asociamos al homenaje que ha sido tributado a nuestro ilustre comprovinciano el juez Sr. Elola y al abogado Sr. Pastor, y celebramos íntimamente los progresos que en la aplicación de las leyes va haciendo el sentido ético, inspirador de nuestra gloriosa tradición de jurisconsultos moralistas, que anteponen a la letra, que mata el espíritu, que vivifica, en la sutil y trascendente distinción de los justo y lo injusto.» [41]

---

36 *Gaceta de Madrid* núm. 289, 16 Octubre 1927, p. 333

37 *El Sol*, 30 octubre 1927, p. 6

38 *Galicia nueva. Primer diario de Villagarcía*, 21 febrero 1928, p. 4

39 *La Correspondencia militar*, 15 mayo 1928, p. 2

40 *El Heraldo de Madrid*, 15 mayo 1928, p. 2

41 *La Voz de la Verdad*, 20 mayo 1928, p. 1

II CONGRESO INTERNACIONAL DE DERECHO PENAL

En julio de 1926 había sido elegido por el Gobierno, junto a Quintiliano Saldaña para asistir al I Congreso que tuvo lugar en Bruselas. Con ocasión del II Congreso se trasladó a Bucarest en octubre de 1929 junto a Eugenio Cuello Calón, catedrático de Derecho Penal de la Universidad de Barcelona. A través de varios artículos de Luis Barrena[42] que acompañó a los representantes españoles y que fueron publicados en *La Libertad*, sabemos que viajaron en el Orient Express hasta Baviera. «La estación de Múnich, siempre ruidosa, es un enjambre; se buscan con avidez los diarios, y comprendemos que una gran conmoción sufre Alemania y acaso un gran peligro la paz del Mundo, todos los viajeros pisan el andén. Las banderas, numerosas, se abaten entristecidas, y el alma colectiva sufre una emoción solemne, de la que participo con mis compañeros de viaje: Elola, el juez de Madrid, y Cuello Calom, profesor de la Universidad catalana.»[43] Cruzaron Austria y más tarde atravesaron Checoslovaquia y Hungría, llegaron a Brasov –capital de Transilvania–, y de allí a Bucarest, encontrándose una ciudad engalanada por banderas de todos los países concurrentes, «acaso demasiadas banderas…» Al día siguiente acuden al Ateneo rumano para la sesión inaugural, donde son informados de la muerte del regente Buzdugan. El Palacio del Senado acoge el segundo día del Congreso y conocen a Garófalo, «la figura más destacada del Congreso, las miradas curiosas convergen sobre este viejecito pulcro, de gesto duro, un poco hermético, como un romano antiguo» y debaten si las leyes penales extranjeras pueden o no ser aplicadas por el juez de un Estado. Y aunque la lucha contra el delito debe establecerse en el terreno internacional, «estimamos que la cuestión pertenece todavía al campo de la utopía y que en el nobilísimo horizonte que descubre no puede por ahora apercibirse más que la posible cooperación de la ley extranjera para la protección del orden público nacional.»[44] El tercer día, se delibera sobre juez único o Tribunal colegiado. «Estiman que el sistema unitario haría más rápida la justicia porque podría aumentarse el número de los llamados a juzgar y porque se ahorrarían discusiones que muchas veces no reconocen otra causa que los antagonismos personales o de escuela.»[45] Tras las votaciones se acuerda juez único para la instrucción y las infracciones leves; Tribunal colegiado para las causas graves. Alguien plantea si las mujeres deben tener acceso a la Magistratura y la pregunta queda en el aire. La última sesión estuvo dedicada al estudio del problema de la responsabilidad penal de las personas jurídicas, y es donde se entablaron las más vivas controversias y la representación española tomó parte activa. «La avanzada postura de nuestro grupo, en cuyos trabajos colaboró eficazmente Elola, el cultísimo juez de Madrid, espíritu generoso, abierto a todas las inquietudes científicas y a todas las orientaciones progresivas, fue objeto de comentarios elogiosos aun por parte de los que, encasillados en los principios tradicionales de la responsabilidad individual, no saben desembarazarse de prejuicios y permanecen enredados en las teorías de la "ficción" y de la "existencia ideal", sin reparar en que admitida la realidad de la persona jurídica y reconocida su responsabilidad en otros órdenes de derecho, como el civil y el administrativo, no hay razón alguna, sobre todo en camino de defensa social, que aconseje su exclusión del orden penal.»[46]

CONGRESO DE LA SECCIÓN ESPAÑOLA DE LA UNIÓN INTERNACIONAL DE ABOGADOS

A propósito de este Congreso celebrado el 2 de junio de 1930, Alberto de Quintana publicaba en *El Día Gráfico* en relación con el Juzgado Popular: «El Jurado juzga, cuando la ley está de acuerdo con su conciencia. El Jurado juzga y legisla, cuando entre su conciencia y la ley se plantea un conflicto, y lo hace así porque, intuitivamente, sabe que la ley es imperecedera y que la conciencia es eterna. Tanto es así, que uno de los jueces más cultos con que cuenta España, reclamaba,

---

42 Abogado, diputado por Melilla, asesinado el 21 de agosto por un grupo de falangistas.

43 *La Libertad*, 22 octubre 1929, p. 3

44 *La Libertad*, 25 octubre 1929, p. 3

45 *La Libertad*, 29 octubre 1929, p. 3

46 *La Libertad*, 24 noviembre 1929

en el reciente Congreso Internacional de Abogados, esa facultad extraordinaria de dictar fallos "contra la ley", cuando la realidad procesal lo reclame.»[47] El juez al que se refiere es Francisco Javier Elola.

Se debatió la ponencia "Contra el caos existente en Derecho jurisprudencial", sobre la que Elola manifestó que «la Magistratura española no está debidamente preparada para su función, aunque esta falta de preparación no le es imputable del todo, sino que hay que achacarla al ambiente público, a la falta de civilidad, que toca a todas las esferas sociales. Por ello estima que se necesita una transformación muy grande, que se atreve a calificar de revolucionaria, para poner a la Magistratura en las debidas condiciones de actuar.»[48] Al tratar de la formación del Tribunal Supremo recuerda lo acontecido en los Tribunales electivos creados por la revolución francesa, y afirma que «si el sistema electivo no da resultado, de todos modos la estructuración de la Magistratura hay que orientarla en el sentido de que se convierta en una Magistratura del pueblo. Llama la atención de los abogados, cuerpo de combate dotado de dinamicidad, que no pueden tener los jueces y magistrados, para que estudien problemas tan interesantes como el de la inconstitucionalidad de las leyes, tan debatido en Norteamérica.»[49]

Clara Campoamor defendió una ponencia respecto a la composición de los Tribunales tutelares para niños en España, que fue apoyada por Matilde Huici y en la que terció Elola afirmando que no debía ser un juez profesional el que regentara un Tribunal tutelar, ya que «los jueces españoles sufren hipertrofia de funciones y por exigirles que conozcan de todo, carecen a veces de la debida competencia; es partidario de la especialización. Debiera haber jueces de lo criminal y jueces de lo civil, y aun dentro de este aspecto, especialistas en Derecho comercial o mercantil. La función tuitiva del menor exige conocimientos de Psicología y Psiquiatría distintos de los que se exigen para el normal funcionamiento de la misión del juzgador.»[50]

A causa de un artículo de Salazar Alonso publicado en *El Sol* titulado "Ante el propósito de una Asociación judicial", el mismo periódico se hace eco de la opinión desfavorable del juez Elola, ya esbozada en el Congreso Internacional de Abogados. «¿Qué ocurrirá, en España cuando todos conocemos la debilidad y los defectos, así como también las virtudes, de nuestra Magistratura?, se preguntaba. Consideraba que podía producirse una división en la Magistratura, aunque reconocía «que la Justicia está desamparada por los Gobiernos, que quieren hacer tributaria suya a su administración, convirtiéndola en brazo del Poder ejecutivo, y por la opinión pública, que se inhibe de esos problemas.» A la cuestión de si la Justicia ha de ser Poder, Elola explicaba que: «se trata de un Poder delegado de la soberanía del pueblo, en cuyas emociones, necesidades y aspiraciones han de buscarse por jueces y magistrados las asistencias necesarias y el espíritu que los aliente para una obra verdadera de justicia.» Y por último afirmaba que «la Judicatura necesita una trasformación verdaderamente revolucionaria. Nada de ingresos por oposiciones como las de hoy ni por cuartos turnos como los de ayer. Nada de jerarquías, o por lo menos, disminuirlas al mínimo. Que el personal constituya una «élite» de técnicos, pero también de ciudadanos que se incorporen a la vida pública, recogiendo las palpitaciones de la opinión. Hay que variar el concepto de la inamovilidad y del ascenso de los funcionarios. Si los turnos de favor son arbitrarios, la antigüedad a todo vuelo es inadmisible y demoledora de entusiasmos, estímulos y competencias.»[51]

Estas afirmaciones tuvieron respuesta a través de una carta del magistrado Delgado Curto dirigida a Salazar Alonso y publicada en *El Sol*: «Acabamos de leer, con la especial atención que merecen, manifestaciones publicadas hoy en *El Sol* y *ABC* del juez de Madrid Sr. Elola hasta hace poco tiempo incansable paladín de la Constitución, con el nombre de Unión Judicial, una asociación de jueces, magistrados y fiscales, con delegados provinciales, territoriales y centrales, relativas a la pretensión formalizada por algunos señores miembros de las carreras judicial y fiscal para que los magistrados, jueces y fiscales españoles se colegiaran o asociasen. Según dichas manifestaciones, la indicada pretensión será resistida a todo evento (a caballo muerto gran lanzada, porque, según nuestras noticias, así que el señor ministro de Gracia y Justicia ma-

---

47 *El Día Grafico*, 19 junio 1930, p. 3

48 *El Liberal*, 5 junio 1930, p. 2

49 *El Liberal*, 5 junio 1930, p. 2

50 *El Liberal*, 5 junio 1930, p. 2

51 *El Sol*, 3 julio 1930, p. 5

nifestó que no autorizaría la constitución de la Asociación se desistió de todo intento de constituirla) por quienes, como el Sr. Elola, piensan que es intolerable que, a hurto de los más ingenuos, se constituya una modalidad sindical, con mal entendido y estrecho espíritu de compañerismo. No debíamos esperar y no esperábamos tales manifestaciones del Sr. Elola. Ni imaginamos nunca que pudiera creer que hay en nuestra benemérita carrera compañeros que se dejaran hurtar la voluntad ni hurtadores de la voluntad de los demás quien nos conoció bien a todos como entusiasta adalid de la Unión Judicial poco tiempo antes de su venida a Madrid. De sabios dicen que es mudar de opinión y de postura. Reconocemos con toda sinceridad y muy gustosos el claro talento y la cultura general nada común del Sr. Elola, aunque hemos de decir, para que la sinceridad, por completa, sea más y mejor creída, que, según tenemos oído, son muchos los que con nosotros admirarían aún más que los admiran los trabajos escritos por el Sr. Elola si prescindiera en ellos de frases y palabras raras y conceptos abstrusos para los míseros mortales llamados a conocerlos [...]» [52]

FISCAL GENERAL DE LA REPÚBLICA

Todos los medios se hicieron eco del nombramiento de Francisco Javier Elola como fiscal general de la República. La prensa se llenó con su imagen y titulares como «Hombres como Elola son los que necesita la República española»[53] coparon las páginas de los periódicos. *La Tierra* bajo el titular "Un nombramiento acertado" manifestaba que «Don Javier Elola es una las más destacadas personalidades de la Magistratura española, en la que viene demostrando sus dilectas cualidades, tanto por vasta y moderna cultura jurídica como por su rectitud e integridad, que, con arte exquisito sabe hacer compatible con su bondad inagotable y su extraordinaria simpatía.»[54] Por su parte *La Nación* afirmaba: «Ha sido muy bien acogido el nombramiento de D. Francisco Javier Elola para el cargo de fiscal del Supremo. Se trata, realmente, de uno de los jueces más capacitados y cultos de Madrid, de un magistrado íntegro, de un hombre de gran serenidad y recto criterio. Desempeñó recientemente uno de los más importantes Juzgados de Madrid, donde lo mismo en el ejercicio de su delicada misión que en su trato social, conquistó muchas simpatías. Justo es reconocer que el nombramiento del Sr. Elola, tan bien acogido por la opinión, nos parece un acierto, y que de su mesura y rectitud cabe esperar un comportamiento considerable a la obra de pacificación.»[55] Y el *Heraldo de Madrid*: «El nombramiento de este dignísimo jurisperito, de ideas modernas con respecto a la política y de sólida cultura jurídica, ha sido muy bien acogido por todo el mundo [...]» [56]

Una de las primeras entrevistas al nuevo fiscal de la República la hizo J.M. Simal para *La Voz*: «Créame que me encuentro sorprendido por el nombramiento. Cuando ayer me lo comunicaron en Bellas Artes esperaba detalles del sumario del doctor Albiñana, a quien he metido en la cárcel. Cuando oí otra cosa no supe decir más que esto: En el cargo de tanta responsabilidad que se me confía mi corazón suplirá a mi cabeza.»[57]

Tomó posesión del cargo la mañana del 16 de mayo en el salón de actos del Tribunal Supremo. En su posterior conversación con los periodistas afirmó que «venía al cargo sin prejuicio alguno y con el único propósito de laborar en pro de la Justicia. Modestamente expresó que sus triunfos en el Juzgado que regentaba se debían en gran parte a la actuación de los secretarios señores Aguilar y Sánchez y al personal a sus órdenes. En el Palacio de Justicia el nombramiento del señor Elola ha sido acogido con la mayor satisfacción.»[58]

El 20 de mayo facilita a la prensa el siguiente comunicado:

---

52 *El Sol*, 5 julio 1930, p. 3
53 *La Libertad*, 15 mayo 1931, p. 4
54 *La Tierra*, 14 mayo 1931, p. 1
55 *La Nación*, 15 mayo 1931, p. 8
56 *El Heraldo de Madrid*, 16 mayo 1931, p. 9
57 *La Voz*, 14 mayo 1931, p. 3
58 *Ahora*, 17 mayo 1931, p. 4

> Después de haber tomado posesión de este alto y delicado cargo, con que inmerecidamente me ha honrado el Gobierno provisional de la República, quiero, en primer término, consignar mi sincera gratitud a la Prensa por la benévola acogida que ha dispensado a mi buena voluntad y al público en general por cuya justicia procuraré desvelarme.
>
> He dedicado estos días a estudiar e imponerme de los negocios pendientes, a fin de proseguir las acciones promovidas con tanto acierto por mi sustituto antecesor, señor Galarza. Es ardua la labor, atendida la complejidad y gravedad de todos aquellos asuntos cuyo curso no será empañado por la sombra del más leve decaimiento, puesta la más absoluta confianza en los Tribunales de Justicia.
>
> En los primeros días de la semana próxima promoveré una importantísima querella, cuyos extremos estoy consultando, y es natural que reserve la indicación de su contenido hasta que la conozca el Gobierno de la República.
>
> Pero séame lícito anticipar que con ella se intentará liquidar las responsabilidades de orden político penal de los regímenes anticonstitucionales precedentes con la extensión debida, de tal modo que queden satisfechas las ansias de justicia de la opinión sinceramente democrática, para obtener en su día las sanciones procedentes.
>
> También prestará esta Fiscalía su adhesión a las querellas particulares que lo merezcan por su índole, recibiéndolas como propias a los efectos de su gestión ante las jurisdicciones competentes.
>
> No me equivocaré si aludo de entre ellas a la formulada por la familia de Fermín Galán, mi llorado amigo que, por mi parte, haré extensiva a la vindicación del otro mártir, García Hernández.
>
> Termino con el ruego encarecido de que la asistencia nacional no escatime su concurso a esta campaña depuradora, y lo suplico por conducto de la Prensa, a la que reitero y otorgo mi gratitud y respeto. [59]

El día anterior, el abogado de Barcelona, Don José María Pou Sabaté, quien en nombre de Francisco Galán, ejercía como acusador privado en la querella contra el general Berenguer y otros por los fusilamientos de Jaca, se entrevistó con el fiscal de la República. Después dijo a los periodistas: «He tenido una gran satisfacción de ver de cerca los alto méritos del fiscal de la República, del que se guarda en Cataluña un imborrable recuerdo. En Cataluña estuvo en el año 1913 de juez de primera instancia en el distrito de La Bisbal, tierra republicana por tradición, y ya entonces el señor Elola dejó entre nosotros una simpatía que no ha olvidado. Desde luego he encontrado en el Sr. Elola las máximas facilidades para que se haga rápida y ejemplar justicia en la revisión de los fusilamientos de Huesca.» [60]

El 22 de mayo la colonia gallega en Madrid le tributó un homenaje como "hijo esclarecido de Galicia". Intervino el Sr. Jiménez Asúa, diciendo que Elola «era el hombre de la contrarrevolución, y que en el cometido de su misión no debía esclavizarse a lo que los rusos llaman adhesión al fetichismo de la ley, que un Gobierno revolucionario no debe tener demasiados repulgos legales, obrando, por cima de la propia ley para consolidar la República.» [61] El diputado Basilio Álvarez dedicó a Elola las siguientes palabras: "Ser fiscal de la República es obligarse a vivir aguantando al minuto las mil sacudidas de los españoles anhelantes de justicia, que es igual que recibir una descarga de mil botellas de Leyden en el espíritu, pero sin que los nervios muestren los garfios de una indignación que es menester ahogar para que la justicia no se desmelene. Fuego, frío, ternura y energía, el fiscal de la República tiene que ser el Teide con su cráter vomitando lava y ofreciendo siempre el resplandor de su incendio para que aparezcan lívidos y espantados los delincuentes, en tanto su caparazón inmenso se cubre de nieve a fin de que los dos elementos en pugna, realicen el equilibrio que la justicia pide para su fiel eterno. ¡Y D. Javier Elola, que es talento y austeridad, competencia jurídica y emoción empapada de calidad, es el hombre que por modo portentoso guarda en su cerebro y en su corazón aquellos tesoros!». [62]

---

59 *El Pueblo Gallego,* 20 mayo 1931, p. 4

60 *El Pueblo Gallego,* 19 mayo 1931, p. 4

61 *El Imparcial,* 23 mayo 1931, p. 5

62 *El Heraldo de Madrid,* 23 mayo 1931, pp. 8-9

Francisco Javier Elola ofreció el homenaje a la Justicia de España, prometiendo cumplir con su deber sin respeto a las históricas concupiscencias que abrumaban a España.[63] «La República —dijo— ha querido hacerme este honor erizado de dificultad; pero yo reitero en este momento, el más solemne de mi vida, el juramento de cumplir como bueno.»[64] Tuvo un recuerdo emocionado para Pi y Margall, en cuyo bufete recibió las primeras enseñanzas del Derecho y recogiendo las palabras que Jiménez de Asúa había pronunciado, se comprometió solemnemente ante los asistentes a «presentar una querella en forma, querella amplia que abarcase a todos los gobernantes de la Dictadura. Una querella tan amplia que habrá de formarse un tribunal más alto que los tribunales de la carrera judicial; un tribunal popular, una Convención que juzgue a esos culpables y los castigue por encima de la ley.»[65] Aseguró que estaba viviendo uno de los momentos más trascendentales de su vida, que estaba compenetrado con el movimiento popular y antes de brindar por Galicia, España, y la República, afirmó: «Que me sentencia el pueblo, que es para mí el más alto tribunal, si no cumplo con mi deber.»[66]

Días después solicitó al Tribunal Supremo la designación de un juez especial para que entendiera en la querella contra Juan March. Reclamaba para éste prisión y procesamiento. El director general de Seguridad había ordenado que el Sr. March fuese detenido, lo que no pudo efectuarse por alegar enfermedad. Elola aseguraba que «el viernes de la próxima semana se presentará una sensacional querella por delitos políticos y comunes contra numerosas personalidades. Algunas de éstas hallánse incursas en penas graves.»[67]

A primeros de junio *El Pueblo Gallego* publicaba la siguiente nota oficiosa: «El Consejo de Ministros leyó el proyecto de querella redactado por el fiscal general de la República contra los gobernadores de la primera Dictadura por subversión del régimen constitucional, que, cual documento de sólida argumentación jurídica, reconoce el problema de la responsabilidad del monarca, pero se detiene ante el mismo por la necesaria competencia jurisdiccional del Tribunal Supremo. El Gobierno, ante semejante dificultad, ha reconocido como solidaria la responsabilidad total de la Corona y sus instrumentos de Gobierno y, próxima la reunión de Cortes, acordó someter íntegro a éstas el conjunto de tales responsabilidades.»[68] También en junio pasa a integrar la Subcomisión de Derecho Penal que habría de trabajar en la reforma del Código Penal de 1870.[69]

Viajó a Monforte con el fin de presentar su candidatura para las Constituyentes por esa circunscripción y por el agrario republicano.[70] Previo a su llegada fue repartido el siguiente manifiesto: «Según telegrama recibido anoche en nuestro Centro, el candidato que propusimos a la Federación Republicana Gallega para Cortes Constituyentes, Don Francisco Javier Elola, fiscal general de la República, llegará a esta ciudad el próximo sábado día 6 en tren expreso. Figura de tan alto relieve moral, por su preclaro talento y su austeridad admirable, honra inmaculada de la magistratura española, forzado paladín de los principios democráticos que incubó en su espíritu…»[71] A su regreso a Madrid, la prensa anunciaba las nuevas querellas presentadas por el fiscal de la República contra Quiñones de León y Miláns del Bosch. «El fiscal de la República ha confirmado la información del Heraldo respecto a las arbitrariedades cometidas por el Sr. Quiñones de León durante su permanencia en París. Al efecto acaba de presentar una querella contra el ex embajador por infidelidad en la custodia de documentos de nuestra Embajada en la capital de Francia. Hay que felicitar una vez más al fiscal. Pero aún no ha terminado su misión. Todavía podemos dar a nuestros lectores otra noticia interesante respecto a la fiscalía republicana. El Sr. Elola ha presentado otra querella contra el general Miláns del Bosch por prevaricación con motivo de la destitución ilegal de organismos directivos en

---

63 *El Liberal*, 23 mayo 1931, p. 2

64 *El Heraldo de Madrid*, 23 mayo 1931, pp. 8-9

65 *El Eco de Santiago*, 23 mayo 1931, p. 3

66 *El Pueblo Gallego*, 24 mayo 1931, p. 2

67 *El Regional*, 26 mayo 1931, p. 3

68 *El Pueblo Gallego*, 4 junio 1931, p. 4

69 *El Pueblo Gallego*, 4 julio 1931, p. 3

70 *El Heraldo de Madrid*, 4 junio 1931, p. 9

71 *El Pueblo Gallego*, 6 junio 1931, p. 9

la Cámara de la Propiedad de Badalona. También ha dado órdenes para que los funcionarios judiciales activen la tramitación de esta querella.»[72]

El 12 de junio participó en un homenaje al comandante Franco organizado por la colonia gallega en Madrid. Presidían la mesa junto al homenajeado, Ortega y Gasset, Elola y el diputado francés Court. El calor provocó que Ramón Franco se desprendiera de la americana, gesto que fue imitado por el resto de comensales. Cuando le tocó el turno de discurso a Elola proclamó que «como fiscal hablaba en mangas de camisa para manifestar que esta era la toga del pueblo», añadiendo que «Franco conquistó un nuevo mundo para el siglo XX; pero Franco tiene que conquistar ahora otro mundo, camino del sol, que es rojo y que es fuego. ¿Queréis, republicanos, enrolaros en el mecanismo de Franco que nos lleve al sol?»[73]

ELECCIONES A LAS CORTES CONSTITUYENTES DE 1931

El 16 de junio la Asamblea de Alianza Republicana de Lugo acordaba por votación integrar a Javier Elola en su candidatura para las Constituyentes.[74] Cuatro días después la Federación Republicana Gallega celebró un mitin en el que se hizo la presentación de su candidatura por Lugo y en el que estaba prevista la intervención de Elola.[75] Ese mismo día tuvo lugar la asamblea provincial de la ORGA de Lugo, procediendo a realizar la votación para designar los nombres de los candidatos para las elecciones de diputados a Cortes, entre los que figura Javier Elola, aunque con anterioridad había sido designado por Alianza Republicana.[76] Cabe destacar el manifiesto difundido en Monforte de Lemos por parte de la Agrupación al Servicio de la República de esta localidad, que había acordado la designación de Javier Elola "ilustre fiscal de la República e hijo meritísimo de Monforte" como candidato por esa circunscripción: «La Agrupación al Servicio de la República no puede en esta ocasión silenciar los torpes manejos de aquellos que lucharon contra la instauración del nuevo régimen y que prosiguen con toda consecuencia la labor nefasta de aquella zafia oligarquía borbónica y bullagalista. Y quiere hacer constar que ante las delicadísimas circunstancias por que atraviesa el nuevo régimen, es obligación de toda institución republicana el apoyo a cuanto signifique afianzamiento y seguridad del mismo; pero protesta enérgicamente de la forma en que han sido designados los candidatos provinciales, por cuanto en su tramitación se aherrojaron los más elementales principios de la democracia que debe imperar en nuestra República. Está dispuesta esta Agrupación a que la consolidación del régimen sea cosa indubitable, pero también a laborar con todo ahínco porque los viejos elementos no minen nuestras democráticas instituciones, infiltrándolos de mezquindad, y exigir a todo buen republicano lo que no puede alegar desconocer: el concepto de la libertad y la decencia política. Monforte, 23 de junio de 1931.»[77]

Las elecciones tuvieron lugar el 28 de junio. El sistema electoral requería que un candidato tuviera el 20% de los votos de la circunscripción para ser elegido. Dos días después *La Voz* publicaba: «Contra lo que ha dicho la mayor parte de la Prensa, el fiscal de la República, D. Francisco Javier de Elola, candidato por la circunscripción de Lugo, va a la cabeza de la candidatura con 32.084 votos[…] El Sr Elola se ha presentado en la candidatura republicana autónoma gallega.»[78] El 2 de julio comenzó el escrutinio de las actas para proclamar a los candidatos que formarían parte de las Cortes Constituyentes. En Lugo hubo una ruidosa protesta: «Donde el escrutinio tuvo derivaciones fue en Lugo, pues el público se indignó al ver, que en efecto, se les dan las actas a los señores Elola, Recasens, Portela Valladares y general Sanjurjo.»[79] El fiscal de la República se vio obligado mediante nota de prensa a explicar su intervención en las elecciones:

---

72 *El Heraldo de Madrid,* 11 junio 1931, p. 16
73 *El Pueblo Gallego,* 13 junio 1931, p. 3
74 *El Orzán,* 18 junio 1931 junio, p. 1
75 *La Voz de la Verdad,* 20 junio 1931, p. 4
76 *El Ideal Gallego,* 21 junio 1931, p. 1
77 *La Voz de la Verdad,* 26 junio 1931, p. 8
78 *La Voz,* 30 junio 1931, p. 1
79 *El Eco de Santiago,* 3 julio 1931, p. 1

La Prensa de esta mañana publica una extensa información sobre las elecciones celebradas en la provincia de Lugo, e inserta el texto de cierto manifiesto de los candidatos derrotados por un margen de cerca de veinte mil votos, en el que se vierten especies calumniosas, contra determinadas autoridades, funcionarios y agentes.

El fiscal general de la República, que requerido por la inmensa mayoría de sus correligionarios coprovincianos, presentó su candidatura para diputado a Cortes, incluida en la lista de la verdadera Coalición republicano-socialista, ha permanecido en Madrid desde su proclamación como candidato totalmente inhibido de la contienda electoral, se abstiene en consecuencia de enjuiciar esta incalificable campaña de difamación.

Séale permitido, no obstante, afirmar que frente al despecho de quienes han solicitado infructuosamente su nombre, mejor aún la prestancia de la alta investidura que ostenta a fin de cohonestar así una lucha entre la Coalición democrática y las maniobras de elementos encubiertos, antiguos caciques de regímenes anteriores, enjuiciados mediante reciente querella que se propuso en defensa de la República, de cuya referencia se hacen eco la Prensa y la opinión, solo cabe el mantenimiento sereno e inflexible de la ley.

Descubierto el juego político no merece más extenso comentario que el de su calificación de "represalia" insidiosa que en nada habrá de influir para torcer una voluntad puesta al servicio de altos deberes de justicia y democracia. Pero hecha la imputación calumniosa y asumida la responsabilidad por quienes la suscriben, el fiscal de la República, en obligado ejercicio de su ministerio, ha ordenado al fiscal de la Audiencia provincial de Lugo, interponga contra los firmantes del manifiesto la oportuna querella criminal por delito previsto y penado en el artículo 269 del Código Penal vigente, a fin de que en el curso del procedimiento demuestren la veracidad de sus afirmaciones o de lo contrario recaiga sobre sus autores la condigna responsabilidad.

Respecto a irregularidades electorales se atendrán los fiscales al contenido de la circular recientemente cursada y no precisan de mayor acuciamiento; y por lo demás, las Cortes constituyentes, dentro del ámbito de su soberanía, y los Tribunales de Justicia, en la esfera de su jurisdicción, pronunciarán su fallo inapelable respecto a las actas de diputados a Cortes por la circunscripción electoral de Lugo[80]

Esta nota tuvo respuesta por parte de los Comités de Alianza Republicana, Derecha Liberal y Agrupación Socialista mediante un telegrama: «Enterados de la nota facilitada a la prensa por el Fiscal de la República, plácenos afirmar que los candidatos triunfantes en Lugo, lo fueron en virtud de simulación de elecciones, mediante los caciques seculares Don José Benito Pardo y el señor Portela Valladares. Es inexacto que se trate de coalición republicano-socialista, pues por el contrario el triunfo ilegal es de la candidatura de antiguos monárquicos, en la cual figuran los señores Portela Valladares, Elola y Lladó. Los verdaderos republicanos y los socialistas son las víctimas de tal contubernio electoral.»[81] Gran parte de la prensa denunció pucherazo en las elecciones en Galicia ya que en la mayoría de los distritos no hubo intervención. Hasta el mismo Valle Inclán se manifestó diciendo que «En la región gallega el caciquismo de ahora es superior al de Bugallal, y con ser tan manifiesto el de Lugo, es superior el de La Coruña. [...] Lo más justo sería anular las elecciones en las cuatro provincias gallegas, para dar así satisfacción al pueblo gallego, que es muy superior, en todos los órdenes, a sus caciques antiguos y actuales.»[82] En Lugo se repartió un comunicado denunciando los hechos e intentando demostrar cómo se falsificó la voluntad popular. Acusaban al Gobernador civil José Calviño de haber pactado con "el cacique local" José Benito Pardo y con Manuel Portela, llegando a un acuerdo para falsificar la voluntad colectiva y que en cumplimiento de lo pactado el Gobernador «simuló desde la noche del pasado domingo en adelante la expresión de la voluntad popular, bien mediante falsificaciones de actas realizadas en su propio despacho, bien indirectamente mediante coacciones por delegados y Guardia civil, que forzaron por orden suya actas en blanco y actas de los resultados concretos. Y que de estos actos es conocedor y consentidor el señor fiscal general de la República, señor Elola, candidato triunfante, mediante procedimientos de simulación.»[83]

El 11 de julio Elola es promovido en el turno primero a la categoría de presidente de Sala de la Audiencia Territorial, «magistrado de la Audiencia territorial, que sirve el cargo de fiscal general de la República, en el que continuará, prestando

[80] *El Pueblo Gallego*, 4 julio 1931, p. 1
[81] *El Ideal Gallego*, 5 julio 1931, p. 5
[82] *El Compostelano*, 6 julio 1931, p. 1
[83] *El Compostelano*, 6 julio 1931, p. 1

sus servicios.»[84] Forma parte de la Comisión Jurídica encargada de redactar el anteproyecto de la Constitución, en la que participa activamente con varios votos particulares. En una entrevista publicada por *La Voz*, preguntado por cuál creía que sería la labor de las Cortes Constituyentes, respondía: «Tan grande, tan histórica, que entraña la forja de una nueva España moderna y democrática», y a la cuestión del tiempo de duración de las Constituyentes afirmaba: «Por una parte, no han de llevarse con el ritmo acelerado que algunos piensan. Por otra, la labor a hacer, aunque la reduzcamos a la aprobación de la Carta fundamental del Estado y a sus leyes marginales, es formidable y precisa mucho tiempo. Yo no lo calculo inferior a un año. Nada menos tenemos que dibujar, además de una concepción y una solución democrática para todos los problemas, la silueta de los futuros estados autónomos españoles. Puede decirse que estas Constituyentes van a trabajar lo que las anteriores Cortes no trabajaron y a dejar labor iniciada o terminada a las venideras.»[85]

El 25 de julio el Congreso aprobaba la nulidad de las actas electorales de Lugo solicitada por los socialistas por 83 votos a favor y 52 en contra.[86] Elola se quedaba sin su acta de diputado. *El Tea*, periódico republicano y agrario afirmaba: «En las elecciones de diputados para las Constituyentes, verificadas en la provincia de Lugo el día 28 de junio, se cometieron las mismas anomalías y los mismos "pucherazos" que en las de la provincia de Pontevedra, y la Cámara Constituyente, en un momento de dignidad que no tuvo para las de Pontevedra, sancionó, por mayoría de votos, el voto particular formulado por parte de la Comisión de actas, que dice así: 1º. Anulación total de las elecciones; 2º. Que si se convoca a otras nuevas elecciones se prive del derecho de ser diputados a los candidatos a que se refiere el expediente.; 3º. Que pase el tanto de culpa a los Tribunales de Justicia.»[87]

Ese mismo día llega a los medios la noticia de la dimisión del fiscal de la República, que es confirmada por el Ministro de Justicia en una conversación con los periodistas manifestando que el día anterior había recibido una carta de Javier Elola poniendo en su conocimiento la determinación de presentar la dimisión: «Cuando ayer se inició el debate sobre el acta de Lugo, ya tenía yo en mi poder una amable carta del Sr. Elola, poniendo en mis manos, y por ende en las del Gobierno, la dimisión de su cargo de fiscal de la República. Yo no hice referencia a ello en la Cámara porque, dada la pasión de estos debates, podía dar lugar a suspicacias. Quiero hacer constar de manera clarísima que el Sr. Elola, en todo momento, se mantuvo alejado de la elección y de las luchas anejas a ella, y que si acudió al distrito fue llamado por elementos de éste, y sólo intervino en un acto de presentación oficial de candidatos[…] La actitud del Sr. Elola ha sido modelo de corrección exquisita; antes de la elección, solicitando la autorización del Gobierno para presentar su candidatura en la elección, observando el más imparcial proceder, y después de la elección, y ante la perspectiva de un debate apasionado, poniendo en mis manos con antelación la dimisión de su cargo.»[88]

En un artículo firmado por Víctor Casas[89], bajo el título de "O Caso de Lugo" y publicado en *El Pueblo Gallego*, se resaltaba la importancia y necesidad de que Galicia enviara a las Cortes en las que habría de debatirse la Autonomía gallega, a un grupo de diez personas de Lugo, entre las que cita a Javier Elola: «¿Quén pode negar que con dez d'estos nomes pódese facer a millor candidatura de Galicia? A provincia de Lugo dinamente non pode rechazar ningún d'estes nomes, pois creo sinceiramente que non poderáa atopar en toda Galicia outros que se lle poidan igualar.»[90]

El 1 de agosto Francisco Javier Elola es nombrado magistrado del Tribunal Supremo. Aún seguía coleando el asunto de la nulidad de las actas de Lugo. Bajo el título de "Taras y vicios", veía la luz en el periódico *La Región*, un artículo que ponía de manifiesto que el nuevo nombramiento de Elola como magistrado no era un acierto del Gobierno: «El señor Elola fue hasta hace tres meses, Juez de uno de los distritos de Madrid, Juez sin duda celoso y competente, que había tenido más

---

84 *El Imparcial*, 11 julio 1931, p. 3

85 *La Voz*, 14 julio 1931, p. 3

86 *La Voz de la Verdad*, 25 julio 1931, p. 3

87 *El Tea*, 3 agosto 1931, p. 1

88 *La Voz*, 25 julio 1931, p. 1

89 Víctor Casas participó en la fundación del Partido Galleguista, fue detenido, condenado por un Consejo de Guerra y fusilado por las tropas franquistas en el monte de A Careira, en Poio (Pontevedra) el 12 de noviembre de 1936.

90 *El Pueblo Gall*ego, 3 agosto 1931, p. 8

o menos afectuosas y claro que desinteresadas relaciones con la Dictadura. El señor Elola fue elevado al poco del advenimiento de la República al cargo de Fiscal General de la misma y ocupándolo trató con los viejos caciques de Lugo y consintió que hicieran y deshicieran, dando su nombre en materia electoral. E hicieron y deshicieron tales cosas que la Asamblea tuvo que anular las actas electorales de la nombrada capital por la que venía proclamado, entre otros, por el uso de las más desacreditadas trampas y cartones electorales, el susodicho señor Elola, el cual, pensándoselo honradamente creyó, que después de las graves acusaciones de que había sido objeto no podía continuar en el cargo. ¿Y qué hizo el Gobierno? Pues el Gobierno se apresuró a premiar las andanzas electorales en que se había metido, o consentido que lo metieran, el señor Elola nombrándole Magistrado del Supremo.»[91]

Las nuevas elecciones en Lugo tuvieron lugar el 25 de agosto. Elola obtuvo 31.910 votos y se proclamó diputado por la minoría ingresando en el grupo lerrouxista. «La minoría radical ha facilitado la siguiente nota: Se han incorporado a esta minoría los diputados por Lugo don Manuel Becerra, D. Javier Elola, D. Waldo Azpiazu, D. Rafael Vega Barrera y D. Gerardo Abad Conde, sumando en total este grupo 93 representantes en Cortes.»[92] Algunos medios de prensa seguían hablando de pucherazo: «La creencia general es que en estas elecciones ha habido tantos más pucherazos que las anteriores. Muchos opinan que debía celebrarse otra nueva elección.»[93] «Aparición de actas dobles en varios municipios. Alguien habla de pucherazo manifiesto. Cien veces repetida la palabra "pucherazo"».[94] Víctor Casas, en su columna "Fenestra", escribía: «Despois do resultado[...] Para a miña preocupación autonomista soio hai una satisfaición no resultado das eleiccións. O trunfo de Portela Valladares que autuará como compre na defensa do Estatuto, e de Elola que agardo non negará a sua colaboración.»[95]

LA DETENCIÓN DEL DOCTOR ALBIÑANA

José María Albiñana era médico y fundador del Partido Nacionalista Español de ideología fascista y creador de una organización paramilitar bautizada como "Legionarios de España". Se había decretado su ingreso en prisión preventiva por el asalto a la redacción a la *Revista Nosotros*. Albiñana culpó de su situación procesal a Elola, quien mediante una carta al director de *ABC* el 15 de agosto, rectificó las manifestaciones del doctor Albiñana: «el 13 de mayo último fui notificado, como juez de instrucción del distrito de Chamberí, de que el señor Albiñana había sido puesto a mi disposición por quien debía hacerlo en el Juzgado de guardia. Toda vez que el sumario del cual pudieran derivarse responsabilidades contra aquél obraba concluso en la Audiencia provincial y carecía el juez de facultades jurisdiccionales inmediatas sobre el detenido a los efectos de dicha causa, me limité a ponerlo a disposición de la Sección tercera, para que este Tribunal se sirviese adoptar las resoluciones pertinentes.» Elola aludía a que en la misma fecha fue nombrado fiscal y que el auto de procesamiento no fue dictado por él, sino por el funcionario que le sustituyó en el cargo judicial «ministerio legis». Sin embargo, si retrocedemos a la entrevista que otorgó a J.M. Simal para *La Voz*, nada más conocer su nombramiento como fiscal general de la República, comprobaremos que reconocía su responsabilidad en el encarcelamiento: «Cuando ayer me lo comunicaron en Bellas Artes esperaba detalles del sumario del doctor Albiñana, a quien he metido en la cárcel.»[96]

Si bien el periódico *ABC* fue el canal que todos los implicados utilizaron para dejar claras sus posiciones, *La Voz de Gerona* publicó el 23 de agosto un artículo titulado "El caso Elola" y reprodujo las cartas que todas las partes en conflicto se habían cruzado públicamente. Entre ellas figura la del abogado Caballer Blasco que contradecía a Elola: «Fue usted juez instructor del sumario incoado con motivo del asalto a la redacción del semanario antimonárquico «Nosotros», derivación última del cual ha sido el

---

91 *La Región*, 13 agosto 1931, p. 3

92 *La Libertad*, 19 septiembre 1931, p. 5

93 *La Nación*, 29 agosto 1931, p. 9

94 *La Voz de la Verdad*, 29 agosto 1931, p. 7

95 *El Pueblo Gallego*, 3 septiembre 1931, p. 1

96 *La Voz*, 14 mayo 1931, p. 3

procesamiento de referencia; segundo, que durante muy cerca de los siete meses fue usted quien practicó diligencias y acumuló datos, sin lograr deducir indicio alguno de responsabilidad contra el doctor Albiñana, como lo prueba que declarase terminado el sumario y lo remitiera a la superioridad sin decretar el procesamiento de mi defendido por reconocer su inocencia [...]»

Mario Jiménez Laá, juez que le sustituyó en el Juzgado de Chamartín y acérrimo enemigo de Elola, salió en defensa de Albiñana apoyando las palabras de su abogado a través de otra carta al diario *La Nación*: «El procesamiento del doctor Albiñana fue dictado a instancia del Ministerio Fiscal, que se personó en los autos por medio de don Ramón Gargollo, abogado fiscal de la Audiencia de Madrid, y como ese ministerio es uno y dependiente, el procesamiento del doctor Albiñana fue dictado a instancia del fiscal de la República. ¿Lo era entonces el señor Elola? ¿ejercía entonces el cargo el señor Galarza? La precipitación con que escribo estas líneas no me permite asociar de memoria fechas y personas. Pero hay un hecho que recuerdo perfectamente por el comentario que me sugirió, y es que, al interponer el doctor Albiñana el recurso de reforma contra el auto del procesamiento dictado, estaba ya en posesión del cargo de fiscal de la República el señor Elola, y como ministerio fiscal, también representado en el sumario por el señor Gargollo, en el trámite de traslado se presentó escrito suplicando al Juez la desestimación del recurso; es decir, que el Juez instructor del sumario señor Elola, después fiscal de la República, intervino con dos jurisdicciones en la misma causa o proceso en contra del acusado.» Y añadía: «invito al señor Elola a la prudentia juris, o sea, al silencio perpetuo y a no aludirme buscando en mi inferioridad jerárquica medios para su defensa, siquiera sea hasta que tengan carácter judicial las querellas que por varios delitos de prevaricación sabe él que he de interponer contra la Sala de Gobierno del Tribunal Supremo, y muy especialmente contra ese funcionario.»[97]

ESTATUTO DE GALICIA

Javier Elola formó parte de la ponencia que se encargó de redactar el Estatuto de Galicia. Los diputados gallegos acordaron «anteponer a todo otro asunto, incluso a disciplinas de partido, el interés por Galicia. Tratóse de realizar el máximo esfuerzo para conseguirlo y nombrar, al efecto un representante de cada fracción política, para adaptar el Estatuto a la Constitución. El Estatuto se someterá a la aprobación de los Ayuntamientos y después al referéndum popular.»[98] En un artículo firmado por José Carbonell, publicado en *El Progreso*, se aseveraba: «El haber designado el partido radical al diputado señor Elola para formar parte de la comisión que ha de entender en los preliminares del Estatuto de Galicia afirma más nuestra creencia de que si éste no es defendido con entusiasmo por todos nuestros representantes, tampoco hallará entre éstos ninguna seria oposición.»[99]

En octubre de 1931 se celebró la Asamblea de parlamentarios para tratar del Estatuto. Acudieron todos los radicales gallegos entre los que se encontraba Elola, que preguntado por los periodistas manifestaba: «Ante el problema de las autonomías regionales entiendo que Galicia debe obtener la suya dentro del ámbito constitucional asignado a este régimen de descentralización política y administrativa en cuanto se ajuste a las posibilidades y capacidades cultural, tradicional, económica y de todo orden de nuestra región, de tal manera que al lograr en esta medida y oportunidad el relieve de su personalidad territorial, caracterizada por razones históricas y exigencias jurídicas, contribuya a robustecer la suprema noción de la unidad autonómica, siquiera se entienda regida desde esta fecha inicial por los principios racionalizados de derecho público tal y como se contiene en la fórmula aprobada para la constitución del Estado republicano. Considero que debe prestarse al Estatuto que se conforme con las normas expuestas todo el apoyo compatible con los sagrados compromisos contraídos por fuerza de la voluntad popular gallega, que designó a sus diputados con la casuística determinada por la disciplina e idearios de los respectivos partidos donde militan unos y otros y por cima de todo con el amor acendrado a Galicia y a España. Mi ardiente deseo es el de conseguir una absoluta solidaridad de los representantes de Galicia en las

---

97 *La Voz de Gero*na, 23 agosto 1931, pp. 1-2

98 *La Región*, 2 octubre 1931, p. 1

99 *El Progreso*, 8 octubre 1931, p. 1

Cortes Constituyentes sin distinción de matices políticos para cuanto redunde en interés supremo y homenaje de nuestra tierra.»[100] En una reunión posterior de diputados gallegos para tratar del Estatuto, la única pregunta formulada por Elola fue:«¿Cuál es el espíritu del país gallego respecto a la idea del Estatuto?»[101] Interpelado por los periodistas opinaba: «No me entusiasma el Estatuto. Su contenido es pobre en sustancia autonómica. Conforma a Galicia en una Diputación provincial, multiplicada por cuatro, con el peligro de crear un centralismo regional, apéndice del de la metrópoli. No me sorprendería que gran parte de la opinión gallega lo rechace ante el "referéndum". El peligro no radica en la tónica nacionalista, que no me asustaría por avanzada que fuera, si no por el germen caciquil insisto en el tópico de su articulado intrascendente, especie de cerato simple. Galicia comenzará "a ser" más adelante. Salvo así mi responsabilidad.»[102]

El 18 de julio de 1933 tuvo lugar en A Coruña la reunión del Comité Regional del Partido Republicano Radical, en la que se trató el Estatuto gallego. La posición del partido ante el mismo era que aún cuando los radicales se consideraban autonomistas debían oponerse por todos los medios a su alcance a la aprobación plebiscitaria del Estatuto proyectado en Santiago «por ser atentatorio no solo a la economía de la Región, sino también por servir de plataforma en el encumbramiento de los elementos políticos que tratan de establecerlo, y muy especialmente teniendo en cuenta que el espíritu que mueve a nuestros estatuitas, como nacionalistas que son, no se ajusta al mantenimiento de la nacionalidad española, según confirman en su propaganda oral y escrita al considerar el Estatuto como punto de arranque de libertades para Galicia todavía más acentuadas.» Este acuerdo era obligatorio para toda la organización Radical Gallega, quedando desautorizados quienes actuaran en forma contraria al mismo.

La prensa comentaba lo que parecían contradicciones de Elola, sobre todo en lo que al Estatuto de Galicia se refería: «Nuestra labor informativa sería deficiente si no recogiéramos los comentarios y discusiones que en todo este partido se hacen a propósito del diputado don Javier Elola. Y, con todos los respetos para la persona y para el magistrado, hemos de decir que el juicio público no le es, ni mucho menos favorable. Se veía con satisfacción la rápida carrera del señor Elola; pero se venían notando contradicciones casi inexplicables en su actuación. Se echaba de menos la firmeza en las convicciones y el respeto a los públicos compromisos que son las cualidades de más valía en los políticos. Su posición ante el Estatuto Gallego, saltando de uno a otro lado, primero radicalmente federal, y luego combatiendo las aspiraciones regionales por ladinos y tortuosos procedimientos, había dejado boquiabiertos incluso a sus incondicionales amigos. Si, por exceso de sabiduría, ha mudado de consejo, debería haberlo proclamado valiente y noblemente, en vez de escudarse con el tópico de que no estamos preparados para esa mejora y de que sus electores le han impuesto el nuevo criterio. Y no es nueva en él esta afición a bailar la zarabanda política. Se recuerdan las mudanzas y encrucijadas porque, en las últimas elecciones, corrió la candidatura del señor Elola.»[103]

Durante el otoño e invierno de 1931, Javier Elola tiene una gran actividad parlamentaria, especialmente en el proyecto de Constitución, el primer texto constitucional desde 1876. Se abstiene en la votación del artículo 24 relativo a la supresión de las órdenes religiosas[104]; presenta varias enmiendas al artículo 96, como «La Administración de Justicia en general comprenderá las distintas jurisdicciones existentes con inclusión de la mercantil y de la social y todas serán reguladas por sus respectivas leyes orgánicas» y «Nadie podrá ser sustraído al juez legal correspondiente. No podrán crearse tribunales de excepción ni establecerse fuero alguno por razón de las personas y de los lugares. Se exceptúa el caso de guerra en el territorio afectado por tal situación y en los buques de la Armada. La jurisdicción penal militar quedará limitada al servicio

---

100 *El Pueblo Gallego*, 10 octubre 1931, p. 1
101 La Voz, 21 octubre 1931, p. 8
102 El Pueblo Gallego, 25 octubre 1931, p. 1
103 El Pueblo Gallego, 25 noviembre 1931, p. 8
104 El Compostelano, 20 octubre 1931, p. 1

de armas y a la disciplina del Ejército y de la Marina de Guerra. Quedan abolidos todos los tribunales de honor, tanto civiles como militares.»[105]

El 13 de noviembre se da lectura en las Cortes al dictamen sobre responsabilidad del ex Rey Alfonso XIII. Salvador de Madariaga presentó una enmienda proponiendo la creación del "Justicia Mayor", que vendría a ser el tercer personaje de la República, por debajo del Jefe del Estado y del Presidente de la Cámara y proponiendo que este alto cargo representante de la Justicia sería elegido por el mismo procedimiento de elección que el Presidente de la República. Intervino Elola para mostrar su desacuerdo argumentando que habrían de encontrarse con dificultades que hoy no han asomado todavía a los procedimientos jurídicos, pero que en la práctica se vería que la Justicia reside, como debe ser, en el Alto Tribunal de la Nación. Anunciaba que votaría en contra de la creación de un cargo de Justicia omnipotente.[106]

Se opuso a la separación de los Poderes judicial y fiscal. A su juicio la separación constituiría la absorción completa del derecho privado por el público. Pidió la creación de un Tribunal contencioso-administrativo, con toda clase de garantías[107] y se mostró partidario de la supresión de los tribunales de honor en lo civil y en lo militar.[108] En relación al nombramiento del presidente del Tribunal Supremo presentó una enmienda que fue aprobada: «El Presidente del Supremo será nombrado por el Jefe del Estado a propuesta de una asamblea que será elegida con arreglo a la forma que determine la Ley.».[109]

Fue muy criticado en la prensa el hecho de que se negara a votar a favor de una enmienda de Portela Valladares solicitando la responsabilidad civil de jueces y magistrados por infracción de la Ley. «La enmienda fue desechada y no acertamos a explicárnoslo. Había, sin duda, entre los que votaron en contra algunos diputados gallegos. El Sr. Elola, que la impugnó, es monfortino y diputado por Galicia. No nos explicamos esta oposición a un precepto constitucional tan enjundioso, tan necesario, tan justo, sobre todo en Galicia.[…] El Sr. Elola, nos dicen en Madrid, interrumpió airadamente al Sr. Portela pidiendo que los jueces no sean responsables nunca de sus resoluciones; convirtiéndolos en intangibles e infalibles; es decir, anteponiendo el espíritu de clase a los derechos democráticos, a los derechos del pueblo.»[110]

El 28 de noviembre causa baja voluntaria en la minoría radical: «El señor Elola ha manifestado que la actitud de la minoría radical al ausentarse anoche del salón de sesiones cuando se discutía la inconstitucionalidad de las leyes que vienen defendiendo desde 1928, le obliga a considerarse desligado de toda disciplina de dicha minoría, recobrando su libertad de acción y criterio en las cuestiones políticas.»[111] Pero en febrero de 1932, tras un conflicto entre los patronos y los jornaleros de Jaén que acabó con numerosos patronos en la cárcel por decisión gubernativa, se acordó que en representación de la minoría radical Elola formulara pregunta al ministro de Justicia sobre estas detenciones.

CONFLICTO CON MARIO JIMÉNEZ LAÁ

Mario Jiménez Laá, juez en excedencia, era el fundador y director de la revista *Renacer*, semanario al servicio de los intereses monárquicos que resultó incómodo para todos los Gobiernos republicanos. Elola presentó una denuncia por amenazas contra Jiménez Laá quien tras ser conducido al juzgado de guardia se ordenó su ingreso en prisión. Según relata Elola, denunciante y denunciado se encontraron en la calle: «Iba yo por la calle de Alcalá. Se me puso delante y me escupió cuatro canalladas envueltas en frases soeces. Y aquí viene lo bueno: cuando yo voy a detenerle para entregarlo a algún representante de la autoridad, el director de "Renacer" pone pies en polvorosa y se adentra en el Metro. Lo sigo, y

---

105 El Pueblo Gallego, 12 noviembre 1931, p. 5

106 El Correo Gallego, 13 noviembre 1931, p. 2

107 El Compostelano, 13 noviembre 1931, p. 2

108 El Correo Gallego, 14 noviembre 1931, p. 2

109 El Correo Gallego, 18 noviembre 1931, p. 1

110 *El Pueblo Gallego*, 18 noviembre 1931, p. 1

111 El Pueblo Gallego, 28 noviembre 1931, p. 5

ya en el túnel requiero a un guardia y lo detiene. En el Juzgado quiso enmendar el yerro; pero no pudo... En la cárcel está de nuevo.»[112] *El Heraldo de Madrid* salió en defensa de Elola con un artículo titulado "De cómo y por qué don Francisco Javier Elola se ha querellado contra el director de un periódico cavernícola": «En el distrito de Chamberí había un juez de instrucción recto y honorable: D. Javier Elola y Díaz Várela. Todavía se le recuerda con simpatía. Del mismo distrito era juez municipal el Sr. Jiménez Laá, a quien no se miraba con simpatía igual que al Sr. Elola. De ahí arranca la persecución enconada de que éste es víctima por parte de aquél. Persecución que culminó cuando al advenimiento del nuevo régimen se renovaron todos los Juzgados y se prescindió del Sr. Jiménez Laá, el cual creyó ver, en su cesantía, la mano del que luego había de ocupar el cargo de fiscal de la República.»[113] Elola afirmaba en el mismo artículo que Jiménez Laá fue quien dictó auto de procesamiento contra el doctor Albiñana: «en la prisión se hicieron compinches y urdieron el propósito de aniquilarme y aniquilar a la República.»[114]

La réplica a estas declaraciones por parte de Jiménez Laá fue inmediata. El periódico *La Nación* publicó una carta donde el ex juez desde la cárcel Modelo rebatía las declaraciones publicadas en *El Heraldo* por el magistrado Javier Elola. El número fue denunciado: «a las cuatro de la madrugada se personó la Policía en nuestra Redacción, a cumplimentar la orden de recogida de ejemplares, incautándose de aquellos que habían sobrado de la venta».[115] Afirmaba Jiménez Laá que «como en las condiciones en que está no es posible su defensa y que, si al salir de la cárcel procediera contra el señor Elola sería encarcelado de nuevo, formulo una querella criminal por injurias contra don Francisco Javier Elola y contra *El Heraldo de Madrid*.»[116] La misiva fue reproducida en *La Correspondencia*, periódico fiel a la monarquía y muy virulento con el régimen republicano, bajo el título de "Defendiéndose de acusaciones injustas".

EL PROYECTO DE LEY DEL TRIBUNAL DE GARANTÍAS CONSTITUCIONALES

En noviembre de 1932, Javier Elola publicaba en *El Heraldo de Madrid* sus opiniones sobre este proyecto de Ley, que pueden leerse en el Anexo núm. 1. En mayo de 1933 en la discusión sobre el dictamen de este proyecto, Elola examinaba el principio de constitucionalidad de las leyes y aportaba numerosos testimonios consignados en legislaciones extranjeras: «Aquí –agrega– no existen antecedentes de recursos sobre inconstitucionalidad. Solamente se advierten algunos indicios en la historia de Cataluña. El único intento que en España ha habido no ha podido ser más desdichado.» Refiere considerandos y sentencias del Tribunal Supremo de 1928 en que se reconoce que después del golpe de Estado el Poder legislativo y el ejecutivo residían fundidos en el Consejo de ministros con el Rey y en cuanto al sistema bicameral manifestaba que le parecía acertado que el Senado examinara las leyes procedentes del Congreso. También afirmó que «las Cortes Constituyentes han de disolverse por su propia voluntad, pero no pueden convertirse en Cortes ordinarias. Si se pretende alargar su vida indefinidamente se convertirán en facciosas.» La disertación de Elola se prolongó durante más de dos horas. Para él el Tribunal de Garantías constitucionales era la «síntesis del poder o más bien de un nuevo poder.»[117] Ante una enmienda de Ossorio que según él tendía a evitar que fueran al Tribunal de Garantías los «fracasados y chiflados, ya que a dicho organismo solo deben ir los verdaderamente perjudicados», Elola respondía que «eso mismo es lo que ocurre en Austria y en Checoslovaquia». Ossorio insistía en que hacía tres días se había suspendido en Austria el Tribunal de Garantías, a lo que Elola alegó: «Porque aquello huele a hitlerismo y el Tribunal falta cuando no hay democracia.»[118]

---

112 El Heraldo de Madrid, 21 junio 1932, p. 14

113 El Heraldo de Madrid, 21 junio 1932, p. 14

114 El Heraldo de Madrid, 21 junio 1932, p. 14

115 La Nación, 23 junio 1932, p. 12

116 Vanguardia Gallega, 23 junio 1932, p. 3

117 El Pueblo Gallego, 34 mayo 1933, p. 3

118 La Voz de la Verdad, 1 junio 1933, p. 2

El 8 de junio de 1933 las Cortes aprobaron la Ley de bases creando el Tribunal de Garantías. Elola confesaba que aún cuando la minoría radical votó a favor de la aprobación de la Ley, sus componentes querían hacer constar que la consideran inconstitucional.[119]

En febrero de 1933, tras una reunión de la minoría radical, ésta acordó adoptar una postura de oposición a todo proyecto del Gobierno que no fuera el de Congregaciones religiosas, aunque convinieron seguir actuando en las Comisiones a las que pertenecía realizando en ellas su tarea obstruccionista. También fueron aprobadas las dimisiones de todos los presidentes, vicepresidentes y secretarios de Comisiones parlamentarias, por lo que Elola cesó en la Comisión Jurídica Asesora.[120] También renunció al cargo de vocal del Patronato Central de Fundaciones particulares benéfico-docentes constituido en 1932.[121]

En abril la Gaceta publicaba diversas órdenes en las que se admitían las dimisiones por aplicación de la Ley de incompatibilidades, que afectaba a Javier Elola como vocal de la Comisión Jurídica Asesora,[122] quien manifestaba que «en Francia modelo de parlamentarismo, un presidente de la Cámara está siempre por encima de la pasión política, y cuando entra en el juego de la política, dimite irrevocablemente.»[123] El 23 de mayo el dictamen de la Comisión de incompatibilidades propuesto a la aprobación de las Cortes, acordaba unánimemente estimar compatible la representación parlamentaria que ostentaba Javier Elola, porque su nombramiento ministerial fue debido a virtud de propuesta reglamentaria de la Sala de gobierno del Tribunal Supremo, según lo dispuesto en el artículo segundo del decreto de 6 de mayo de 1931.[124]

A finales de junio Elola fue muy felicitado por haber sido admitida la enmienda presentada por él al proyecto de reforma del recurso de casación en materia penal, por la cual se daba retroactividad a esta Ley y a que los recursos entonces en trámite, que no pudieron entablarse con arreglo a los nuevos preceptos, debían gozar de sus beneficios cuando las declaraciones de los Tribunales «a quo» pecaran de inexactas o erróneas, restableciéndose el imperio de la ley en lo que afectaba a la defensa del inculpado.[125]

Fue designado por las Cortes junto otros diputados para intervenir en la elección de presidente del Tribunal Supremo.[126] La Asamblea se constituyó el 10 de julio y fue elegido presidente de la Mesa definitiva. Un día después se estableció en la Sala de plenos del Palacio de Justicia la Asamblea encargada de proponer al presidente de la República una terna para designar al que sería el presidente del Tribunal Supremo. Resultó elegido Diego Medina, quien tomó posesión del cargo el 13 de julio.

El 27 de julio dejaba definitivamente la minoría del Partido Radical y comunicaba a los periodistas «que había enviado una carta al señor Lerroux participándole que, por diferencias de interpretación en el orden técnico y por opinar que los magistrados deben estar apartados de todo dinamismo político, se veía precisado a separarse de la minoría radical. Agregó que no ingresará en ningún grupo político, pues piensa permanecer independiente.»[127] Afirmó que no renunciaría al acta de diputado y que «en lo sucesivo se limitará a actuar técnicamente, y que ha presentado varias enmiendas a la ley de vagos que ya se verá la suerte que correrán.» Preguntado si iba a ingresar en algún otro grupo político, respondió que «En ninguno; quedaré independiente.»[128] *La Voz de la Verdad*, tirando de ironía publicaba: «Se nos fue Elola. Quiere ser técnico. Y

---

119 La Voz de la Verdad, 8 junio 1933, p. 2
120 El Heraldo de Madrid, 8 febrero 1933, p. 10
121 El Imparcial, 28 abril 1933, p. 2
122 El Debate, 30 abril 1933, p. 2
123 El Imparcial, 17 mayo 1933, p. 4
124 La Voz de Cantabria, 23 mayo 1933, p. 4
125 La Nación, 26 junio 1933, p. 3
126 Ahora, 30 junio 1933, p. 8
127 El Ideal Gallego, 27 julio 1933, p. 2
128 La Vanguardia, 27 julio 1933, p. 16

ahora, una pregunta: Los lucenses, ¿le votaron como técnico? ¿Le votaron como político? Como político. Y con ese carácter tiene un acta. ¿Qué se nos va? Buen viaje. Pero creemos que, si se nos va como político, debe dejar el acta a un lado.»[129] *El Compostelano*, varios meses después, bajo el título de "Los que arruinaron España y se han quedado sin acta", ofrecía el listado de diputados, entre los que se encontraba Javier Elola, que a su juicio «formaron parte de las Cortes anteriores y que con sus votos contribuyeron al desmembramiento social y económico que sufre nuestro país.»[130]

COLABORADOR DE *LA LIBERTAD*

En abril de 1935 Javier Elola comienza su faceta de colaborador en el periódico *La Libertad*, que lo presentaba así: «Una nueva pluma republicana viene a unir su vibración y su esfuerzo al de otros colaboradores que en *La Libertad* tienen su tribuna. Ahora se trata de D. Javier de Elola, relevante personalidad de la República del 14 de Abril. La figura del Sr. Elola no hace falta destacarla. Los buenos republicanos recuerdan su labor en la Fiscalía de la República y su campaña en Galicia contra los desmanes de los antiguos caciques con motivo de las elecciones constituyentes. La austeridad del magistrado se une en el Sr. Elola a la firmeza de sus convicciones, y sus juicios, plenos de serenidad y de experiencia, han de ser de valor inapreciable. En breve aparecerá el primer trabajo de D. Javier de Elola, que ofreceremos a los lectores de *La Libertad* como una nueva y meritísima aportación a la causa de la República.»[131] En *La Libertad* publicó sólo dos artículos: "La libertad de imprenta" en el mes de mayo y "Efemérides de la Revolución Francesa" en julio. (Anexo II)

En mayo de 1935 quedó constituida una nueva Comisión jurídico-asesora: «Ha quedado constituida la Comisión jurídico-asesora, de la que forman parte, con los cargos que se mencionan, los siguientes señores: Presidente de la Sección primera de Derecho civil, don Jerónimo González; de la segunda de Derecho mercantil y procedimiento, don Antonio Goicoechea; de la tercera, de Derecho público general, el señor Gascón y Marín; de la cuarta, de Derecho social, don Vicente Piniés y de la quinta, de Derecho penal, don Javier Elola. La Comisión se reunirá posiblemente en esta misma semana para tratar algunos asuntos de interés.»[132] A principios de junio se informaba que la Comisión estaba preparando el proyecto de Bases para la reforma de la ley de lo Contencioso, para lo cual se nombró una Ponencia formada por los señores Gascón y Marín, Goicoechea, Juan Bautista Guerra, Javier Elola y Pérez Serrano. Asimismo, la Comisión preparaba las Bases de la reforma de la ley orgánica del Poder Judicial y leyes de enjuiciamiento civil y criminal.[133]

En octubre de 1935 el Ministro de Justicia ordenaba la remoción de magistrados de las siete salas del Supremo, a la que se opuso la Sala de Gobierno.[134] Javier Elola, que estaba en la Sala primera, pasaba a la Sala Cuarta, bajo la presidencia de Ángel Díaz de Benítez. Este hecho provocó que presentara un recurso de súplica ante el Supremo contra la orden del Ministerio de Justicia que dispuso su traslado, por entender que se quebrantaba el principio constitucional. La Sala de Gobierno del Supremo decidió que el asunto pasara a estudio del fiscal de la República,[135] quien acordó que no procedía acceder a lo solicitado. La Sala de gobierno del Supremo resolvió en marzo de 1936 el regreso del magistrado Elola a la Sala primera del Tribunal Supremo.[136]

---

[129] La Voz de la Verdad, 28 julio 1933, p. 1

[130] *El Compostelano*, 28 noviembre 1933, pp. 1-2

[131] *La Libertad*, 9 abril 1935, p. 3

[132] *El Financiero*, 23 mayo 1935, p. 13

[133] La Época, 3 junio 1935, p. 1

[134] *El Correo Gallego*, 13 octubre 1935, p. 2

[135] *El Diluvio*, 20 octubre 1935, p. 23

[136] *El Heraldo de Madrid*, 31 marzo 1936, p. 3

Tras el golpe de estado de julio de 1936 fue nombrado juez especial para instruir el sumario por rebelión. El 15 de agosto dictó auto de procesamiento y prisión contra el ex general Carola Antúnez que desempeñaba el cargo de Inspector de ingenieros de la primera Inspección del Ejército y que el día 20 de Julio ejercía el cargo de Jefe Interino de la primera división.[137] El 28 de agosto, sendos decretos de la Gaceta le nombraban Presidente de la Sala Tercera del Tribunal Supremo y presidente de la Junta de Inspección de Tribunales, con el fin de investigar la adhesión de los funcionarios de la Administración de Justicia y disponiendo que el magistrado conociera con función permanente del expediente general sobre la rebelión militar dentro de la primera división orgánica.[138] El 17 de septiembre la Gaceta publicaba otra Orden «disponiendo que el presidente de Sala del Tribunal Supremo don Javier Elola y Díaz Varela continúe conociendo, con función permanente, y con las facultades asignadas en la Orden de este Ministerio de 27 de agosto último, del expediente general sobre la rebelión militar, con jurisdicción sobre todo el territorio nacional.»[139]

El 14 de noviembre se trasladaría a Valencia junto al Gobierno de la República manifestando a los medios que «proseguirá en esa ciudad su labor como juez especial, con jurisdicción para toda España en los sumarios por el delito de rebelión.»[140] Más tarde, en 1938, y también junto al Gobierno se desplazaría a Barcelona, donde fue detenido a primeros de febrero de 1939.

DETENCIÓN Y MUERTE

Al contrario de lo que ocurrió en España, los medios extranjeros dieron gran cobertura a la detención de Javier Elola. El 4 de febrero de 1939, el periódico republicano de Reims *Le Petit Champenois*, informaba de su detención: «Les responsales des atrocites sont arrêtes a Barcelone. Barcelone, 3 férier.- Deux nouvelles arrestations importantes viennent d'ètre effectuées: celle de M. Elola, procureur général de la Reépubliqe, rendu directement responsable de toutes les exécutions en Espagne réplublicaine, et celle du commandant Bérenguer, président du Conseil de guerre maritime qui devra répondre de l'exécution des officiers.»[141] El día 5 es el *ABC* de Sevilla el que da la noticia bajo el titular "Un Magistrado indigno" y continúa: «Como en otro lugar decimos, ha sido detenido en Barcelona el fiscal general de la República, Javier Elola. Este Elola al que se alude es, sin duda —lo afirmamos honradamente, sin necesidad de proceso previo ni de mayores esclarecimientos— uno de los sujetos más directamente culpables del fariseísmo criminal con que se pretendió fingir en la España roja una apariencia jurídica para los asesinatos y los expolios. Este Elola es un fiscal de la República, servil lacayo de todas las jerarquías inmundas de aquel régimen, diputado a Cortes, privilegiado en el Tribunal Supremo, con prebendas y entorchados superiores a su graduación y, desde luego, a sus méritos, que no vaciló en deshonrar la toga con las más repugnantes indignidades. La justicia de la España de Franco, sin venganzas, pero sin claudicaciones, y, sobre todo, sin imbecilidad impunista, dará a este sujeto su estricto merecido.»[142]

Ese mismo día el alemán, *Der Elsässer*, bajo el titular "Hier kann es keine gnade geben" (Aquí no puede haber piedad) publicaba: «Barcelona, 3, Febr.- Soeben sind hier zwei schwewiegende Verhaftungen erfolgt. Zunächst wurde der Staatsanwalt der Republik, Elola, festgenommen, der unmittelbar für alle Hinrichtungen verantwortlich gilt, die in dem republikanischen Spanien erfolgt sind, dann der Major Frederico Berenguer, Präsident des Flottenkriegsgerichts, der besonders herangezogen wird für die Hinrichtung der Marineoffiziere, die bei Ausbruch der revolutionären Bewegung von

---

137 *La Libertad*, 15 agosto 1936, p. 4

138 *El Diluvio*, 29 agosto 193, p. 10

139 *La Vanguardia*, 17 septiembre 1936, p. 12

140 *El Sol*, 14 noviembre 1936, p. 2

141 *Le Petit Champenois* (Francia), 4 febrero 1939, p. 2. B:NF: «Los responsables de las atrocidades arrestados en Barcelona. Barcelona, 3 de febrero. Dos nuevos arrestos importantes acaban de ser efectuados, el de Elola, procurador general de la república, directamente responsable de todas las ejecuciones de la republica. Y el comandante Berenguer presidente del consejo de guerra naval que deberá responder por la ejecución de oficiales.» (trad. a.)

142 *ABC Sevilla*, 4 febrero 1939, p. 13

der Schiffsbesatzung gefangen genommen wurden.»[143] Y varios medios franceses se hacían también eco de la detención como el alsaciano *Echo de Sélestat*, *La Dépêche algérienne*, periódico conservador editado en Argel, *L›Action française*, que se autodefinía como "órgano del nacionalismo integral", *Le Petit Dauphinois* de Grenoble, *Le Peuple*, órgano de la CGT bajo el titular "La Gestapo en acción" y por último, el diario republicano *L'Echo d'Alger*. El 6 de febrero bajo el titular "Francos rache" (La venganza de Franco), el diario en lengua alemana publicado en Alsacia, *Freie Presse für Elsass-Lothringen,* da cuenta de la detención del magistrado.

El 7 de febrero el *Diario de Pontevedra* inserta la siguiente noticia: «Detención del boxeador Flix y del Procurador General de la República. Barcelona.- Han sido detenidos el boxeador Ricardo Flix, acusado de haber estado al servicio del S.I.M. rojo, en calidad de torturador, y el llamado procurador general de la República, Elola, directamente responsable de todas las ejecuciones llevadas a cabo bajo la dominación marxista.»[144] El 9 de febrero lo hace El Pueblo Gallego: «Captura de Elola, un gran responsable. Barcelona.- La Agencia Havas comunica dos importantísimas detenciones: la del procurador general de la República, Elola, directamente responsable de todas las ejecuciones que se han realizado en la España republicana.»[145]

El periódico francés *La Croix du Nord* informa: «L'exprocureur général de la République à Barcelona a été arrête. Barcelone, 10.- Les autorites militaires ont arrêté vendredi matin, le procureur général de la Repúblique. Elola, qui requit contre le général Goded, ainsi que le capitainede corvette Aznar, qui presids les conseils de guerre de Málaga et qui fit condamner á mort une douzaine d'officiers de la marine nationaliste.»[146]

El 25 de febrero, en *The War in Spain*, medio editado e impreso en Londres por United Editorial Limited, creada por la Embajada de la República Española, podemos leer: «The Times gives the following names of promment persons already arrested : Don Javier Elola, judge of the Repubican Court of Justice…»[147]

El Heraldo de Zamora se refería a Javier Elola como «Ese pirata que se presentó a la justicia de Franco en Barcelona»[148] y *Proa*, diario de Falange, publicaba en el mes de mayo la ejecución de la sentencia: «Sentencias cumplidas. Barcelona, 13.- En la madrugada de ayer, en el Campo de la Bota se han cumplido las sentencias dictadas por el tribunal contra el ex fiscal Javier Elola, el ex general Berenguer de las Cagigas, el ex auditor Pedro Rodríguez y el periodista Carrasco de la Rubia.»[149]

Dos meses después, la revista *L'Europe nouvelle*, ofrecía a sus lectores un listado de republicanos fusilados en el que figuraba Javier Elola.[150] Y por último, en agosto de 1940 en *España Democrática*, Órgano del Comité Nacional de ayuda al pueblo español, se leía: «Se está a merced de los malos tratos y bajo el peligro de las "razzias" de los falangistas, de las "sacas" para los paseos. ¿Cómo encasillar bajo estas terribles inculpaciones a hombres como Javier Elola, que durante la Monarquía, bajo la dictadura de Primo de Rivera y después en la República había ocupado los más altos puestos en la Magistratura,

---

143 *Der Elsässer* (Francia), 4 febrero 1939, p. 2. BNF: «Aquí no puede haber piedad. Barcelona 2, febrero. Aquí se acaban de realizar dos detenciones graves. En primer lugar, se detiene a la fiscal de la República, Elola, al que se considera responsable directo de todas las ejecuciones que han tenido lugar en la España republicana, y después al comandante Federico Berenguer, presidente del Consejo de Guerra de la Armada, especialmente implicado en la ejecución de los oficiales de la Armada capturados por la tripulación del barco al estallar el movimiento revolucionario.» (trad. a.)

144 *El Diario de Pontevedra,* 7 febrero 1939, p. 4

145 *El Pueblo Gallego*, 9 febrero 1939, p. 4

146 *La Croix du Nord* (Francia), 11 febrero 1939, p. 2. BNF: "El ex fiscal de la republica arrestado en Barcelona. Barcelona 10. Las autoridades militares han arrestado el pasado viernes por la mañana, al procurador general de la república, Elola, quien requirió en contra del General Goded, así como contra el capitán de corveta Aznar, quien presidía los consejos de guerra de Málaga y que hizo condenar a muerte a una docena de oficiales del bando nacional." (trad. a.)

147 *The War in Spain* (Gran Bretaña) núm. 58, 25 febrero 1939, p. 2: «El Times da los siguientes nombres de personas prominentes ya detenidas: Don Javier Elola, juez del Tribunal de Justicia de la República...» (trad. a.)

148 *Heraldo de Zamora*, 22 abril 1939, p. 4

149 *Proa, diario de Falange Española de las J.O.N.S.*, 14 mayo 1939, p. 8

150 *L'Europe nouvelle*, (Francia) 1 julio 1939, pp. 712-713. BNF

cuyo único acto político había sido aceptar un puesto de diputado en el grupo más moderado de Lerroux, permaneciendo siempre alejado de toda actividad política?»[151]

Después un manto de silencio cubrió a Francisco Javier Elola Díaz Varela. Rescatarlo del árido sendero de la desmemoria y que forme parte de la Memoria colectiva, tal vez sea ahora más que nunca Justicia poética, esa Justicia que no sólo exige que el agravio sea castigado y el daño recompensado, sino que triunfe el bien sobre el mal, que triunfe también la lógica y se ponga fin a la impunidad.

María Torres Celada

Vigo, 20 abril de 2023

---

[151] *España Democrática. Órgano del Comité Nacional de ayuda al pueblo español* núm. 166, 7 agosto 1940

ANEXO I
EL PROYECTO DE LEY DEL TRIBUNAL DE GARANTÍAS CONSTITUCIONALES[152]

Por Javier Elola

Antecedentes de la inconstitucionalidad en España

—Considero que la ley orgánica del Tribunal de Garantías constitucionales es, después de la Constitución promulgada, la más importante de cuantas elaboran estas Cortes, no sólo por la extensión de la competencia jurisdiccional que atribuye a dicho organismo el artículo 121 de nuestro estatuto fundamental, sino por la extraordinaria importancia de las materias sometidas a su decisión suprema e inapelable, en particular al recurso de inconstitucionalidad de las leyes.

Sobre este capital extremo carecemos de precedentes en España, tanto políticos como doctrinarios. De un lado el régimen seudoconstitucional de las instituciones monárquicas, que a duras penas se conformaron con el criterio pactista entre el rey y el pueblo, y de otro la influencia de las normas democráticas al viejo uso francés, contribuyeron a la rutina de un sistema que hoy hace quiebra frente a la gallarda y moderna comprensión de este problema, abordado por el Parlamento constituyente. Fuera de una pequeña y curiosa monografía de A. Jorge Alvarado, publicada en 1920 con el título de «El recurso contra la inconstitucionalidad de las leyes», no conocemos ningún otro trabajo español sobro el tema.

Contra el criterio autocrático de la llamada Asamblea Nacional

—A fines de 1928 fui designado miembro de la Comisión reorganizadora de la Justicia, y a la sazón hallábase en estudio ante la Asamblea Nacional el célebre proyecto de Constitución realista, felizmente fracasado. Ante el intento de transformar toda la estructura orgánica del Estado y las leyes jurisdiccionales, hube de reaccionar en la medida de mis modestas posibilidades y presenté, entre otros anteproyectos y votos particulares que deben obrar en los archivos del Ministerio de Justicia, cierta ponencia relativa a Justicia constitucional; así pude escribir en «Revista de los Tribunales», en enero de 1931, una serie de artículos desenvolviendo las iniciativas mías y expresé que, dadas aquellas tendencias dictatoriales, compartidas por todos los miembros de la referida comisión, debía y podía discrepar quien, como yo, no participaba de criterio autocrático constituyente que informaba a los distinguidos ponentes de dicho proyecto, y osé presentar el esbozo democrático de una Corte o Tribunal de Justicia constitucional que asumiese todos los altos poderes jurisdiccionales de control frente al legislativo, ejecutivo y judicial, sin posibles invasiones a interferencias de uno de éstos cerca de los otros.

Mi propuesta fue rechazada unánimemente; pero quise así dejar a salvo mi responsabilidad y mis arraigados convencimientos. Dos años más tarde la Republica inscribía en su Constitución esta pieza orgánica y yo tuve el honor y la satisfacción de aportar en los debates mi entusiasta contribución al éxito de la empresa. Por cierto que los sectores de la Cámara que más se opusieron entonces a la creación de este instituto jurídico y propugnaban la del Senado conservador, la de un Consejo de Estado al estilo del de Prusia, etc., son los que hoy claman por el inmediato y urgente funcionamiento del Tribunal de Garantías Constitucionales.

El recurso de inconstitucionalidad de las Leyes

—Es la parte más delicada del proyecto en cuestión. En realidad se corre el riesgo de que la expansión jurisdiccional llegue a invadir la soberanía del Poder legislativo, transformando un Tribunal en anti parlamento a poco que sus facultades se dejen en franquía absoluta, sin el freno de una competencia estrictamente delimitada por reglas inflexibles. A mi juicio,

---

[152] *El Heraldo de Madrid,* 25 noviembre 1932, pp. 1-2

el anteproyecto de la Comisión Jurídica Asesora (de la que tengo el honor de formar parte) peca en este aspecto de excesivamente expansivo; creo que debiera haber sido más rígido, meticuloso y casuístico, definiendo y ordenando el recurso en sus aspectos de contencioso directo, contencioso difuso y contencioso incidental. La impugnación de una ley por inconstitucional puede estar dirigida por móviles puramente jurídicos; pero también por pasiones políticas o apetencias egoístas que desnaturalicen el recurso, y es menester constreñir con previsiones muy estudiadas las tendencias desbordantes. La inconstitucionalidad de una ley no debe fundarse jamás en motivos de oportunidad, de mérito o de moralidad genérica en orden al criterio legislativo, sino en estos dos únicos presupuestos: irregularidad de procedimiento por defectos formales e irregularidad por violación de competencias, sean éstas concurrentes o jerárquicas, y nada más. Esto por lo que se refiere al contencioso directo.

En cuanto al difuso o de excepción, es decir, el que se intente ante los Tribunales excepcionando la irregularidad constitucional frente a una demanda litigiosa, no debe proponerse sino por curso del juez o Tribunal de última y definitiva instancia, y yo no vacilaría en acudir solamente al Tribunal Supremo, como ocurre en Rumania; lo digo en el sentido de que sólo este alto organismo judicial debe estar facultado para someter al Tribunal de Garantías el caso excepcionado, previo informe de procedencia, a fin de evitar el agio jurídico y el ataque constante de litigantes echadizos a las prerrogativas del Poder legislativo, con detrimento de sus prestigios y natural desgaste y descrédito de una situación política a la que se trate de combatir.

Los efectos de la inconstitucionalidad, una vez declarada, sólo deben ampliarse «erga omnes» en casos muy contados, que deberían especificarse. Dentro del contencioso difuso jamás convendría prorrogar la declaración más allá del interés particular que la hubiese obtenido. Recordemos que en los Estados Unidos, país donde el control judicial de la Constitución ha tenido el más original desenvolvimiento, dada su democrática inervación, sólo se obtiene la declaración de inconstitucionalidad mediante un método singularmente constructivo a través del caso dado; algo así como «le refus d'application» de la ley viciada.

De la competencia que se asigne al Tribunal de Garantías

—Un aspecto muy interesante para la competencia futura que se asigne al Tribunal de Garantías es el de establecer si las leyes constitucionales complementarias han de ser objeto de control retroactivo, así como las sancionadas con carácter de excepcionales para la defensa de la República. Materia es ésta de profunda meditación, que no conviene dejar a la discreción decisionista del organismo jurisdiccional, cuya composición personal ha de influir necesariamente en la tendencia política y trascendencia jurídica de sus fallos. Cierto que existe una Constitución promulgada cuya jerarquía suprema es incuestionable. Pero su vigencia consiente distinguir en este momento histórico entre los aspectos virtual y actual; todas las leyes coactivas dadas para consolidar la vida del régimen, defendiéndolo contra los ataques de sus enconados e irreductibles adversarios, quedan al margen de la regularidad normativa constitucional, porque su motivación radica fuera del ámbito de la normalidad; el derecho revolucionario, valga lo paradójico del concepto, no tolera la limitación por el derecho estático cuando, al amparo de éste se ejercitan actividades criminales contra el régimen. No sé si parecerá atrevida la cita que me aventuro a hacer aludiendo al estado de revolución latente; si es poco conforme al sentido ortodoxo de la juridicidad, sirva por la verdad pragmática que encierra. Un jurista soviético, Arkhipov, que ha consagrado un estudio especial a estas cuestiones, afirma que no sólo en Rusia, sino en todo Estado democrático moderno la noción de la ley tiende a desaparecer y que «el centro de gravedad se traslada cada vez más, desde la promulgación de normas generales a la promulgación de actos e instrucciones concretas que regulan, asignan y coordinan la administración». El régimen ordinario de plena salud no se acomoda a las grandes crisis del organismo sacudido por la enfermedad. Al fin y al cabo la ley es la resultante del conflicto de fuerzas que nacen de la lucha por la existencia entre los hombres. No hay principios legales abstractos. La clase dominante, sea de sacerdotes o de usureros, de soldados o de banqueros, moldea la ley a su favor. El legislador o el juez no son más que el instrumento subconsciente, por medio del cual la voluntad de la clase dominante se hace efectiva. Por desolador que sea este concepto de Adams sobre el criterio de legalidad es ciertamente positivo. Cada día tiende más a sobreponerse la «conformidad con el fin» al riguroso principio «legalista», ¡Que no abusen ni se amparen de este último los que marchan directos a la destrucción de la República!... ¡Que tampoco hagan el juego de éstos los candorosos republicanos saturados de «legalismo»!...

El Tribunal de Garantías, clave jurisdiccional del Estado

—El tema es pródigo de reflexiones interesantes, que no me atrevo siquiera a enjuiciar por temor a hacer interminable el comentario. El juicio de amparo de las garantías individuales halladas o desconocidas; los conflictos de competencia entre el Estado y las regiones autónomas; la verificación de los poderes de los compromisarios, que, juntamente con las Cortes, eligen al presidente de la República; el juicio de responsabilidad criminal del jefe del Estado, del presidente del Congreso, de los ministros, del presidente y magistrados del Tribunal Supremo y del fiscal de la República; la facultad advisoria establecida en el artículo 19 de la Constitución sobre la competencia legislativa de las regiones autónomas, son cantera enorme de sugerencias políticas y jurídicas que excitarán elevados debates en la Cámara. Ignoro si la Comisión parlamentaria dictaminadora será la de Justicia o la de la Presidencia. Creo que debiera designarse una especial, a semejanza de la que entendió en el proyecto de Constitución, por la gran trascendencia del asunto.

Termino encareciendo la necesidad de una técnica jurídica y de un sentido político tan depurados que hagan de este organismo la clase jurisdiccional del Estado, y por la ligereza o la desgana de los representantes del país no se convierta, como certeramente ha dicho Azaña, en un inmenso Juzgado municipal o en un ariete contra la República.

ANEXO II
LA LIBERTAD DE IMPRENTA[153]

Por Javier Elola

"Cualquiera que sea la suerte que tenga este proyecto de ley, sólo con presentarlo ha causado un mal que no puede remediarse sino al cabo de largo tiempo de verdadero gobierno constitucional..."

(Chautebriand – Opinión sobre proyecto de ley relativo a la policía de Imprenta. – "Journal des Débats", París, 8 de mayo de 1627)

UNA EXPLICACIÓN NECESARIA

La Comisión Jurídica Asesora elaboró un anteproyecto de ley de Publicidad por encargo del ministerio de Justicia. Paralelamente se tramitaba otro muy diferente en el ministerio de la Gobernación. Entre ambos no existen puntos de analogía sistemática, ni siquiera tangencias doctrinarias. El primero sólo ha servido para proveer al otro de materiales fragmentarios, los cuales, al ser desintegrados del plan racional orgánico presentado por aquella corporación oficial y llevarlos como injerto a otro cultivo de distinta condición, se desnaturalizaron y perdieron todo valor efectual.

No pretendemos realizar aquí la crítica del dictamen emitido por la Comisión parlamentarla sobre la base de la iniciativa ministerial, ni queremos enjuiciar la oportunidad táctica de una ley que cohíbe el régimen de libertad de Prensa, estimado hasta ahora como cifra correcta de la cultura española. Deseamos solamente justificar el criterio que nos determinó a presentar algunos votos particulares en discrepancia con el parecer de la mayoría de los vocales pertenecientes a la Comisión Jurídica Asesora, respecto al aludido anteproyecto. A falta de autoridad que avale esta actitud de disenso, vaya por delante

---

153 *La Libertad*, 29 de mayo de 1935, pp. 1-2

la buena fe que la inspira, diciendo —como en ocasión semejante un contradictor de otra ley parecida—: «Si alguna vez me hubiese faltado independencia para decir lo que creía conveniente, mi convencimiento me le daría ahora para no callarlo; ha llegado ya la época de la vida en que no le falta esperanza al hombre, sino tiempo en que colocarla.»

LA LIBERTAD DE IDEAS Y OPINIONES

Es un principio incontestable de derecho público, que nadie se atreve a contradecir, el de la libre expresión del pensamiento. Como declaración fundamental lo hallamos inscripto en todas las Constituciones políticas y asume carácter relevantísimo en las de tipo democrático. La nuestra lo establece categóricamente en el artículo 34: «Toda persona tiene derecho a emitir libremente sus ideas y opiniones, valiéndose de cualquier medio de difusión, sin sujetarse a la previa censura.» Si bien es verdad que el artículo 42 autoriza al Gobierno para suspender o restringir el ejercicio de dicho derecho, ha de ser por modo excepcional y limitativamente en circunstancias perentorias, de notoria e inminente gravedad; pero de ninguna manera utilizando la licencia para poner en vacaciones indefinidas aquella eminente prerrogativa ciudadana. Un régimen legal que tienda a cohonestar el abuso, so pretexto de condicionar la garantía, se transforma en una anomalía jurídica y es un atentado constitucional. Entre la injunición brutal del poder tiránico que la sofocase *ab irato* y una apariencia taimada de legalidad que oprimiese, hay la misma diferencia que la decapitación por el hacha o la estrangulación con un cordón de seda; pero la libertad habría sido igualmente ejecutada.

Se pretende disculpar la necesidad de tan severo ordenamiento con los precedentes de la irresponsabilidad difusa y el fracaso de la acción apática del Estado ante los ataques a su seguridad y a los agravios impunes contra el honor del prójimo. Sin embargo, no vale involucrar estos dos conceptos. La amplia crítica de las instituciones y de sus hombres de gobierno, cuando no incide sobre superficie concreta dominada por el orden penal, es lícita y aún conveniente, por ácida y pertinaz que sea. Si las opiniones violentas tienen suficiente empuje para hacer vacilar los fundamentos del Estado, revélase que late algo endeble y corrompido en su fondo, en su arquitectura, y se muestran también fisuras en el reconocimiento adhesivo de la masa. De hecho, el coeficiente de resistencia hasta el cual permite el Estado los ataques a su propia prestancia constituye el índice más seguro de su fortaleza existencial. En este siglo ya nadie tiene fuerza para luchar victoriosamente contra el Poder público si no se halla asistido por la opinión general; opónganse a ésta otros estados de conciencia colectiva; pero no trate de conseguirlo cualquier Gobierno estableciendo el monopolio de la oficial, servida por los corchetes de la verdad sospechosa. Fracasaría irremisiblemente.

Toda campaña política es un choque de los espíritus en la forja del pensamiento. Lo que le da vigor de empresa generosa y convicción proselitista no es el aparente poder lógico y dialéctico de la controversia, sino el contenido de las concentraciones espirituales, de las energías vitales germinadas bajo el terreno de los sentimientos humanos incardinados en los órganos de la publicidad. La libertad de opinar y de decir en público es la única fuente, donde el movimiento político inteligente toma fuerza y pasión. Y la imprenta, lo mismo que la palabra oral, equivale al estimulante de esas afinidades colectivas que preparan las nuevas cruzadas para el rescate de la civilización. Es el factor decisivo que transporta la vida desde la región de las ideas a la de las energías, desde los dominios intelectuales a los florecimientos activistas creadores, dando mayor fecundidad al trabajo y mayor firmeza al esfuerzo. No se trata ya tanto de doctrinas o tesis polémicas como de potencias vitales que se oponen las unas a las otras. Por eso no es lícito atenazarlas o hacerlas enmudecer con ligaduras y mordazas de una mal entendida política de opresión, pues no hay diques para las marejadas del alma cuando los hombres se ven arrastrados a la desesperación. Para la consolidación de un régimen tierno en lucha con los poderes desencadenados del privilegio y de la reacción, acaso sean precisos los poderes extraordinarios y hasta la misma arbitrariedad, porque «la libertad se defiende con el despotismo de la libertad», según expresión feliz de Robespierre; pero en vía libre de una normalidad constitucional no caben tales aberraciones.

Ahora bien: es indudable el derecho de la comunidad a operar en defensa del orden, si el estímulo de la cultura degenera en ariete demoledor del mundo constituido jurídicamente; mas entonces entran en juego los Tribunales de la nación, con toda la suma de funciones genuinas, en garantía y salvaguardia de la sociedad amenazada y del presunto reo o instrumento de la subversión. Jamás deben arrogarse los Gobiernos facultades de previa discriminación mediante el empleo de la censura, como no sea en estado de necesidad objetiva y racional, administrada según precepto concreto y durante cortos periodos realmente excepcionales, ni mucho menos promulgando frenos y cortapisas reglamentarias que coarten la libérrima producción y exteriorización del pensamiento, como no sea dentro del cuadro de las leyes comunes que rijan para todas las actividades, individuales y colectivas, en ritmo de convivencia. Esos sistemas de fianzas, restricciones, control de patrimonios, servicio de inteligencia, etc., son artificios en serie hacia el encadenamiento paulatino, metódico, de la conciencia nacional, a fin de convertirla en sierva de Leviatán, el Estado omnipotente. «La libertad de imprenta —dijo Chateaubriand— no es propiedad de un Gobierno, ni éste puede usar de ella conforme le acomode. Hoy el Gobierno tendrá unas necesidades, unos criterios y unos procedimientos que mañana estará en vena de modificar; y entonces ¿habrá de moverse la libertad de imprenta al aire de aquel capricho? Los ministros cambian; los que se sucedan pretenderán seguir un sistema contrario al adoptado por sus antecesores; pero, en definitiva, ¿quién duda que se aprovechará el régimen de Prensa vigente para utilizarlo a medida de sus conveniencias? Discurra cada cual con arreglo a las propias opiniones y se convencerá de que tales remedios políticos dañan todos los intereses para favorecer a uno solo, variable según la posición del Poder.»

Una ley sobre la difamación hubiera sido suficiente para yugular o por lo menos contener a los detractores del honor ajeno —Corporaciones, funcionarios, particulares— y a los autores de «libelo famoso». Si los preceptos del Código penal y de otras leyes especiales represivas no se consideran eficaces, modifíquense en lo pertinente con arreglo a los esclarecimientos jurisprudenciales y enseñanzas de otras legislaciones modelo. Los delitos de injuria y calumnia, tal y como los define nuestro derecho criminal vigente, acaso no comprendan todos los matices de una técnica penal depurada y adaptable a las manifestaciones proteicas de esta clase de delincuencia, dentro de la tónica social moderna. Entendida la esencia conceptual de la «difamación», según la teoría inglesa, como una tendencia a provocar el rompimiento de la paz humana por cualquier medio que atraiga descrédito, desconsideración, odiosidad, menosprecio, perjuicio material o moral, u otro sentimiento de reprobación contra persona determinada, desenvuélvase científicamente esta noción y aplíquese, para conseguir verdadera efectividad de condena, si hubiere lugar a ella, el procedimiento judicial más rápido y eficaz, ora por intervención directa de los Tribunales ordinarios o creando una «jurisdicción consensual» que actúe como *Corte de honor* en soberano juicio de conciencia. Pero téngase cuidado, como expresamos anteriormente, de no involucrar esta especie de criminalidad con los llamados «delitos políticos de opinión», para el conocimiento de los cuales únicamente debe funcionar el Jurado, cuya constitución popular, reforzada por limitado número de profesionales de la cultura, garantizaría la fidelidad de una interpretación ajustada al estado del alma colectiva en el ambiente social patético, y al propio tiempo, la magistratura histórica quedarla así apartada de los peligros que supone el dictar fallos de culpabilidad o absolución sobre actos que no son otra cosa que realizaciones políticas, para el juicio de las cuales no está aún dotada de las condiciones objetivas de independencia necesarias ante el primado de ciertos resortes de gobierno.

Las precedentes consideraciones esquemáticas que, sin perjuicio de posteriores desenvolvimientos, quedan expuestas han servido al autor de estas líneas como fundamento de alguna de sus discrepancias al anteproyecto de la Comisión Jurídica Asesora, en el cual colaboró, y que por haberse adicionado, en forma de votos particulares, al dictamen publicado en la Prensa diaria no hay inconveniente en darlos a conocer.

VOTOS PARTICULARES

Contra la expansión de las facultades gubernativas y sobre limitación de la censura:

«La jurisdicción penal ordinaria es la única competente para conocer de los delitos cometidos por cualquiera de los medios a que esta ley se refiere. La suspensión de la publicación de periódicos y revistas o de la emisión de noticias por radiodifusión o proyección, así como la imposición de multas y otras sanciones que no sean las prevenidas en el artículo anterior, sólo podrán decretarse por resolución fundada de los Tribunales de justicia. Tampoco podrá establecerse la previa censura sobre aquellas publicaciones, salvo el caso de declaración de estado de guerra; pero limitada exclusivamente a cohibir la publicación de noticias y comentarios que tiendan de una manera directa a mantener la alteración del orden público o puedan perjudicar a la seguridad exterior del Estado. Quedan derogadas cuantas disposiciones legales se opongan a lo preceptuado en el presente artículo.»

Opuestos a la actuación de jurisdicciones extraordinarias o de Tribunales especiales, nuestro criterio se concretó en esta fórmula:

«Los Tribunales de derecho de la Jurisdicción penal ordinaria conocerán en Juicio oral y público de los delitos sancionados en esta ley y de los previstos en el Código penal vigente que se hubieren perpetrado por medio de la imprenta u otro medio de difusión, cuando solamente fueren perseguibles a instancia de particular agraviado. Para el conocimiento de los restantes será único competente el Tribunal del Jurado.»

A fin de garantizar la indemnización de perjuicios causados a particulares y empresas editoriales por el secuestro y recogida de periódicos, etc., propusimos el siguiente artículo:

«Si como consecuencia del sumario incoado acordare el Juez y se realizare la recogida de impresos, discos o películas, por medio de los cuales se estimase perpetrada la supuesta infracción penal y posteriormente recayese auto de sobreseimiento libre o sentencia absolutoria, por considerarse que el hecho no era constitutivo de delito, la persona o entidad que hubiere soportado el secuestro podrá reclamar indemnización de perjuicios por la vía civil correspondiente, ora al Estado en las causas incoadas de oficio o por querella del Ministerio fiscal, ora al particular querellante en las seguidas a instancia de parte. El que fuera condenado al resarcimiento podrá asimismo repetir contra los funcionarios judiciales o fiscales que por malicia, negligencia o ignorancia inexcusables hubieran solicitado la confiscación, y solamente el querellante particular cuando, sin haber pedido el secuestro, hubiese sido, no obstante, ordenado por el juez instructor.»

Con lo dicho quedan lealmente expresados un criterio y una conducta.

La Justicia ordinaria y el golpe de estado de 1936. Notas para la aproximación a un jurista fusilado por los sublevados. F.J. Elola.

LOURENZO FERNÁNDEZ PRIETO
Departamento de Historia, USC

ANTONIO MÍGUEZ MACHO
Departamento de Historia, USC

El asunto que abordamos no es de naturaleza jurídica sino histórica, tampoco se trata de una aproximación biográfica a la figura de Francisco Javier Elola. Nuestro enfoque apunta a dos cuestiones principales, que acontece con la justicia ordinaria como consecuencia del golpe militar de 17 de julio de 1936 y cómo explicar e interpretar el fusilamiento en 1939 de un jurista de la talla de Elola. Su peripecia profesional antes y después del 18 de julio nos sirve para aproximarnos a estos dos asuntos. Los formulamos ambos como preguntas para ser resueltas, sin aceptar los datos -tanto los referidos al funcionamiento de la justicia como los relacionados con la suerte de Elola- tal como han sido presentados hasta ahora, es decir, como parte de relatos construidos por los vencedores, o sea por los sublevados.

Lo cierto es que apenas existe sobre este asunto más relato y por tanto más memoria que la construida por los vencedores de 1939 (los golpistas y verdugos), pues los perdedores (las autoridades constituidas) apenas han podido transferirnos su memoria. La democracia, como demuestra este volumen, apenas ha empezado a enfocar el asunto desde un relato autónomo, en cuanto crítico con las versiones de los vencedores, democrático, en cuanto a los valores y principios que lo inspiran, y actual, a la altura del siglo XXI (la de los biznietos) y por tanto conformado desde la alteridad que otorga la distancia temporal y que es necesaria para hacer historia.

LA JUSTICIA DONDE TRIUNFÓ LA INSURRECCIÓN MILITAR DE JULIO DE 1936.

La Justicia era en 1936 , en España, un poder del Estado de impronta y raíz liberal, homologable a cualquier otra tradición europea. El aparato jurídico-administrativo y el personal que conformaba la administración de Justicia había sido moldeado a partir de esa matriz desde la Cortes de Cádiz a lo largo de más de 120 años. El golpe militar de una parte del ejército en julio de 1936 necesitó disciplinar primero y después subsumir en la justicia militar al poder judicial. El bando de guerra unido a una acción "en extremo violenta" contra las autoridades militares y civiles creó las condiciones excepcionales para anular de inmediato la acción de un poder judicial que dejó de actuar en beneficio de los tribunales militares, aunque, curiosamente, la administración de justicia, como aparato administrativo judicial civil, continuó funcionando y actuando. En apariencia.

La subsunción del poder judicial en la autoridad militar se hizo de una forma más o menos sutil, más o menos forzada. En todo caso, resistir a la determinación armada del golpismo después del 23 de julio estaba fuera de cualquier posibilidad allí donde triunfó la acción militar de los sublevados. La ficción de funcionamiento de la administración de justicia se mantuvo, sin embargo buscando la colaboración de los jueces de paz o de los ordinarios para emitir informes que sumar a los de las autoridades militares (Guardia Civil) y a las nuevas autoridades políticas colaboracionistas establecidas por los golpistas (alcaldes), no pocos movilizados como exmilitares o militares jubilados, en aplicación del bando de guerra y sometidos a una disciplina militar inapelable.

Las condiciones explican que con menos fusilamientos que "cercamiento y asedio" de las capacidades de acción de la Justicia, los golpistas acomodaron el aparato judicial a sus intereses, dentro del mismo ejercicio de fuerza que presidió toda su acción. Del mismo modo que hicieron con todo el aparato administrativo estatal de las zonas ocupadas y sin necesidad de liquidar físicamente -salvo excepciones derivadas de su protagonismo político- a jueces, fiscales o secretarios. Puede compararse la acción de los militares golpistas sobre la Justicia con la practicada en las Universidades. En algunos casos como Oviedo o Granada fusilaron a sus rectores y algún profesor, en otros como Santiago o Salamanca, simplemente los destituyeron y, después de someterlos a depuración, expulsaron a más de la mitad del profesorado. Digamos que le dieron la vuelta a todo como un guante, pero sin forzar más de lo debido. Sin romperlo. La matanza cumplía una función disciplinaria y aleccionadora que no requería para ello de un carácter masivo, al menos en estos primeros momentos. Pero la persecución que comenzó entonces fue inexorable y prolongada en el tiempo, se extendió al menos hasta bien avanzados los años cincuenta.

La judicatura había logrado demostrar su poder frente a Primo de Rivera, pero aquel sólo había sido un ensayo de dictadura iliberal en los años veinte. Una respuesta autoritaria a la crisis del liberalismo que acompaña en Europa al fin de la primera guerra mundial y en España a la crisis de la monarquía. En la década de 1930 el avance de los fascismos y el retroceso de las democracias liberales en Europa definen un marco que la proclamación de la República parece contradecir, temporalmente.

El golpe de 1936 en España substituye la jurisdicción civil por la militar pero no fuerza más de lo necesario. No hace falta para anularla y subsumirla. La actuación de los golpistas parece ir dirigida a enseñarles "lo que les conviene" a los estamentos judiciales, pero sin necesidad de vulnerar su posición ni menoscabar las posiciones institucionales de las personas. No es necesario en aquel contexto de golpe, matanzas y persecuciones. Habría que distinguir entre colaboracionistas y no colaboracionistas, con un amplio espacio de pasivos. Los jueces de paz, de nombramiento político y ligados a la administración municipal van a ser utilizados, cuando se prestan, para la realización de informes que sirven para enjuiciar y en su caso condenar a autoridades civiles y militares, dirigentes de partidos o sindicatos, o personas destacadas de aquella plural sociedad civil, en aplicación de "la justicia al revés" que convierte en rebeldes a los que son desalojados del poder -o de su posición social, política o económica- por el golpe de estado. Los jueces y fiscales de carrera, o los distintos miembros del aparato judicial van a quedar simplemente fuera de la acción de la justicia militar, pero seguirán encargados de los asuntos ordinarios en un momento en que todo es extraordinario. La acción golpista parece ir dirigida en su caso a enseñarles "lo que les conviene", pero sin excesos. Al menos, a juzgar por el número de jueces y fiscales perseguidos o asesinados en las zonas ocupadas por los golpistas en el primer momento.[1]

EL PERFIL JURÍDICO PROFESIONAL Y POLÍTICO DE ELOLA

El perfil de Francisco Javier Elola se corresponde con el de una justicia liberal que, después de resistir los embates de la Dictadura de Primo de Rivera, pródiga en conflictos entre el Dictador y la judicatura, participa del proyecto democrático republicano. Lograr superar los últimos residuos aristocráticos y abrir por fin algunas de las ventanas de la modernidad pendiente, era el objetivo republicano en el campo judicial como en el militar, en el de la propiedad de la tierra o en el de la educación. La crisis del liberalismo derivada de la demanda de democracia de masas por un lado y de las consecuencias de la Gran guerra por otro, se resuelve en el Estado español con la apertura de una democracia avanzada, en la estela de Weimar o de la III^{a} República francesa. En España la II^{a} República enlazaba con las esperanzas de la primera, cincuenta y siete años más tarde.

Elola forma parte de ese proyecto como reconocido penalista y fiscal por oposición, siendo nombrado primer fiscal general de la nueva República. Era un cargo que reconocía una trayectoria notable en el ámbito del derecho penal, que además ofrecía un perfil de un fiscal de carrera que había ingresado por oposición. En los años anteriores, había ascendido como una destacada figura de la nueva judicatura el "joven" Elola (al menos, en relación a lo que representaba una característica y vetusta elite judicial). Distintos elementos confluían en su figura para convertirlo en un símbolo de lo que la propia República quería transformar. Por una parte, Elola era un jurista de carrera, con una vertiente tanto profesional

---

1 A este respecto de la política judicial con la que los golpistas cimentan el franquismo, sigue siendo fundamental la obra: Mónica LANERO TÁBOAS: *Una milicia de la justicia: la política judicial del franquismo (1936-1945), Madrid, Centro de Estudios Políticos y Constitucionales, 1996.*

como académica que concebía como una obligación de estar permanentemente actualizado. Tal y como el propio Elola recordaba en una moción que presentó por la distribución de magistrados en las salas del Supremo en octubre de 1935, pertenecía a la Asociación Internacional del Derecho Penal, era asiduo a sus congresos y representó a España, como parte de la Delegación Oficial, en el que tuvo lugar en Madrid. Había estado también comisionado en viajes de estudios en Francia, Alemania e Italia. Esta inquietud formativa conectaba con el espíritu de transformación general de la ciencia y la cultura española por la vía de la renovación y la internacionalización.

Teniendo en cuenta estas circunstancias, no es extraño que la República viese en él a un hombre del momento y que la impronta de Elola se dejase sentir en diversas medidas legislativas y normas que emanaron del nuevo régimen republicano. Formó parte de la primerísima subcomisión creada por el goberno provisional para valorar los grandes temas legislativos que tenían que afrontar (mayo de 1931). Participó también en la elaboración del Código Penal republicano aprobado en 1932, colaborando en la redacción de la exposición de motivos con Jiménez de Asúa. Asimismo, tomó parte en otras iniciativas normativas de extraordinaria trascendencia en el período, todas ellas supusieron avances en la democratización del Estado: la Ley de Orden Público, la Ley de Jurado, el Proyecto de Reforma de la Ley de Enjuiciamiento criminal. Estos aspectos lo conforman como un jurista con formación amplia, vocación legisladora y perspectiva internacional.

Un punto extraordinariamente complejo dentro de la trayectoria y pensamiento de Elola es su participación en la vida política. Esta se concretó en ser elegido diputado por el Partido Republicano Radical en las elecciones de 1931 (fue el candidato más votado en su Monforte de Lemos natal). Aunque posteriormente dejó el grupo radical y se pasó a "republicano independiente", mantuvo su presencia en el Congreso hasta poco antes de las elecciones de noviembre de 1933, lo cual implicaba que durante el período combinó su condición política con la de magistrado del Supremo. Este hecho fue objeto de críticas en sede parlamentaria, algo sobre lo que intervino la regulación de la Ley de Incompatibilidades de abril de 1933. Más allá del episodio concreto, Elola mantuvo dos líneas de pensamiento que fueron confluyentes y que de algún modo apelan a cuestiones de trascendencia en la relación entre justicia y política. Por una parte, defendió siempre la independencia del poder judicial, algo que a su juicio quedó consagrado de un modo taxativo en la Constitución de 1931, superando con ello formulaciones anteriores como las de la Constitución de 1876 y aun de 1869. Esto se traducía en la defensa de la Justicia como institución autónoma en la que el Juez quedaría solo vinculado a la Ley. Pero, al tiempo, Elola desconfiaba de la idea de unos jueces ensimismados en su corporativismo judicial, basado en criterios estrictos de antigüedad y alejados de la sociedad y del devenir de los tiempos. En particular, despreciaba la figura del juez que ocupaba los puestos más relevantes de la carrera por efecto simple de la antigüedad y no por sus méritos o incluso su sintonía con el momento histórico que se estaba viviendo. Es decir, no aprobaba el "apoliticismo" de determinados miembros de la carrera jurídica que, a su juicio, disfrazaba equivocadamente querencias partidistas.

Como una expresión de los cambios que se estaban produciendo, en julio de 1933 tuvo lugar la elección democrática por primera vez en la historia del Presidente del Tribunal Supremo. Para apreciar el sentido profundo democratizador de la medida, conviene citar la definición del proceso de elección que contenía la norma contemplada en el artículo 96 de la Constitución y que desarrollaba la ley de octubre de 1932:

> "El Presidente del Tribunal Supremo será nombrado por el de la República, a propuesta de una Asamblea constituida por: Los Presidentes de Sala del Tribunal Supremo, los miembros del Consejo Fiscal, los Presidentes de las Audiencias Territoriales, los Jueces de primera instancia e instrucción que ocupen los diez primeros números de su Escalafón en el momento de hacerse la convocatoria para la Asamblea, quince diputados a Cortes que designe el Parlamento, los Decanos de los colegios de Abogados de capitales de provincias de más de 50.000 habitantes, los decanos de las facultades de Derecho de la Universidades y los Presidentes de las Academias Nacionales de Ciencias Morales y Políticas y de Jurisprudencia y Legislación".

El presidente de la mesa electoral de aquella jornada histórica fue el propio Elola. Este sistema de elección perduró hasta que tuvo lugar el golpe de estado, ya que no se pudo volver a concretar en el momento de la guerra y fue descartado por el franquismo. No fue hasta octubre de 1980 cuando de nuevo un Presidente del Supremo fue de nuevo elegido, esta vez por la votación del Consejo General del Poder Judicial, sin duda más limitada y corporativa que la seguida al amparo de la constitución republicana.

LA JUSTICIA DONDE EL GOLPE NO TRIUNFÓ Y EL ESTADO SE HUNDIÓ.

En los territorios en los que el golpe de estado fracasó el devenir de la institución judicial resultó completamente diferente al de la autodenominada "Zona Nacional", pero la destrucción inicial del Estado también afectó gravemente a la justicia de matriz liberal. Al menos temporalmente. El Estado republicano perdió prácticamente todos sus resortes en beneficio de las milicias de los partidos y organizaciones sindicales, conforme la fuerza de la revolución ocupó su lugar. No obstante, en el territorio de la República en guerra trastocada por el golpe -y por las diferentes formas de revolución- los esfuerzos por recuperar la justicia civil ordinaria, para superar la excepcionalidad, la arbitrariedad y la fragmentación del poder, son continuados y darán su fruto. Durante el gobierno de Giral, durante el de Largo Caballero, se sucedieron los esfuerzos por reintegrar a las instituciones los poderes que habían saltado en pedazos. Finalmente será con el gobierno presidido por Juan Negrín, a partir de mayo de 1937, cuando la República comience a recuperar la mayoría de sus resortes judiciales a la vez que recupera -intenta al menos- el monopolio del uso de la violencia.

En todo ese proceso de recuperación del poder judicial por parte del Estado republicano Elola tuvo un papel esencial. Mientras ese poder era trabajosamente reconstituido en la zona republicana, en la zona sublevada era anulado por la acción golpista, destruido por la jurisdicción militar, absorbido por los requerimientos propios de las matanzas y persecuciones asociadas y finalmente confundido en la lógica de un nuevo estado totalitario en el que el poder judicial se subordina verticalmente al poder ejecutivo. Todos los poderes, en realidad, son subordinados a un único poder supremo en una lógica totalitaria propia de los fascismos en ascenso. Una lógica que además, en este caso, es militar. El legislativo por ejemplo no es definido – ni necesario- hasta que las exigencias de la evolución de la IIª guerra mundial llevan, en su tercer año (1942), a la promulgación de una Ley de Cortes que, no obstante, apenas tendrán capacidad legislativa y carecerán por completo de cualquiera opción de control por parte de sus procuradores; una denominación medievalizante que, en sí misma, traduce la futilidad de su función.

Por contraste, entre 1936 y 1939, el papel de Elola en la zona republicana merece centrar esta a su figura. Veremos cómo responde perfectamente a la aproximación histórica a su figura que hemos presentado previamente. Elola nunca dejó de ser juez y de intentar que prevaleciesen los principios de la justicia penal en sus actuaciones: el derecho de acceder a los tribunales, el equilibrio y proporcionalidad en las penas, los mecanismos de contradicción, inmediación, oralidad y publicidad en el ejercicio de la acción judicial, así como el carácter innegociable del principio acusatorio y de presunción de inocencia unido a la libre valoración de la prueba. Sostener estos criterios no era tarea fácil en el contexto posterior al golpe y en el marco de la quiebra del poder del Estado que sigue en la zona bajo gobierno de la República. Ya no solo delante de las demandas populares de castigo para los golpistas y sus acólitos, algunos reales otros simplemente supuestos, sino también por la propia presión de políticos y miembros de la judicatura que demandaban una adaptación de la justicia al *momentum.*

Muy pronto se van a poner a prueba las convicciones de Elola frente a las circunstancias sobrevenidas. El día 21 de julio de 1936 asume la presidencia de la Sala de Vacaciones del Tribunal Supremo, lo que implica ponerse al frente del máximo órgano jurisdiccional del Estado en un momento crítico. El día 4 de agosto va a recibir una misión aún más complicada si cabe: ocuparse de la instrucción del procedimiento contra los golpistas de los cuarteles e instalaciones militares de Madrid. Un caso temprano donde estas cuestiones se pusieron a prueba fue el del juicio al general Fanjul, tras el fallido intento de liderar la toma del poder en el propio Madrid por los golpistas. No es un caso cualquiera, porque entre otras cuestiones se somete a tratamiento de la Sala Sexta del Tribunal Supremo (la de lo militar) y pone a prueba la pervivencia de los valores normativos precedentes. Las características del juicio (celebrado de un modo sumarísimo, en apenas tres horas y sin que se acepten las pruebas solicitadas por el acusado), generan el rechazo de Elola y su voluntario apartamiento del caso. Fanjul había declarado su participación en la conspiración y acusaba al gobierno del Estado de ser ilegítimo, pero esa circunstancia reiterada por el reo no era suficiente para condenarlo sin un juicio justo. Finalmente, fue fusilado el día 17 de agosto, a pesar de las protestas señaladas de Elola, que sin embargo fue nuevamente llamado para que llevara a cabo la misma indagación que se le había encomendado en Madrid a nivel general.

En este punto, conviene destacar la importancia que tiene el compromiso de Elola con el poder constituido y la defensa del ordenamiento jurídico establecido. A pesar de su manifiesta desavenencia con el rumbo que los acontecimientos habían tomado, en tanto ruptura del orden democrático por la vía del proceso revolucionario en curso, el juez decide no apartarse tal y como muchos de sus colegas hicieron. Por ejemplo, el presidente en ejercicio del Supremo, Diego Medina García, busca la fórmula para no continuar en el cargo (accediendo a la jubilación voluntaria) después del Golpe (lo cual, por otra parte, no va a eximirle de ser sometido en 1940 a Consejo de Guerra por los vencedores y ser separado definitivamente de la magistratura y privado de los derechos de jubilación a los que había accedido). Sin embargo, Elola continúa. Se opone y mantiene un tenso enfrentamiento con el nuevo Presidente del Tribunal Supremo, Mariano Gómez, en relación con la creación de los Tribunales Populares (establecido el primero en Madrid por decreto de 23 de agosto de 1936, en la Cárcel Modelo y como respuesta a los fusilamientos que habían tenido lugar la tarde-noche anterior).

La creación de una jurisdicción especial se presenta como una solución a las matanzas descontroladas que se están produciendo, aunque plantea una ruptura con elementos basales de la lógica jurídica democrática: los jurados que componían los tribunales junto con tres jueces representaban las diversas facciones políticas del Frente Popular. La justicia no puede ser partidista, piensa. Elola considera que para lograr una agilización de los procesos judiciales no era necesario crear jurisdicciones especiales, por lo que se niega a participar en ellas. El papel de estos tribunales en el control de la violencia es objeto de valoraciones diversas, aunque no cabe duda de que se entendieron por el territorio de la República como un instrumento excepcional que fue perdiendo competencias a comienzos de 1937 y que ya para la entrada de Negrín en la Presidencia de Gobierno se habían convertido en piezas secundarias de las Audiencias Provinciales.[2]

Otro de los aspectos en los que el juez tiene una participación especial es en la depuración de la administración de justicia. Para ello, es nombrado en agosto de 1937 Presidente de la Junta de Inspección de Tribunales de Madrid, creada para investigar las acusaciones de quintacolumnistas de destacados miembros de la administración de justicia republicana. También cumplió esa función en Cataluña al trasladarse el Tribunal Supremo con el gobierno en octubre de 1937 a Barcelona.

En uno de los casos más sonados de este tipo, se vuelve a demostrar la terca perseverancia de Elola en los principios de justicia liberal que defendía. Se trata del procedimiento que se siguió contra destacados miembros de la judicatura de Cataluña a los que se acusaba de simpatizar con el fascismo y de colaborar con la quinta columna. El caso fue objeto de investigación por el Servicio de Información Militar y presentó numerosas pruebas al respecto de esas acusaciones, fundamentadas en las supuestas simpatías ideológicas de los investigados, pero que fueron objeto de minuciosa revisión en el proceso posterior en el que participó Elola. La actuación del juez fue la de sostener que la ideología de los encartados no podía acarrearles condena por sí misma, solo sus actuaciones, y de ellas no se derivaba incumplimientos en sus deberes judiciales. Mostrando el grado de apego a la norma que la justicia republicana había recobrado a pesar del contexto, en junio de 1938 los acusados fueron absueltos. En este sentido, la actuación de Elola muestra que aun en las funciones de depuración de la carrera judicial seguía haciendo primar los principios garantistas por encima de los criterios de oportunidad asociados a las especiales condiciones del contexto bélico.

DETENCIÓN, PROCESO Y CONDENA A MUERTE

En el momento en que los militares sublevados detienen a Elola, en febrero de 1939 tras la caída de Barcelona, sus captores iniciarán inmediatamente un proceso sumarísimo para su ejecución. La decisión del juez de permanecer en Cataluña y no pasar a Francia a través de la frontera, junto con el resto del gobierno y la administración, propició esta situación. Las razones de aquella decisión están fuera de nuestro alcance y sobre todo de este texto, pero conviene reparar en que el contexto es de derrota, después de la larga y finalmente perdida batalla del Ebro. La pérdida de la esperanza y la incapacidad militar de resistencia después

[2] Sobre algunos aspectos internos de la organización del Colegio de abogados de Madrid y la Audiencia Territorial, las relaciones entre el personal en este período y sobre el traumático final de la guerra, las memorias de Fernanda García del Real en Lourenzo Fernández Prieto y Gustavo Hervella (eds.) (2018) *Historia de la guerra civil contada por dos hermanas, memorias de golpe, revolución y guerra*, Granada, Ed. Comares, aportan un punto de vista inédito. pp. 92-107.

de una ya larga guerra de dos años y medio se una a la política de apaciguamiento del Eje que triunfó en Munich de la mano de Chamberlain por Gran Bretaña y Daladier por Francia y que parece cerrar la puertas a la opción estratégica de resistencia del primer ministro, Juan Negrín, basada en la perspectiva de inevitabilidad de un inminente conflicto generalizado en Europa entre las democracias y los fascismos. La desesperanza de Elola es la de casi toda la República, que aún conserva sin embargo un amplio territorio que defender; su esperanza parece ser la de Casado, Besteiro y Cipriano Mera que confían en poner fin a una guerra sin fin con un acuerdo con los sublevados. La esperanza de una paz que no fuese sólo victoria resultó imposible en aquellos tiempos de fascismo y por el contrario la conflagración pronosticada por Negrín sólo tardo seis meses en producirse.

El proceso contra Elola es absolutamente revelador de lo que acabamos de decir. En esa actuación el capítulo más importante tiene como objetivo destruir la memoria de lo que Elola representa y ha representado a lo largo de toda su carrera: la justicia liberal, afirmada como un poder del estado en una sociedad plural. Una acción de guerra total y sin cuartel, una victoria sin piedad del golpe contra la democracia.

El relato que los auditores militares elaboraron en julio de 1936 para dar sentido y apariencia de legalidad al golpe de estado, se adapta y culmina en el proceso contra Elola y contra los principales auditores y juristas militares detenidos con la caída de Cataluña. Se trata de aquellos juristas que no se sumaron al golpe y que continuaron ejerciendo su función en la República en guerra: Fernando Berenguer de las Cagigas y Pedro Rodríguez Gómez.[3] El proceso contra el juez y los auditores es un modelo de proceso contra la justicia liberal-democrática que ejemplifica la apariencia de legalidad con la que los golpistas quisieron apuntalar su discurso del golpe. El día 12 de mayo fusilarán en el Camp de la Bota en Barcelona a Elola, Berenguer y Rodríguez Gómez.

El texto del acta del Consejo de guerra y de la sentencia son una fuente riquísima para revelar las circunstancias y actuaciones que permiten argumentar como lo hacemos. El caso adquiere una importancia prioritaria para los militares sublevados, como demuestra la premura con la que se procede. Entre la detención de Elola y la celebración del Consejo de guerra transcurre menos de un mes. Durante todo el procedimiento se incluye una revisión de las actuaciones realizadas por el juez en el ejercicio de su profesión, incluyendo aquellas que utiliza como argumentos para sostener su defensa. Todas y cada una de ellas se vuelven como un boomerang contra el acusado, pues son evidencias que se reiteran por la acusación para condenarle. Este elemento es crucial para entender el sentido profundo que tiene el acto de la celebración del Consejo de Guerra y el esfuerzo por realizar un procedimiento jurídico cuando resultaba evidente, desde los primeros compases, la decidida voluntad de los acusadores por condenar al juez.

El esfuerzo se debía a la extraordinaria relevancia que tenía para la construcción y asentamiento del relato sobre el golpe y la guerra la denigración de la evidente superioridad moral de la actuación del Gobierno de la República y sus instituciones en la guerra: exactamente lo que encarnaba a la perfección la propia actuación de Elola. Cabe también reseñar que el proceso contra Elola se realizó de modo paralelo al que tuvo lugar contra el jefe de la Guardia Civil en Barcelona y protagonista principal de la derrota de los golpistas en aquella ciudad en las jornadas de julio de 1939, el general ferrolano José Aranguren Roldán.[4] Como otra cara de la misma moneda, Aranguren representaba la lealtad de las fuerzas públicas del Estado a la legalidad vigente en el momento del golpe militar perpetrado por algunos mandos. Ambos compartieron el mismo abogado defensor, el también gallego Francisco Eyré Fernández, alférez honorífico y nombrado de oficio. Ambos fueron fusilados en el Campo de la Bota con unos días de diferencia (el 21 de abril Aranguren y el 12 de mayo Elola).

---

3 Otros dos encausados serán condenados a sólo dos años o absuelto, por este orden, Pedro Jordán de Urries y José Romero Valenzuela, el primero consigue ser relevado de su puesto, el segundo renuncia al mismo y ambos se refugian en domicilios bajo la protección de embajadas entre octubre y noviembre de 1936.

4 Objeto de un riguroso tratamiento en el libro de Lorenzo Silva (2017), *Recordarán tu nombre*, Barcelona, Ed. Destino, en el que la ficción nunca quiere superar la realidad de una actuación monstruosa que el autor reconstruye con un gran rigor y precisión a partir de las fuentes judiciales de época y de los materiales recabados en la familia del general.

Las declaraciones de los testigos ponen inequívocamente de manifiesto la probidad de las actuaciones del juez y su profundo sentido de humanidad en la aplicación de las condenas. Cuando testifica Felipe Uribarri Mateos, magistrado del Supremo que estuvo bajo las órdenes de Elola en la instrucción de la causa por la sublevación en los cuarteles madrileños, declara que

> "despachaban diariamente con el sobre las normas a seguir en las diligencias, que prefería no asistir a las reuniones de la Sala de Gobierno, no formó parte de ningún Tribunal y siempre votaba a favor de los indultos. Que salvo muchas vidas sentando jurisprudencia sobre el delito imposible".

Entre las vidas que en el testimonio de Uribarri se citan como "salvadas" por Elola se halla la del Doctor Gómez Ulla, posiblemente haciendo referencia a la conmutación de su condena de muerte tras el proceso que se le abrió por intentar pasarse al bando nacional. Cabe reseñar que Uribarri Mateos fue sometido también a un Consejo de Guerra y condenado a 12 de años de prisión.

La siguiente declaración es más relevante si cabe: el testigo es José Castán Tobeñas, magistrado del Supremo como Elola, de la sala de lo Civil y que también "formaba parte de la Sala de Gobierno" durante los años de la Guerra. Siguió una trayectoria similar a la del acusado, permaneciendo leal a sus funciones y acompañando al gobierno en su periplo, primero a Valencia y finalmente a Barcelona. Lo extraordinario de Castán es que no solo sale indemne de todo este proceso, a pesar de haber sido sometido a un Consejo de Guerra y a los correspondientes expedientes de depuración. No solo eso, sino que vuelve a ser nombrado magistrado del Supremo en 1940 y Presidente en 1945, un casi eterno Presidente -además de procurador en las Cortes de la Dictadura- que permanece en el cargo hasta el año 1967. La fuerza de su declaración reside en que no puede ser más favorable para el acusado. Afirma que lo conoce desde 1933 "siempre dio pruebas de independencia y buen Magistrado, estudiosos y capacitado, que siempre votó las conmutaciones, y que D Mariano Gómez[5] le reprendió… (porque) se había negado a formar parte de los Tribunales Populares". Afirma que siempre votó con Elola los indultos, "mientras en la calle se cometían asesinatos y todo tipo de atropellos"[6]. Evidentemente, la declaración de Castán busca también exonerar su propia actuación, pero contribuye sin duda a apuntalar el perfil de Elola como un juez intachable que bajo cualquier circunstancia demostró ser capaz de tener la ley y la justicia como horizontes principales. La ley de la República y la justicia demo-liberal.

La sucesión de declaraciones que siguen van en la misma dirección: Rafael Señán Díaz responde que "la actuación de Elola fue irreprochable", y coincide en que siempre votó a favor de los indultos. Indalecio Sánchez García declara que Elola "intervino en su indulto" también que sabe que se marchó "violentamente de Barcelona y que cuando se encontraba en Gerona pudo haber marchado a Francia pero que regresó a esta Plaza". Uno de los acusados, José Romero Valenzuela también en su declaración a favor de Elola afirma que "garantizó la libertad de los procesados y que si no le aceptaban la prueba propuesta al mismo [Tribunal¿?] por Fanjul renunciaba al cargo de Juez Especial, cosa que efectuó." Un cargo este, el de Juez Especial, que le otorgó un enorme poder en aquellas circunstancias, y para el que fue nombrado, según otro testimonio, por su preparación.

Entre todos los testigos que intervienen, solo el veterano auditor militar Antonio Serrat Argila, secretario de la Sala Sexta del Supremo durante la guerra, afirma no conocer los antecedentes de Elola. Es evidente que esto es imposible por lo que se supone que no quiere declarar a su favor, como si hace con los otros acusados. El motivo es difícil de determinar por la documentación manejada, pero a la vez que niega conocimiento también parece revelar su intención de no ayudar con sus palabras al juez Elola o bien no perjudicarse a sí mismo declarando a su favor. En todo caso, también este testimonio evidencia la dificultad para hallar motivos concretos con los que acusar a Elola: no existen aspectos precisos en los que cimentar una acusación.

---

5 Presidente del Tribunal Supremo,

6 Una reciente y documentada investigación ahonda y desentraña el funcionamiento de los comités y sus acciones Fernando Jiménez Herrera (2018) *Los comités madrileños en 1936. Un análisis microhistórico de la represión. Universidad Complutense. Departamento de Historia Contemporánea. Tesis doctoral dirigida por el Profesor José Mª Faraldo*

A partir de esta situación, se puede entender, más allá de las circunstancias históricas mencionadas antes, por qué no huye Elola. No sólo se le puede suponer la conciencia de no haber cometido ninguna ilegalidad, sino que parece revelarse como una decisión coherente con su trayectoria de sujeción estricta a la legalidad. En este caso la de los vencedores sobre los derrotados, dada la situación internacional y la marcha de la guerra a aquellas alturas de 1939.

En el interrogatorio del fiscal, Elola responde "de acuerdo con lo que deja declarado en los autos". Cuando lo interroga su defensor Eyré Fernández, explica con lujo de detalles su actuación "que ya consta en todos los autos". También que dio todas las garantías a los militares encartados en el sumario que instruía. Y, sin solución de continuidad, sigue el texto, con una divagación de "que muchas veces pensó en lo canallesco de la vida en la zona roja y que si no tomó determinaciones algunas fue debido a sus preocupaciones por la familia." En estas afirmaciones, coincide con las de otros acusados y demuestra tanto un sentimiento genuino de las tensiones que se vivieron durante la guerra, como una muestra más de hasta qué punto el procedimiento se aprovecha por los golpistas para apuntalar su relato. Siguiendo con los detalles absurdos y marginales convertidos – o que se intentan convertir- en piedra de toque de una acusación, a continuación, a preguntas del Vocal del Consejo de Guerra, Sr. Lezón (Coronel del Cuerpo Jurídico de la Armada: Octavio Lezón Burdeos) niega que hubiese actuado en mangas de camisa en determinada ocasión, extendiéndose en consideraciones al respecto.

Sigue en el proceso la actuación del fiscal: Teniente Coronel de cuerpo jurídico militar, Ramón de Orbe y Gómez de Bustamante, que interviene "brillantemente", según la letra de la causa -que sigue construyendo un relato con una dirección definida, como si de un narrador ominisciente de una obra de ficción se tratase- para, en un discurso estrictamente político, carente de sentido procesal y contenido jurídico, definir,

> "religión, ejército y justicia como puntos fundamentales [...de] la nacionalidad española [..critica] la nefasta política de Azaña [...], la supresión de órdenes religiosas, reducción de plantillas del ejército, incompatibilidad del comunismo y la disciplina militar (sic) [...y argumenta...] "cómo reaccionó el espíritu que con la fe venció a la inmensa montaña del marxismo y la masonería".

Considera que la justicia estaba completamente infiltrada por el marxismo y con indisimulada añoranza parece evocar la principal herida que lo conmueve al recordar como

> "las elecciones del año 33, españolísimas, barrieron todo aquello, pero no se aprovechó, así como tampoco en el año 34, se pudo con la masonería [...cuando...] habla (sic) Portela Valladares, anunciando como una consigna que ganaría las elecciones por las buenas o por las malas"

Continúa su discurso justificativo el fiscal en el punto culminante de las elecciones de febrero 1936, con elementos de un relato definidos en los juicios de los años previos hasta conformar una coiné que se repetirá machaconamente en años sucesivos. Y por algunos incluso hasta el presente en un revival de aquellos fantasiosos relatos que por lo que se ve han demostrado tener más sustento temporal que fundamento documental o solvencia jurídica.

Se valora en el texto del acta -continúa el narrador omnisciente- el relato del fiscal como "una relación perfecta" de aquellas elecciones: "coacción, fuerza, maña y todo lo repugnante de su actuación como gobernante". Podemos sobre entender que en este punto se refiere el fiscal a Manuel Portela Valladares como culpable del resultado electoral de febrero de 1936, en cuanto ministro de la gobernación y a la vez presidente del gobierno (técnico) organizador de las elecciones por encargo del Presidente de la República, Niceto Alcalá Zamora. Pero continúa la relación mencionando y mezclando la gracia con los condenados de octubre de 1934, simétrica con la de los condenados por la Sanjurjada de agosto de 1932 con otros asuntos para dibujar la hecatombe, de parte:

> "la amnistía, los asaltos, incendios y por último el golpe de estado, con la destitución del presidente de la República, de la no existencia de legalidad, de la actitud del funesto Casares Quiroga que desde el Gobierno se declaraba beligerante contra el fascismo (sic), con elocuencia hace un relato del asesinato de Calvo Sotelo [...]explica los primeros días del Glorioso Movimiento Nacional, especialmente en la Plaza de Madrid, abortado a causa de la chusma armada por el Gobierno de la llamada República, entregando los barcos, la artillería y todo aquello que era exclusivamente del Ejército, a los que en aquellos días habían salido de las cárceles donde cumplían condena por crímenes que habían cometido. Explica la actuación servil del Tribunal Supremo en relación con el Frente Popular, nombrando Jueces especiales, sin importarle al Gobierno rojo, la actuación de estos organismos, ya que su único interés es dar forma de una legalidad que no existía de hecho ni de derecho, ya que para eliminar a las personas honradas ellos tenían otros medios, tales como "checas", etc. Para fines con miras internacionales tenían en sus manos el Tribunal Supremo, sirviendo este para dar sensación de que la España Roja existía legalidad y justicia ... decían las naciones europeas ... que en la República había legalidad porque existía el Tribunal Supremo".

Es muy llamativo como el texto del acta parece tener vida propia de la mano de su redactor que lo convierte en la letra de un instrumento autónomo y demiúrgico de acusación por encima -o por debajo- de los alegatos pronunciados *in voce*.

Por boca del fiscal militar, la acusación de los militares sublevados contra los jueces del Supremo es haber servido de coartada a la ilegalidad de un gobierno legal, "tanto más cuanto que muchos de sus componentes habían sido personas de orden". La otra acusación más difícil aún de rebatir era la de no haberse inmolado como mártires por la causa rebelde, frente a los magistrados "que en Gijón, Santander, etc dieron su vida, antes de colaborar con los elementos rojos".

A renglón seguido, el fiscal desgrana una acusación específica para cada acusado para el que solicita la pena de muerte, en el caso de Elola, está basada en sus "lamentables antecedentes políticos", a saber: fiscal general, magistrado, diputado del Partido Republicano Radical, y continúa con relacionando "su actuación en la zona roja y sus ascensos" para convertirlo en reo de adhesión a la rebelión, según el artículo 238 del Código de Justicia Militar.

En su respuesta al fiscal, el defensor de Elola se extiende en las consideraciones sobre la formación, cultura, y carrera de Elola para hacer ver que "no es un revolucionario ni un político y que por lo tanto no puede ser un hombre de izquierdas" (sic). Afirma que su defendido frenó el desenfreno y que anhelaba el triunfo del Glorioso Movimiento Nacional, y que por eso está hoy aquí.. "prefiriendo los sinsabores y disgustos de esta depuración a romper el vínculo con la sagrada patria". Recuerda de nuevo que intentó garantizar la defensa del sublevado general Fanjul, que incluso dimitió por no lograrlo y niega que estableciera un sumario contra José Antonio o que tenga relación con García Atadell.[7] Dos de los asuntos más usados para garantizar condenas en este tipo de juicios sumarísimos contra cargos políticos, judiciales o militares republicanos. Basa su defensa en que "Obró por obediencia debida" incluso en "miedo insuperable" y afirma "como máximo puede atribuírsele un delito de auxilio a la rebelión... estimando las circunstancias eximentes", aunque termina solicitando la libre absolución. Es el 13 de marzo de 1939. Durante el mes en que la República se pudre después del golpe del coronel Segismundo Casado del día 5 en Madrid.

La (previsible) sentencia de muerte del Consejo de Guerra fue recurrida y revisada por el Alto Tribunal de Justicia Militar sito en Valladolid. La respuesta al recurso se firma el 18 de abril, apenas un mes más tarde, y después de emitido el último parte de guerra. Se fundamenta en primer lugar en la actitud de Elola ante la reacción del Ejército que, por imperativo de su Ley constitutiva de 29/XI/1878 que le señala como misión primordial defender a la patria frente a sus enemigos interiores y exteriores, razón por la que

> [El Ejército] "asumió el poder ilegítimamente detentado por el Gobierno frente-populista que se había constituido mediante un golpe de fuerza a raíz de las elecciones de 16 de febrero de 1936 cuyos resultados se falsearon con aquella finalidad por elementos dedicados al servicio de poderes ocultos internacionales.."

La legitimidad del poder de los militares rebeldes es la divisa y fundamento en que se basa la sentencia que lo condena por haber sido designado el 21 de julio Presidente de la Sala de Vacaciones del T.S., relevado el 4 de agosto para ser nombrado Juez especial para las actuaciones que se incoaron por rebelión militar en la Primera División (Madrid) ampliada después su jurisdicción a todo el territorio del que se derivaron cientos de autos dictados por el. Por haber continuado después su labor judicial como Presidente de la Sala Tercera y ser por tanto miembro de la Sala de Gobierno "con la que hubo de asistir a varios actos público organizados como propaganda de la justicia roja" y porque "mantuvo relaciones con el ya sentenciado y ejecutado Agapito García Atadell". Asume la sentencia no obstante lo que figura en todas las declaraciones, que se negó a formar parte de los Tribunales Populares y también que "en los expedientes de indulto votó en sentido favorable a su concesión".

[7] El nombre de este militante socialista detenido cuando el barco francés en que viajaba a América hizo escala en Santa Cruz de Tenerife en noviembre de 1936 es utilizado como la quintaesencia del chequista madrileño de los primeros meses, siendo el primero detenido e identificado, a su alrededor se construyó una leyenda y un folklore todavía pendientes de discernir.

En la balanza puede mucho más que "Elola actuó como Juez Especial contra los verdaderos españoles" y que, aún reconociendo que se negó a actuar en los Tribunales Populares, "su actuación fue contumaz en la administración de la llamada justicia del Frente Popular y de franca cooperación a la misma", que fue ascendido y que presidió la Junta para la depuración de funcionarios judiciales. Lo peor en realidad, lo que parece llevarlo indefectiblemente ante el pelotón de fusilamiento en el Camp de la Bota, es que no sólo colaboró con la justicia rebelde sino "que le dio a esta una solvencia de la que en realidad carecía".

Con este argumento que lo acusa por su solvencia y sabiduría jurídicas, reconociendo su probidad y humanidad, lo condena un tribunal presidido por Ruiz del Portal Martínez y que alinea como vocales a Ruiz de Atauri, Fermoso Blanco, La Cerda López Mollinedo y Conde Pumpido, que firman la sentencia de su puño y letra.

Todo el proceso deja distintas instantáneas que nos permiten situar la figura de Elola en el contexto de destrucción del Estado liberal y democrático que arranca en el golpe de Estado de 1936. De la misma manera que las autoridades civiles y militares fueron aniquiladas por los golpistas allí donde resistieron a sus deseos, estos también torcieron la mano del juez democrático: apretándola, apartándola o rompiéndola si fuese necesario. Para ello se sirvieron de una parte de los jurídicos militares, que rechazaban violentamente el civilismo y la tradición liberal que se remontaba al espíritu de Montero Ríos y que la II República había querido consagrar. Los que no aceptaron del gremio, también fueron liquidados junto con los jueces civiles. No fue así en la zona que quedó fuera del poder de los golpistas. Allí, el Estado republicano pugnó por mantener la continuidad de sus valores frente a la guerra, la revolución y el deseo de venganza. Esta actitud la evidencia Elola, que no es un marginal, que no es un caso excepcional: era un magistrado del Supremo, a quien el gobierno de la República puso al frente de las investigaciones judiciales contra los golpistas. Es decir, le asignaron la misión más delicada de todas aquellas que un juez podía tener en aquel contexto. No hay prueba más evidente de esa voluntad inquebrantable por preservar lo que se había construido en lo jurídico tras décadas de pluralismo y libertad.

De este contraste entre las actitudes y comportamientos de unos y otros, de esta flagrante diferencia entre la forma de hacer la guerra y perseguir al enemigo de unos y otros, eran plenamente conscientes los golpistas. He ahí la explicación del deseo de procesar y matar a Elola. No una simple vendetta, no una manifestación más de los efectos de la guerra y la violencia generalizada. Lejos de todo ello, el procesamiento y asesinato del juez era parte de la gestión de la memoria y la historia que hacen los verdugos: negar el pasado, manejar el relato y borrar sus culpas. Al revés de lo que el Régimen quiso hacer patente enfatizando su dimensión normativa, que pretendía ser administrativa y jurídicamente incuestionable a lo largo de cuarenta años, lo que en estas páginas se evidencia permite demostrar su origen profundamente antijurídico. Lo que Elola representaba no tenía cabida en el régimen de los verdugos. En el Nuevo Estado de no derecho.

Javier Elola y la justicia constitucional en la República

RAMÓN SÁEZ VALCÁRCEL

«La toga del juez puede arropar también
una generosa emoción ciudadana»

Javier Elola

Javier Elola Díaz-Varela sigue siendo un desconocido en la cultura jurídica española. Un signo del eficaz borrado de la memoria democrática en el mundo del derecho, particularmente de la memoria vinculada -como no podría ser de otra manera si se adjetiva de democrática- con las dos experiencias republicanas de nuestra historia. Un olvido que cubre la biografía y la obra de grandes juristas, que fueron asesinados o marcharon al exilio para siempre, y con ellos una tradición espléndida de intelectuales del derecho implicados con el proyecto modernizador de la República, lo que representó una pérdida inmensa para nuestra cultura. Paradigma de esta preterición es Luis Jiménez de Asúa, maestro incontestable del Derecho penal, que debido a ello no ha ejercido influencia en la formación de las generaciones posteriores de juristas y su tratado erudito, como el resto de su obra, no ha sido publicado en España. Junto a él se puede citar a muchos profesores, filósofos e historiadores del derecho, civilistas, procesalistas y penalistas, como Luis Recaséns Siches, Demófilo de Buen, Felipe Sánchez-Román, Rafael Altamira, Francisco Ayala, Constancio Bernaldo de Quirós, Niceto Alcalá-Zamora y Castillo, Manuel Martínez Pedroso, Mariano Ruiz-Funes, Mariano Jiménez Huerta y José Medina Echavarría. Entre los jueces y fiscales destacan Javier Elola, Mariano Gómez, que fuera presidente del Tribunal Supremo y catedrático de Derecho político, el propio Demófilo de Buen que fue presidente de la Sala Primera y murió en el exilio, o el fiscal José Luis Galbe[1]. No han sido reivindicados como se merecen, ni reintegrados a la comunidad de los juristas españoles de la que fueron expulsados injustamente. Aquí reside la importancia de la iniciativa de la Fiscalía de reivindicar a Javier Elola, su memoria y su actividad, como personaje relevante de aquella generación de juristas, políticos, intelectuales y profesores que se comprometieron con el programa republicano, cuyos ejes fueron la democratización del Estado, el sometimiento de los poderes a la legalidad, la protección de los derechos fundamentales y las libertades públicas, la laicidad de los poderes públicos y la búsqueda de una mayor igualdad social.

El lector solo podía encontrar un artículo dedicado a la vida del juez Elola -pues esta era su profesión, la que marcó su vida y su muerte- en la revista *Jueces para la democracia. Información y debate,* que escribió el historiador Vázquez Osuna[2]. La biografía sobrecoge al constatarse la importancia del personaje y la ignominia de su asesinato, que hace más insoportable aún el olvido que lo envuelve. En las monografías y estudios en los que aparece, que tienen como objeto el Tribunal de Garantías Constitucionales de la II República, se recoge su intervención en la discusión parlamentaria de la Constitución de

---

1 Sobre la depuración de jueces y fiscales hay cierta bibliografía que permite formar juicio sobre su importancia y la realidad de la judicatura en el periodo. El primer estudio monográfico se debe a M. Lanero Táboas, *Una milicia de la justicia. La política judicial del franquismo,* Centro de Estudios Constitucionales 1996. También F. Fernández-Crehuet, *Jueces bajo el franquismo. Once historias (y una nota sobre la depuración de los funcionarios judiciales)*, Comares 2011, y G. Sánchez Recio, *El estigma republicano de la Magistratura. La depuración franquista de jueces,* Universitat d'Alacant 2020. Sobre Mariano Gómez hay dos buenas biografías, una de P. P. Miralles Sangro, *Al servicio de la Justicia y de la República.* Mariano Gómez (1883-1951), Dilex 2010. P. Marzal Rodríguez ha investigado la cuestión, a él se debe, además de otra biografía de Mariano Gómez, la obra *Magistratura y República. El Tribunal Supremo (1931-1939),* Editorial Práctica del Derecho 2005. José Luis Galbe Loshuertos escribió unas memorias deliciosas tituladas *La justicia de la República. Memorias de un fiscal del Tribunal Supremo* en 1936, Marcial Pons 2011.

2 Ver "Francisco Javier Elola Díaz Varela, lealtad de un Magistrado al Estado de Derecho hasta sus últimas consecuencias", F. Vázquez de Osuna, *Jueces para la democracia. Información y debate, núm. 48,* noviembre 2004, p. 41 a 49. Un artículo que introducía la biografía de Elola, lamentando el autor el desconocimiento de la historia de la justicia de la Segunda República y de sus funcionarios: «La transición democrática se hizo a costa de la desmemoria».

1931 y de la ley que reguló al Tribunal pero no se encuentra mención a su condición de juez ni a su terrible destino. Elola no solo fue juez de carrera desde 1905, con destino en numerosos órganos jurisdiccionales, sino que ejerció como primer Fiscal General de la República y como diputado de las Cortes constituyentes por el Partido Radical, destacando su protagonismo en los debates sobre el Poder Judicial, la Administración de justicia y el novedoso Tribunal de Garantías Constitucionales -tema sobre el que había investigado y publicado con anterioridad-. Como juez llegó a magistrado del Tribunal Supremo y presidente de la Sala tercera, además de encargarse como juez especial instructor del expediente general de las responsabilidades derivadas del golpe de estado que provocó la Guerra Civil. La derrota republicana le sorprendió en Barcelona, a donde se habían desplazado el Gobierno y el Tribunal Supremo. Decidió no partir al exilio[3]. Fue juzgado por el delito de rebelión por un consejo de guerra sumarísimo de generales, que lo condenó a muerte, en la causa 8/1939 de la Auditoría de Guerra de Cataluña. La sentencia fue confirmada por una sala denominada Alto Tribunal de Justicia Militar, con sede en Valladolid, en la que se integraban magistrados de carrera que debían conocer bien a Elola. Fue ejecutado en mayo de 1939, en el Campo de la Bota, junto al magistrado y también presidente de sala del Tribunal Supremo Fernando Berenguer de las Cagigas y el auditor Pedro Rodríguez Gómez, secretario de Sala del Tribunal Supremo.

En este texto vamos a analizar la aportación de Javier Elola al diseño y configuración legal de la justicia constitucional en España, que expresa en buena medida su pensamiento jurídico, crítico y singular, sin duda de adquisición autodidacta. Al tiempo que su intervención en el debate público supuso una colaboración relevante a la creación y diseño de una iniciativa constitucional original y de vanguardia en el derecho europeo, además de un antecedente valioso de nuestro Tribunal Constitucional. Para ello, hemos tenido en cuenta un trabajo doctrinal que publicó en dos entregas en una revista jurídica, anterior a la llegada de la República, su intervención en los debates parlamentarios de elaboración de la Constitución y de la Ley del Tribunal de Garantías Constitucionales, en 1931 y 1933, las enmiendas y votos particulares que presentó en dichos procedimientos legislativos y las monografías dedicadas al estudio de la institución, en las que se comenta su trabajo[4].

1. ELOLA Y LA DEFENSA DE LA CONSTITUCIÓN

En la historia de nuestro constitucionalismo solo en las dos etapas republicanas se ha planteado el problema del control de constitucionalidad de la ley, asociado al intento de sujeción de todos los poderes a la Constitución y a la garantía de los derechos y libertades: en el Proyecto de Constitución de 1873 y en la Constitución de 1931. Los dos textos marcaron momentos de ruptura en la secuencia de documentos constitucionales simplemente programáticos o declarativos que jalonan nuestra historia. Una ruptura caracterizada por responder al modelo de norma supraordenada a la legalidad ordinaria, de supremacía de la Constitución cuya reforma exigía un procedimiento especial, una Constitución normativa que obligaba

---

[3] En el recurso de reforma contra el auto de procesamiento Elola había ofrecido las razones de su decisión de permanecer en España después de la derrota republicana: «(...) no me levanté contra la Constitución del Estado, ni del Jefe de este, ni de las Cortes, ni del Gobierno formalmente legítimo. Tampoco me adherí expresa o tácitamente a ningún movimiento de esta índole; como magistrado del Tribunal Supremo, integraba un Poder del Estado y no me aparté un solo momento de mis deberes constitucionales y orgánicos, de obediencia, deber funcional, subordinación y disciplina, permaneciendo alejado de toda clase de partidismo y luchas políticas (....) no debe medirse la responsabilidad de un juez por el insólito y grave hecho perseguido, sino por su actuación jurisdiccional, respecto a su trascendente misión» (Vázquez Osuna, p. 47, texto ya citado). Razones que serían leídas por sus jueces como una admisión de culpa. En unas notas remitidas a su familia, que fueron -según relata Vázquez Osuna- interceptadas por sus captores y unidas a la causa, Elola subrayaba: «El Estado naciente podrá calificarnos de afectos o desafectos, de leales o de sospechosos, de confianza o desconfianza, pero jamás como rebeldes para fundar sobre esta calificación jurídica una sanción penal».

[4] «Justicia Constitucional I. El recurso de inconstitucionalidad de las leyes» y «Justicia Constitucional II. Los conflictos de atribuciones», *Revista de los Tribunales y de Legislación Universal, núm. 1 y 2,* Madrid 3 y 10 enero 1931. «Enmiendas del Sr. Elola y otros a los arts. 96 a 101 y proponiendo un nuevo artículo al proyecto de Constitución», *Diario de Sesiones de las Cortes Constituyentes de la República Española, Apéndice 2º al núm. 69. Diario de Sesiones, núm. 73, 74, 75, 76, 77, 81* y *82,* del 12 al 27 de noviembre de 1931, para los debates constitucionales. *Diario de Sesiones de las Cortes Constituyentes, núm. 340, 342, 345, 346, 347, 348, 350* y *351,* de 18 de mayo al 7 de junio de 1933, para los debates de la Ley de Tribunal de Garantías Constitucionales.

a todos, primero a los poderes públicos, y de la que dependía la validez del ordenamiento jurídico entero[5]. En estos dos acontecimientos se puso en acción un proyecto de profundización en clave democrática del Estado y de racionalización del poder, incluida la forma de gobierno y la jefatura del Estado, al plantearse la cuestión de la sumisión de los poderes al Derecho -también la función parlamentaria y legislativa, soberana e ilimitada en el esquema del Estado liberal- y la eficacia y alcance del principio de legalidad. En esos periodos históricos también se afrontó como problema a componer la distribución vertical o territorial del poder. La Constitución de 1873 reviste al Estado bajo la forma federal. En 1931 se acude a técnicas de descentralización de corte federal, lo que se denominaba en el lenguaje de la politología de la época el Estado integral, con reconocimiento de autonomía a las regiones históricas. Una arquitectura constitucional que ponía en escena la posibilidad de conflictos competenciales entre las potestades legislativas del Estado y de las regiones, y de estas entre sí, cuestión propicia, sino paradigmática, para reclamar una instancia jurisdiccional de resolución de tales conflictos, problema que ha estado en el origen del surgimiento de la justicia constitucional.

Democracia, república y federalismo fueron de la mano en estas dos experiencias constitucionales. Es obligado preguntarse por qué no han sido objeto de la debida atención como antecedente del sistema democrático que inauguró la Constitución de 1978, y por qué han sido contempladas en tanto experiencias peligrosas que había que poner bajo sospecha. Algo que ha acontecido, en buena medida, con el tratamiento dado a la institución del Tribunal de Garantías Constitucionales de la República, que ha sido descalificada como un órgano político y politizado, que fue producto de la confusión de los políticos republicanos sobre la naturaleza del control de constitucionalidad y del recelo hacia su función, de la improvisación y de la desconfianza hacia los jueces. Por cierto, esta última imputación se dirige a las opiniones de Javier Elola, sin reparar en el dato de que por su condición de juez en ejercicio tenía conocimiento en causa[6]. Sobre ello ha advertido el historiador del derecho Sebastián Martín, que considera algunos estudios sobre el Tribunal como un ejercicio de maltrato historiográfico de la institución y de historia contrafáctica, cuando la experiencia no es examinada en el contexto político y cultural del momento sino desde supuestos parámetros universales, que permiten concluir que supone un «contraejemplo que evitar y condenar en la muy democrática actualidad»[7].

Cuando se produce el debate constitucional en el que interviene con cierto protagonismo Elola, los problemas del control de constitucionalidad de la ley, de la supremacía de la Constitución y de la rigidez del procedimiento de reforma solo cuentan con un verdadero antecedente. El proyecto de Constitución Federal de 1873 preveía en su art. 70 que «al Poder Judicial, representado por el Tribunal Supremo de la Federación, le queda la facultad siempre de declarar en su aplicación si la ley es o no constitucional», declaración que correspondería hacer al Pleno del Tribunal y que suspendería los efectos de la ley exclusivamente en la resolución del asunto o pleito (según el art. 77). Roura considera que esta previsión es la mayor singularidad del texto republicano porque configura un precedente del modelo europeo de justicia constitucional que se impondrá medio siglo más tarde, valoración que se sustenta en el hecho de estipular un mecanismo de control jurisdiccional ordinario de manera incidental en el momento de aplicación de la ley en el caso, que semeja en buena medida al de Estados Unidos de Norteamérica -cuyo pensamiento político tuvo una gran influencia en el federalismo español-, pero concentrando en el vértice de la pirámide judicial la competencia para ejercer ese control[8].

Cabe resaltar que la Constitución de 1931 respondía al canon del derecho público europeo de aquel periodo porque fue obra de un grupo de políticos, entre ellos muchos e importantes juristas, con una espléndida formación y una decidida

---

5 Roura Gómez, Santiago A., *La defensa de la Constitución en la historia constitucional española,* Centro de Estudios Políticos y Constitucionales, Madrid 1998, p. 182.

6 «El debate Justicia Constitucional-democracia en los procesos constituyentes de 1931 y 1978», A. Garrorena Morales, *Revista de Derecho Constitucional, núm. 91,* 2011, p. 54.

7 «El Tribunal de Garantías republicano, objeto de la historia constitucional», S. Martín Martín, *Historia Constitucional, núm. 19,* 2018, p. 753. El autor destaca la madurez teórica que poseían los discursos de los juristas que intervinieron en los debates parlamentarios sobre la justicia constitucional y la relación entre constitución, ley y juez, a pesar de la falta de antecedentes en la historia constitucional española, opiniones que estaban sustentadas en el conocimiento de las experiencias de derecho comparado.

8 Roura Gómez, obra citada, p. 232.

voluntad de democratizar el Estado y de racionalizar el ejercicio del poder. Es más, fueron capaces de situar la Constitución española a la vanguardia europea en algunas materias -como en el reconocimiento del voto de las mujeres-, al tiempo que se ocuparon de los problemas históricos de España como eran la laicidad del Estado y la libertad de conciencia, la instauración y garantía de las libertades públicas y los derechos individuales, el reconocimiento de los derechos sociales, con la cuestión de la reforma de la propiedad, y la distribución territorial del poder mediante la autonomía de las regiones históricas. Una tarea jurídico-política que supo recibir de manera crítica las instituciones que ofrecía el constitucionalismo de entreguerras para adaptarlo a los requerimientos de modernización y democratización del Estado y de la sociedad[9].

La constatación de la falta de precedentes propios sobre la defensa de la Constitución provoca la sorpresa del lector que se adentra en los debates parlamentarios de las Cortes Constituyentes de la República, no solo debido a su nivel técnico y al conocimiento que los oradores tenían sobre las experiencias comparadas y la reflexión teórica al respecto, también, y sobre todo, porque ponen de manifiesto que la normatividad de la Constitución, su supremacía sobre el resto del ordenamiento jurídico y la garantía de los derechos y libertades era un lugar de encuentro, formaba parte de la cultura jurídica republicana como impulso del proceso de reforma radical que acometieron. Es decir, la cultura jurídica republicana se había adherido al modelo normativo de Constitución, confrontándose con el sistema que había imperado en la historia del constitucionalismo en España, donde la norma había sido considerada como un documento político que se limitaba a organizar los poderes del Estado y sus respectivos órganos, así como la relación entre ellos[10]. Los juristas de la República van a tratar de otorgar a la Constitución un valor jurídico real y efectivo como derecho del Estado, que imperara la primacía de la Constitución sobre la ley, de donde surgía la necesidad de estructurar técnicas de defensa de la Constitución y de enjuiciamiento de la validez de las normas inferiores. El carácter político o jurídico de la instancia que debiera prestar esta garantía será objeto de confrontación parlamentaria, pero no porque los portavoces carecieran de modelo, como algunos comentaristas han observado, sino como algo inevitable en un escenario innovador, pues se estaba imaginando y levantando un nuevo orden estatal que hacía preciso buscar equilibrios entre normatividad de la constitución, control del legislador y de las otras funciones públicas, y protección de las minorías, de un lado, y democracia, poder de la mayoría, y consolidación de la Segunda República y de sus instituciones, de otro. La contextualización del proyecto jurídico constitucional republicano en su tiempo histórico pone de relieve su carácter vanguardista. La ruptura con el régimen político de la Restauración hizo emerger un auténtico poder constituyente, distinguiéndolo del poder constituido, lo que permitió superar el principio de soberanía de la ley y anticipar el paradigma constitucionalista, propio de las constituciones democráticas de la Europa de la segunda posguerra mundial, al tiempo que se hacía realidad el Estado de derecho y se desbordaba mediante instituciones características del Estado constitucional[11]. Pero siempre en la idea compartida de afirmar la posición superior de la constitución, su eficacia práctica y su papel como regla de validez de todo el sistema en garantía de los derechos individuales.

La experiencia sobre control de constitucionalidad de la ley en Europa en el periodo de entreguerras, cuando en España empieza a discutirse su introducción en el sistema político constitucional, es escasa y su evolución en aquel momen-

---

9 «El constitucionalismo de entreguerras y la Constitución española de 1931», J. Corcuera Atienza, *Historia Contemporánea, núm. 6,* 1991, p. 17 y 18.

10 Al respecto es interesante el estudio de R. Blanco Valdés, *El valor de la Constitución. Separación de poderes, supremacía de la ley y control de constitucionalidad en los orígenes del Estado liberal* (Alianza editorial 2006), donde describe el origen de los dos modelos de Constitución y las razones históricas de dicha evolución. La ausencia de normatividad de la Constitución, la defensa política de la Constitución por parte del parlamento y la vinculación del juez a la ley, junto a la prohibición de que pudiera juzgarla o inaplicarla, porque era expresión de la voluntad general, son rasgos del sistema continental heredero de la Revolución Francesa. El otro modelo, el americano, surge de una experiencia diferente, pues no había necesidad de acomodar al rey en el esquema constitucional por las consecuencias de la liberación de la tutela de la metrópoli y la formación de una República, pudiendo vislumbrarse el peligro que representaba la expansión del poder legislativo y de la mayoría, para confiar a los tribunales un poder contramayoritario en garantía de los derechos individuales y de la minoría.

11 Los modelos históricos de la forma estado y de constitución en la experiencia europea se encuentran sintetizados por M. Fioravanti, en *Estado y constitución,* capítulo del libro editado por el citado historiador de las constituciones y titulado *El Estado moderno en Europa,* Trotta 2004, p. 13 a 43.

to, primavera de 1931, incierta. De ahí que resulte de gran interés la aproximación al texto seminal, y maduro, de Elola titulado *Justicia Constitucional*, que publicó en dos entregas en la *Revista de los Tribunales y de Legislación Universal* antes de que se proclamara la República. Elola anticipaba que su propuesta de una Justicia Constitucional concentrada trataba de garantizar la supremacía de la constitución y no tenía encaje en el sistema político del momento. El artículo desarrollaba teóricamente las bases para una legislación que instituyera una Corte de Justicia Constitucional que el propio Elola había presentado, a principios de 1929, ante la Asamblea Nacional, donde se debatía un proyecto de constitución que no fructificó, en el contexto del intento de hallar una salida política de la dictadura, profundamente deslegitimada y en proceso de descomposición, hacia una monarquía constitucional sin parlamento[12]. En 1925 el Directorio militar había sido reemplazado por otro de carácter civil que, sin embargo, eliminó cualquier rastro de independencia de los tribunales, al asumir el gobierno la capacidad para suspender las resoluciones que dictaran los órganos jurisdiccionales. La Asamblea Nacional era una institución a la que fueron llamados representantes de municipios, diputaciones y organizaciones corporativas, la mayoría nombrados por el gobierno, que elaboraron un anteproyecto de leyes constitucionales que declaraban la inviolabilidad de la monarquía, la unidad del Estado y la oficialidad de la religión católica, además de establecer restricciones a los derechos y libertades individuales y de negar la instauración de mecanismos de control del gobierno. En ese escenario institucional de dictadura con rey se contemplaba un Consejo del Reino, con algunos vocales electos, al que se atribuían competencias para revisar leyes y actuar como justicia constitucional[13]. Para este proyecto Elola elaboró, consciente -según decía- de lo imposible de su tarea, las bases para la creación de una Corte Constitucional[14].

Como señalaba Elola, las bases contenían «el esbozo democrático» de un tribunal que asumiera «todos los altos poderes jurisdiccionales de control, frente al legislativo, ejecutivo y judicial, sin posibles interferencias de cualquiera de éstos cerca de los otros». El texto prelegislativo redactado por Elola sirvió para proyectar un recurso de inconstitucionalidad en el Título XI del anteproyecto de Constitución, en que se confiaba a la Sección de Justicia del Consejo del Reino un recurso por inconstitucionalidad de las leyes, que podría interponerse en casos individuales y concretos de infracción constitucional. El proyecto de Ley orgánica del Consejo del Reino desarrollaba la institución mediante un recurso directo de impugnación de la validez de una ley, que podría formular cualquier ciudadano que tuviera un interés directo en el asunto, teniendo la declaración de inconstitucionalidad efectos *inter partes*. Como señala Cruz Villalón, las similitudes entre el modelo de esta propuesta y el que se implantó en la Constitución republicana de 1931 y en la Ley del Tribunal de Garantías Constitucionales de 1933 permiten considerarlo como un antecedente inmediato[15]. Pero es más, la impronta de Elola, buen conocedor de las teorías de Kelsen y al tanto de la iuspublicística europea sobre la materia, estaba detrás de ambas obras legislativas, sobre todo en la introducción de un sistema de enjuiciamiento de la validez de la ley con efectos de anulación de la norma, como luego veremos.

---

12 Cruz Villalón, *La formación del sistema europeo de control de constitucionalidad (1918-1939)*, Centro de Estudios Constitucionales 1987, p. 305. De la actividad reformadora de Javier Elola da cuenta que ese mismo año 1929 elaborara otro documento de «Bases para una Ley Orgánica de lo Contencioso-Administrativo», en la que se ofrecían los criterios para la creación de un orden jurisdiccional propio, separado, para atender a los conflictos que surgían entre la Administración y los particulares, documento que contenía un desarrollo articulado sobre los actos administrativos que deberían ser objeto de control, el procedimiento judicial, la eficacia de las sentencias y su obligado cumplimiento -bajo responsabilidad civil y criminal de Ministros y autoridades contumaces-, los órganos de la jurisdicción, su composición y competencia, la forma de nombramiento de los jueces, la representación de la Administración y el personal auxiliar que debía asignarse a esta jurisdicción.

13 *Restauración y Dictadura. Historia de España*, R. Villares y J. Moreno Luzón, volumen 7 (Dir. J. Fontana y R. Villares), Crítica 2016, p. 536.

14 En el debate parlamentario para la aprobación de la Ley del Tribunal de Garantías de la República, al evocar los antecedentes del control constitucional, Elola explicó las razones de su participación en ese proyecto de la dictadura: «En el año 1928 ha comenzado en mí la sugestión -iba a decir la manía- por este tema. Y en la Junta Reorganizadora de la Justicia, creada por la Dictadura -de la que he formado parte-, después de discutir una porción de leyes, sobre la cuales hice noblemente, honradamente, pero categóricamente, objeciones fundamentales a los criterios mayoritarios, totalmente opuestos al mío, que prevalecían allí, presenté un proyecto sobre Tribunal de Justicia constitucional, para ver si con él se podía cohonestar el de Constitución, Carta otorgada, que por aquellos días se elaboraba. Vana tentativa, audacia loca de mi pobre ilusión democrática, pretender la creación de un organismo que se consideraba exótico, enfrente de algo que se elaboraba con el propósito de imponérselo a todos los españoles» (*Diario de Sesiones de las Cortes Constituyentes, núm. 342*, 23 mayo 1933, p. 1312).

15 *La formación del sistema europeo…, citada*, p. 307.

Apuntaba Javier Elola en el artículo que el Estado de derecho era fruto de la racionalización que le proporcionaba el Derecho a la estructura del Estado, siendo la constitución el fundamento de toda su actividad. La legalidad se expresaba en dos categorías jerárquicas. Una, las leyes fundamentales, «que deben mantener su vigencia inconmovible en tanto la Constitución subsista», cuya modificación solo puede producirse por la reforma constitucional. La segunda categoría estaría constituida por las leyes «dictadas en obediencia a los postulados constitucionales», que pueden acomodarse al ritmo de la vida pública y de la oportunidad, pero «siempre dentro del cuadro hermético de la normalidad constitucional». En el contexto de esta ordenación jerárquica de las normas, y a consecuencia de la supraordenación de la constitución, la «desviada actuación dinámica del Poder legislativo» o «indebidas violaciones del Ejecutivo o por intromisiones jurisdiccionales» pueden provocar la inconstitucionalidad de las leyes y demás disposiciones irregulares que darían origen al «recurso consiguiente mediante el ejercicio del control constitucional». Ante esa patología de leyes, disposiciones y actos incompatibles con la constitución era preciso pensar en una institución nueva que frenara «el ejercicio abusivo de los poderes públicos y sirva de garantía de regularidad a los derechos consagrados en la Constitución». De esta manera proponía una idea de democracia, también inspirada en Kelsen, que conllevaba la supremacía de la constitución y su normatividad, la garantía jurisdiccional de los derechos fundamentales y la sujeción del legislador, del gobierno y de los tribunales a límites precisos de naturaleza jurídica, tópicos del pensamiento jurídico actual en la cultura constitucionalista. Pero, hay que admitir que entonces eran ideas bien avanzadas porque se confrontaban con la noción liberal de democracia y de ley, sustentada en la decisión de la mayoría y representada en el Parlamento, máxime cuando la sociedad estaba dejando atrás una dictadura y todo su dispositivo jurídico.

Con apoyo en Einsenmann, Elola planteaba los tres problemas esenciales asociados a la función estatal de control de la constitucionalidad de la ley. El primero, era el del órgano al que se puede confiar tal misión: puede «deferirse a todas las jurisdicciones, indistintamente, o atribuirlo a una jurisdicción única que se denominaría constitucional y no habría inconveniente en otorgar su conocimiento a la jerarquía judiciaria». Con lo cual abordaba el conflicto siempre actual entre política y derecho, entre legislador y juez, apostando por una garantía jurisdiccional de la validez de las normas y de la eficacia de los límites impuestos a los poderes del estado. Segundo, el cauce procesal para ejercitar esta función, que podría organizarse como «contencioso incidental o prejudicial» y como «contencioso principal, especial e independiente, según que la cuestión de constitucionalidad de una ley se trate como excepción, al surgir dentro de un caso jurisdiccional concreto, o hacerla, por el contrario, objeto de una acción directa». La alternativa se ofrecía entre el control concreto de la compatibilidad constitucional de la ley en un proceso dado o el control abstracto mediante un recurso directo ante el órgano de control y defensa de la constitución. El tercer problema que debería solventarse era el alcance de la declaración que debería realizar la jurisdicción como resultado del juicio de constitucionalidad, que podría ser limitado, es decir de mera inaplicación de la ley al asunto en el que se había suscitado la duda o tacha de inconstitucionalidad, con eficacia *inter partes*, o «un pronunciamiento genérico, de autoridad absoluta o relativa», es decir de nulidad, *erga omnes*, ya fuera de futuro o con carácter retroactivo. A partir de esos tres criterios articulaba dos modelos posibles de justicia constitucional. De un lado, una «jurisdicción constitucional especial, vía de acción y autoridad absoluta» -sistema que se impuso en el derecho constitucional europeo- y, de otro, el «contencioso difuso, incidental y parcial», más próximo al sistema norteamericano. Dos grupos de soluciones cuyos elementos, advertía, estaban íntimamente vinculados.

La mayoría de la doctrina francesa, y nuestro autor citaba a Duguit, Gény, Hauriou y Jèze, se pronunciaba por la segunda opción, en la medida en que descartaban que pudiera tener naturaleza jurisdiccional, y no política, una actividad que consistiera en anular *erga omnes* las leyes, porque «equivaldría a tanto como conceder a un Juez cierto poder político de inmixtión en lo legislativo, una subordinación de este poder al judiciario». Elola discrepaba de estas valoraciones, que consideraba se sustentaban en una terminología inexacta, pues la diferencia entre ambos sistemas era de grado pero no de naturaleza o sustancia, ya que ambas alternativas de control de constitucionalidad podían responder a la noción de jurisdicción. «La extensión diferencial de los poderes del órgano, el contenido de la decisión emitida por él, no influyen sobre la función que ejerce», afirmaba con buen criterio Elola. «Al fin y al cabo, un Tribunal instituido para entender sobre las garantías de regularidad de las leyes sería un órgano de justicia constitucional, un cuerpo jurisdiccional de extraordinaria prestancia, eso sí, pero en todo caso un Tribunal especializado en las decisiones relevantísimas sobre la supremacía de las normas ético-constitucionales». Así concluía sobre una cuestión capital para organizar una justicia constitucional, que consideraba esencial para la instauración de una «verdadera» democracia. Como posteriormente veremos, en la discusión parlamentaria de la ley reguladora del Tribunal de Garantías, en 1933, Elola matizó esta afirmación prestando atención al debate que a propósito de la naturaleza de la función de control de constitucionalidad se estaba desarrollando en el derecho público europeo entre dos de sus principales protagonistas, la polémica entre Kelsen y Schmitt sobre la defensa de la constitución.

El presupuesto político y jurídico de la necesidad de establecer un mecanismo de control del legislador, y de su producción normativa, era la posibilidad de que el Parlamento pudiera obrar de manera inconstitucional. No obstante, Elola no estaba conforme con la opinión de Jellinek que sugería la conveniencia de una jurisdicción que actuara a instancia de las minorías parlamentarias para decidir si un proyecto de ley contenía disposiciones contrarias a la constitución, una suerte de control previo de inconstitucionalidad[16]. El poder legislativo no admitía injerencias jurídicas de ningún tipo, oponía Elola, la declaración de inconstitucionalidad de la ley no debería producir una confusión - «promiscuar» era el verbo que empleaba para describir la acción- de funciones estatales. Es decir, se posicionaba por un control sucesivo o represivo. Y, tomando distancias con el sistema norteamericano, alertaba frente a la «oligarquía judiciaria» y el gobierno de los jueces, citando la obra de Edouard Lambert y el papel reaccionario de la Corte Suprema de Estados Unidos de Norteamérica frente a la legislación obrera, una patología que se había producido, decía, en un país de contextura y hábitos tan democráticos, tan ciudadanos, a diferencia del nuestro[17]. La configuración de una jurisdicción especial para enjuiciar la validez de la ley no tenía por qué residenciarse, pensaba Elola, en el sistema judicial, simplemente había que diferenciar el género, lo jurisdiccional, y la especie, lo judicial, para atribuir aquella naturaleza al órgano de control constitucional sin confiarse este a los jueces. «¿Qué sería, se preguntaba Elola, en una nación como España, donde los colapsos de independencia, soportados resignadamente por un pseudo Poder Judicial, han convertido a éste en un órgano apendicular de los Gobiernos?»

El sentido jurídico de esta jurisdicción constitucional era garantizar la distinción entre la legislación ordinaria y la legislación constitucional, para asegurar la supremacía de esta y su carácter normativo. De ahí que el «contencioso constitucional debe únicamente sancionar la conformidad de una categoría subordinada de leyes a la categoría superior y suprema de que deriva su validez, asegurar la legalidad constitucional de las leyes ordinarias. De la misma manera que el principio de legalidad significa, en suma, que sólo la ley puede derogar a la ley, así también el principio de constitucionalidad se traduce en que sólo una ley constitucional puede derogar a otra ley constitucional». De esta manera enunciaba Elola uno de los presupuestos básicos del constitucionalismo europeo de la época de entreguerras, la constitución rígida, que demandaba una jurisdicción que hiciera efectivo el sometimiento del legislador al Derecho y propiciaba el paso hacia el estado constitucional, históricamente situado en el periodo de la segunda posguerra mundial. Se trata de cuestiones que siguen en el debate sobre la naturaleza y extensión de la justicia constitucional y la relación entre juez y democracia, entre el derecho y la política. Esta institución, seguía Elola, «haría de las reglas constitucionales normas jurídicamente obligatorias, verdaderos ordenamientos de derecho público, susceptibles de una sanción; sin ella, la Constitución no es más que un programa político de mera obligación moral, un repertorio de buenos consejos *ad usum Delphini*, al arbitrio del mismo legislador ordinario, el cual, reputándose dueño de su soberanía, se cree desligado de su observancia a la medida de su conveniencia, porque sus propios actos, desligados de todo control al ser realizados en violación de los preceptos fundamentales, los conceptúa válidos. La justicia constitucional deviene así la regla de derecho supremo, principio de toda normalidad jurídica».

---

16 Como el recurso previo que se estableció en la redacción original de la Ley orgánica 2/1979, de 3 de octubre, del Tribunal Constitucional, sobre los Estatutos de Autonomía y leyes orgánicas, siguiendo el modelo francés, que se dejó sin efecto en la reforma operada por LO 4/1985.

17 *Le gouvernement des juges et la lutte contre la législation sociale aux États-Unis. L'expérience américaine du contrôle judiciaire de la constitutionnalité des lois*, E. Lambert, Paris 1921 (hay traducción, *El gobierno de los jueces*, Tecnos 2010).

2. LOS DEBATES DE LA CONSTITUCIÓN REPUBLICANA

La rúbrica del título IX de la Constitución de 1931 era «Garantías y reforma de la Constitución». El art. 121 establecía un Tribunal de Garantías Constitucionales con jurisdicción en todo el territorio de la República y con competencia para enjuiciar el recurso de inconstitucionalidad de las leyes, el recurso de amparo de garantías individuales, los conflictos de competencia entre el Estado y las regiones autónomas y los surgidos entre estas, el control de los poderes de los compromisarios que participan en la elección del Presidente de la República, y la responsabilidad criminal del jefe del Estado, del Presidente del Consejo y de los Ministros, y del presidente y magistrados del Tribunal Supremo. En el título se recogían dos formas político-constitucionales esenciales para dotar de contenido al Estado de derecho y la supremacía de la constitución. De un lado, una jurisdicción especial para defender la constitución, su capacidad normativa y su valor como regla de validez de todo el ordenamiento jurídico, que pudiera declarar la inconstitucionalidad de normas con fuerza de ley; de otro lado, la separación del poder constituyente y del poder constituido y, con ello, la subordinación de la legalidad ordinaria producto de la acción de este último a la legalidad constitucional.

Se trata de la última experiencia sobre control constitucional de la ley del periodo de entreguerras y, en opinión de Cruz Villalón, la más heterodoxa y original porque recibía el modelo austríaco de jurisdicción concentrada pero incorporaba elementos de otros modelos[18].

La función más relevante e innovadora del Tribunal de Garantías era la del enjuiciamiento de la validez constitucional de la ley y de la potestad legislativa del Parlamento. La introducción en el texto definitivo de este tipo de control fue una propuesta de Elola que había presentado una enmienda al respecto, que la ponencia asumió. Veamos cómo evolucionaron las cosas, porque sin esta facultad de enjuiciamiento y capacidad de anulación de la ley la justicia constitucional no hubiera merecido, según nuestros parámetros, tal calificación.

El ministro Fernando de los Ríos encargó un anteproyecto de constitución a la Comisión Jurídica Asesora, que dependía de su departamento, presidía Ossorio y Gallardo y en la que se hallaba integrado Elola. La finalidad era preparar un documento sobre el que pudieran trabajar las futuras Cortes, al concluirse el proceso electoral. La Comisión le entregó el Anteproyecto en julio de 1931, días antes de que se inaugurara la asamblea constituyente[19]. El preámbulo del Anteproyecto justificaba la creación de un original Tribunal de Justicia Constitucional en la finalidad de que no prevalecieran las «leyes anticonstitucionales», incluyendo leyes y decretos-leyes pero no los tratados internacionales, para que se dirimieran los conflictos de competencia entre las funciones legislativas del Estado y de las regiones y de estas entre sí, para asumir el juicio de amparo de los derechos individuales y la exigencia de responsabilidad criminal a jueces y magistrados (art. 100)[20]. Los tribunales ordinarios no tendrían jurisdicción para examinar la constitucionalidad de las leyes, a las que seguirían vinculados, pero si en el desarrollo de un proceso tuvieran que aplicar una ley que considerasen contraria a la Constitución podrían suspender su curso y acudir en consulta al Tribunal de Justicia Constitucional (art.78)[21]. La función se debería

---

[18] *La formación del sistema europeo de control de constitucionalidad,* citada, p. 301.

[19] El 14 de julio se abrieron las Cortes Constituyentes. La Comisión Jurídica Asesora fue creada por el Gobierno provisional para sustituir a la Comisión General de Codificación; su misión era la preparación de los grandes proyectos legislativos republicanos. En su seno se constituyó la subcomisión de Constitución que presidía Ossorio y que estaba formada por trece miembros. Para la reconstrucción del proceso de elaboración de la Constitución y de la Ley en materia de justicia constitucional seguimos las monografías de R. M. Ruiz Lapeña, *El Tribunal de Garantías Constitucionales de la II República española,* Bosch 1982, de P. Cruz Villalón, *La formación del sistema europeo de control de constitucionalidad,* ya citada, de M. Bassols Coma, *El Tribunal de Garantías Constitucionales de la II República. La primera experiencia de justicia constitucional en España,* Centro de Estudios Políticos y Constitucionales/BOE 2010, y de P. Álvarez Bertrand, *El Tribunal de Garantías Constitucionales como órgano de tutela de los derechos fundamentales,* KRK ediciones 2017.

[20] En el Título rubricado de Garantías de la Constitución y su reforma. La fórmula de creación del nuevo órgano era: «Se crea, con función general y soberana sobre todo el territorio nacional, una alta jurisdicción constitucional, que tendrá competencia para estatuir definitivamente sobre (…)».

[21] Decía el precepto del Anteproyecto: «Cuando un Tribunal de Justicia tuviese que aplicar una ley que estimase contraria a la Constitución, suspenderá el procedimiento y se dirigirá en consulta al Tribunal de Justicia constitucional». Pasaría al texto de la Constitución como art.

encomendar a una institución específica debido a la índole de sus funciones que «requiere algo más que aportaciones estrictamente judiciales, con objeto de que la sociedad viese a los altos jueces más libres de prejuicios profesionales y de espíritu de cuerpo». El Tribunal estaría compuesto por los presidentes del Tribunal Supremo, del Consejo de Estado y del Tribunal de Cuentas, por el más antiguo y el más moderno de los Presidentes de Sala del Tribunal Supremo y de los vocales del Tribunal de Cuentas, dos vocales nombrados por los Colegios de Abogados y otros dos por las Facultades de Derecho, uno por cada región autónoma, todos con mandato para cinco años, quienes nombrarían de entre ellos al que presidiría el Tribunal (art. 101). La legitimación para recurrir se reconocía al Fiscal, al Gobierno y a las Regiones Autónomas, al particular agraviado y a las entidades de Derecho público que la ley reconociera (art. 102).

Elola emitirá diversos votos particulares al Anteproyecto, unos individuales y otros colectivos, con diferentes pretensiones. Así, para que el Estado se definiera como federal, modificando la distribución de competencias entre Estado y regiones autónomas. Para propiciar la elección democrática del Presidente de la República, y así lograr su distanciamiento del Parlamento, con la finalidad de establecer equilibrios y contrapesos entre poderes representativos. También, para que el régimen parlamentario de la República federal fuera una cámara única de representación del pueblo; junto a la que debería configurarse un Consejo federal, en lugar de un Senado, con una representación proporcional de cada región (el Senado que contemplaba el Anteproyecto «supone -decía la explicación del voto- la negación más absoluta de la voluntad de la Nación»). En un voto colegiado al art. 21 se hacía una afirmación que merece ser destacada, porque expresa de manera sintética la visión republicana sobre el estado de derecho que tenía Javier Elola: «El Estado no se identifica con sus órganos, ni mucho menos con el Gobierno; es la personificación del Derecho». Y, en lo que aquí interesa, redactó una enmienda para que se ampliara el objeto competencial del Tribunal de Justicia Constitucional al enjuiciamiento de la sentencias del Tribunal Supremo y de la constitucionalidad de tratados y convenios internacionales antes de su ratificación, al tiempo que proponía que el colegio de jueces tuviera siete miembros más y un defensor de la constitución, con legitimación para entablar recursos y reclamaciones; todos ellos deberían ser elegidos por sufragio universal de segundo grado de entre una lista presentada por el Parlamento[22].

El Gobierno no aprobó el Anteproyecto, considerado moderado por el sector mayoritario de la izquierda republicana, lo que propició la designación de una comisión parlamentaria con representación de todos los grupos y la encomienda de elaborar un Proyecto, que presidió Jiménez de Asúa[23]. Las propuestas del Anteproyecto de Constitución sobre la creación de un Tribunal de Justicia Constitucional, en cuya redacción había participado Javier Elola, fueron acogidas en el texto definitivo durante la tramitación y discusión del Proyecto de la Comisión, que no las asumió en primera instancia. Los rasgos esenciales del sistema de justicia constitucional, que procedían del Anteproyecto, eran dos. Uno, el establecimiento de un proceso de reforma constitucional, que venía a distinguir poder constituyente y poder constituido, constitución y ley, y que subordinaba esta a aquella. Segundo, el control concentrado de constitucionalidad de las leyes residenciado en un órgano con forma jurisdiccional, control que podría llevarse a cabo por medio de dos procedimientos que permitían un enjuiciamiento abstracto de la ley, en caso de recurso de inconstitucionalidad directo, o un examen concreto, cuando los jueces plantearan una cuestión incidental en el seno de un proceso ante la duda sobre la validez de la ley aplicable, que se preveía como forma de colaboración a la depuración del ordenamiento jurídico.

El Proyecto que la comisión parlamentaria presentó al debate asumió la propuesta de una jurisdicción constitucional específica pero le cambió la denominación a Tribunal de Garantías Constitucionales y redujo sus competencias, esencialmente

---

100 en el Título sobre el Poder Judicial. Es el equivalente a la actual institución de la cuestión de inconstitucionalidad que prevé el art. 163 de la Constitución de 1978.

22 El Anteproyecto se puede leer en cervantesvirtual.com

23 *La Segunda República Española,* E. González Calleja, F. Cobo Romero, A. Martínez Rus y F. Sánchez Pérez, Pasado&Presente 2015, p. 85. Jiménez de Asúa consideró loable la parte técnica del Anteproyecto pero rechazaba los «principios básicos de orientación política» (ver *Luis Jiménez de Asúa (1889-1970). Utopía socialista y revolución jurídica al servicio de la Segunda República,* G. J. Martínez Cánovas, Comares 2022, p. 84).

en lo que atañe al control de constitucionalidad de la ley, porque el órgano jurisdiccional no podría declarar la nulidad de la ley sino, en caso de que considerase su contrariedad con la Constitución, debería denunciarlo en informe motivado al Presidente de la República, quien devolvería la ley a las Cortes para que la revisase. Una vez que el Parlamento convalidara o modificara la norma, el Presidente podría confirmar el acuerdo parlamentario o someter la cuestión a referéndum. Esta previsión suponía un cambio radical, porque de un sistema de control jurisdiccional con facultad para juzgar y expulsar la norma del ordenamiento jurídico, conforme al modelo kelseniano, se pasaba a otro en el que la jurisdicción se limitaba a supervisar y proponer la revisión de la norma, ante la duda de constitucionalidad que no podía declarar. Señalaba Jiménez de Asúa que de esta manera conservaba la soberanía el Parlamento, opción con la que -como declarará en los debates parlamentarios- no estaba personalmente de acuerdo. La enmienda que Elola presentó al Proyecto proponía volver al control que había propugnado y, aunque formalmente fue rechazada, la ponencia aceptó al final su criterio.

El Proyecto reducía el objeto competencial del Tribunal a los recursos de amparo, los conflictos de competencia y la responsabilidad penal de mandatarios y altos funcionarios[24]. En el control de la ley, como hemos visto, se limitaba su intervención a la denuncia de la posible incompatibilidad con la norma suprema, sin posibilidad de enjuiciarla. El debate parlamentario sobre el Título X, que regulaba el Tribunal de Garantías, se desenvolvió entre el 25 y el 27 de noviembre de 1931. Las enmiendas presentadas a la totalidad del título trataban de que la función no fuera desarrollada por un órgano con forma de jurisdicción sino por un órgano consultivo de control preventivo y de carácter político, que semejaría una cámara alta o un consejo de estado de la República (enmiendas de los diputados Xirau y López Serrano).

El Proyecto diseñaba un modelo singular de control de constitucionalidad a partir de la garantía jurisdiccional que ofrecía un tribunal especial y ajeno a la estructura del sistema judicial, pero sin recurso de inconstitucionalidad de la ley. Como explicó Jiménez de Asúa en la presentación del texto, el Tribunal «era en parte parecido al de Austria», pero sintetizaba las experiencias comparadas del recurso de inconstitucionalidad norteamericano, del juicio de amparo mejicano y del proceso de resolución de conflictos de Francia. «Cierto que nosotros no hemos llegado a considerar a este Tribunal como capaz de declarar la inconstitucionalidad de las leyes; el art. 118 conserva la soberanía del Parlamento; pero podrá denunciarse por el Tribunal, al presidente, la inconstitucionalidad de una ley, y éste traerla a la Cámara para ceñirse a lo que ella determine o acudir al referéndum. En última instancia, veis cómo estamos constantemente apelando al pueblo, en este caso, y sobre todo en el otro, para resolver el conflicto entre el Presidente y la Cámara popular; porque si los dos son de elección del pueblo, sólo el pueblo puede ser juez en sus conflictos»[25]. En estas palabras suenan los ecos de una polémica que subyace a la justicia constitucional, su relación con el principio democrático y la soberanía del parlamento, una forma del conflicto entre política y derecho. Y es normal que en la encrucijada de vertebrar un nuevo Estado democrático y constitucional, las Cortes republicanas dudaran cuál era la mejor solución para el problema de la defensa de la constitución y del control de validez de la ley, máxime en un país con una deficiente tradición político constitucional en democracia y garantía de los derechos individuales. Frente al comentario repetido entre quienes han estudiado la institución republicana, la lectura de los debates parlamentarios y el análisis de los documentos aprobados -el título IX de la Constitución y la Ley reguladora del Tribunal de Garantías- no permite concluir que los ponentes y portavoces albergaran una confusión de modelos o una falta de información sobre las experiencias comparadas disponibles, sino perspectivas diferentes ante una decisión política de enorme envergadura, pues significaba poner en manos de un colegio esencialmente técnico -por la composición del Tribunal y el origen de sus jueces- nada menos que la posibilidad de anular normas del legislador democrático. Uno de los más considerados comentaristas de la Constitución, el profesor Pérez Serrano, que posteriormente presidió la comisión que elaboró el proyecto de ley reguladora del Tribunal, advirtió que la de invalidar la ley contraria a la constitución era la más importante facultad que se le atribuía y

---

24 *Diario de Sesiones de las Cortes Constituyentes, Apéndice 4°, al núm. 22,* 18 agosto 1931.

25 En el Proyecto Título X, artículos 117 a 120, que serían numerados en el texto aprobado como artículos 121 a 124, del Título IX. *Diario de Sesiones núm. 28,* 27 agosto 1931, p. 647. En el debate de la Ley reguladora del Tribunal de Garantías, Jiménez de Asúa explicará que la decisión de retirar la competencia para declarar la constitucionalidad de la ley en el Proyecto se debió a que «en aquel momento, en que se vivía en una embriaguez liberal, se pensó que el Parlamento, la más directa expresión de democracia, no debía ser sojuzgado por Poder alguno, por Tribunal alguno», *Diario de Sesiones núm. 345,* 26 mayo 1933, p. 13 144.

que «tampoco cabe desconocer que cuando el Tribunal de Garantías aniquila una Ley, viene a quedar por encima del Poder Legislativo ordinario»[26].

Elola presentó enmiendas a los cuatro artículos que regulaban el Tribunal[27]. Por un lado, proponía incluir en el 117 un primer apartado para que el órgano pudiera decidir también sobre la inconstitucionalidad de las leyes y de los decretos leyes, de los tratados y convenios internacionales y acerca de la validez de «cualquier principio de carácter constitucional» que no estuviera reservado a otra instancia de decisión. Planteaba que solo el Tribunal Supremo pudiera someter incidentalmente a consideración del Tribunal de Garantías la duda de constitucionalidad de la ley aplicable para resolver un caso (art. 118), la ampliación del colegio con representantes de las regiones y la creación de la figura del defensor de la constitución, como ya había anticipado en su toma de posición en el Anteproyecto.

Elola terciará en el debate sobre las enmiendas a la totalidad que proponían un consejo político para defender, cuestión central, el carácter jurisdiccional de la función de control de constitucionalidad y la creación de un tribunal específico encargado de ello. «Se pretende, a mi juicio, hacerlo desaparecer para poner en su lugar una organización política (...) La inconstitucionalidad de las leyes es materia propiamente jurisdiccional y no política. La Constitución, como elemento básico de un pueblo, es la ley fundamental alrededor de la cual tienen que elaborarse las demás leyes, establecerse el sistema de equilibrio de los poderes y, por último, regular la armonía de los órganos estáticos. Cuando hay una ley de segundo orden, jerarquizada, que infringe la Constitución surge el conflicto de la inconstitucionalidad y hay que buscar la manera de que la normalidad se restablezca. ¿Puede hacerse eso, por ventura, mediante un órgano político? En ningún país del mundo se ha pensado en que un órgano político pueda estatuir sobre la inconstitucionalidad de las leyes»[28].

También solicitará Elola que el art. 100 -en el título sobre la Justicia, que contemplaba la obligación del juez de suspender el proceso y trasladar al Tribunal la consulta sobre la constitucionalidad de la ley aplicable, siempre que la considerase incompatible con la norma suprema-, una previsión que compartía, se trasladase al título de la Garantías individuales y se discutiera conjuntamente por razones sistemáticas[29]. Una enmienda estrictamente técnica. Reflexionando sobre esta cuestión, proyectaría Elola su visión del cuerpo judicial al que pertenecía, de la relación del juez con la ley y de la inconveniencia política de confiarles funciones de control de la validez de la ley. «El juez, dentro de su Poder jurisdiccional, no puede invadir en forma alguna las prerrogativas del Parlamento, enjuiciando sobre ellas. Esto riñe con el concepto de la antigua trilogía de los poderes y riñe también con el concepto moderno de la jerarquía de las leyes». Ejemplo de esa mala práctica era, a su juicio, la experiencia norteamericana y el conflicto habido entre jueces y legislación respecto al reconocimiento de derechos sociales y laborales. Es interesante la distinción que hacía Elola entre la división tripartita de poderes, que consideraba antigua, y la supraordenación de la constitución a todos los poderes y funciones, criterio que debería marcar el presente constitucional; interesante porque de nuevo evidencia la actualidad de los debates de las Cortes de la República.

Pero, sigamos el discurso de Elola sobre el sistema judicial español y la desconfianza que expresaba hacia su funcionamiento. «Hay que reconocer que los jueces tienden, evidentemente, al conservadurismo; son eminentemente conservadores, por no decir retrógrados, y esto es menos admisible todavía en estos momentos en que el Derecho ya no es aquel Derecho cristalizado de los Códigos, porque desde el instante en que los preceptos se escriben en un Código puede decirse que han pasado a otra vida, y el Derecho es la vida de todos los días, sentido por aquellos que lo ejercen como actividad». De nuevo otra perla sobre el concepto de Derecho que manejaba el diputado y magistrado Elola, que desvela la profundidad de su pensamiento como jurista, un pensamiento crítico, y la correcta matización que llevaba a cabo entre el derecho concebido como sistema de normas y el derecho como práctica social. Y sigue: «La Magistratura está acostumbrada a fundar su criterio, a establecer principios con fórmulas cabalísticas, y algunas veces arbitrarias, desnaturalizando en absoluto

---

26 *La Constitución española (9 de diciembre de 1931)*, en *Obras escogidas de Nicolás Pérez Serrano*, Centro de Estudios Políticos y Constitucionales 2017, p. 301.

27 *Diario de Sesiones de las Cortes Constituyentes, Apéndice 1º al núm. 80*, 25 noviembre 1931.

28 *Diario de Sesiones núm. 81*, 26 noviembre 1931, p. 2655.

29 *Diario de Sesiones núm. 76*, 18 noviembre 1931, p. 2413.

el sentido de las Constituciones y el sentido de la democracia, y por eso, al atribuirse ese poder a los jueces, lo que se hace es no sólo invadir las funciones del Parlamento, y por ende contrariar el principio democrático de donde aquél emana, sino imposibilitar la vida continua y normal del Derecho». Por estas razones propugnaba no entregar a los jueces el control sobre la validez de las leyes, «función que está colocada en otro ámbito» y dejar a «las jurisdicciones confinadas en su ámbito, que harto tienen con ello»[30]. Un discurso crítico sobre los jueces que le fue inmediatamente reprochado por Royo Villanova -diputado de la minoría agraria y catedrático de derecho administrativo-, que se pronunció desconcertado de que tal prejuicio procediera de un «dignísimo magistrado». En otro momento de las sesiones de discusión del Proyecto de Constitución, Elola rebatirá a Royo Villanova que le había de nuevo recriminado («el Sr. Elola siempre que defiendo al Poder judicial se pone en contra»): «el gobierno de los jueces sería una oligarquía insoportable. A nosotros nos basta cumplir nuestra obligación jurisdiccional»[31].

Aunque no es objeto de nuestra atención, cabe anotar la interesante intervención de Elola en la discusión sobre el alcance del control judicial de los actos de la Administración (art. 101 del Proyecto), donde propiciaba un entendimiento moderno del Derecho administrativo y la configuración de una jurisdicción contencioso-administrativa con fuero propio, en la medida que se le debería confiar el enjuiciamiento de las disposiciones y actos ilegales, discrecionales y dictados con exceso o desviación de poder de la Administración, bajo la premisa moderna del servicio público y la protección de los individuos contra el arbitrio y la ilegalidad de las autoridades[32].

La enmienda que formuló al art. 117, para permitir que el Tribunal enjuiciara la compatibilidad de las leyes y los decretos leyes con la constitución, fue aceptada implícitamente por la comisión que modificó el dictamen, para volver al texto del Anteproyecto. Elola defendió lo que quedaba vivo de su enmienda, a saber, que le fuera confiado al Tribunal el control de los conflictos de atribución de competencia entre las jurisdicciones judiciales y gubernativas, que consideraba un problema constitucional. La enmienda no fue aceptada y el conflicto fue residenciado posteriormente en uno de los órganos técnicos de la República, el Consejo de Estado [33].

La última participación de Elola en el debate constitucional se refirió a la organización del Tribunal de Garantías. Consideraba que la definición de la función debería preceder a la disposición del órgano, y que esta podría remitirse a la futura ley reguladora, máxime cuando se trataba de «la cumbre del Derecho Público en materia jurisdiccional» que debería resolver sobre «la regularidad de la forma fundamental», es decir la validez de la ley, las responsabilidades de las principales autoridades y el «recurso de amparo ciudadano (...) contra la violación de los derechos individuales consagrados en la Carta». Y hacía una relación de las cuestiones que deberían dejarse a la regulación por ley: la formalidad de la ley que sería objeto de control, el parámetro o canon de enjuiciamiento (que debería comprender no solo a los preceptos constitucionales, también a los principios sustanciales de la constitución), el tipo de acciones que permitirían atacar la ley (recurso directo, consulta incidental del juez en un proceso), los efectos de la declaración de nulidad (*pro futuro* o retroactivo) y el procedimiento [34]. Relación que recogía el catálogo de problemas que plantea la implantación de un sistema de justicia constitucional.

Sobre la composición del Tribunal y el nombramiento de los jueces o vocales, le preocupaba a Elola equilibrar el elemento técnico con el democrático o electivo. Entendía que el colegio de jueces debería incorporar no solo a juristas, que eran los vocales natos procedentes de la jurisdicción y los electos propuestos por la abogacía y la Universidad, sino también a representantes de la voluntad popular. Y junto a los vocales designados por las regiones, como preveía el Proyecto, también debería contarse con jueces de elección popular de segundo grado. «Se trata de un Tribunal de Justicia Constitucional que, al lado de un elemento de jurisdicción, tiene otro de legislación (...) cuando se refiera a la resolución del recurso de

---

30 *Diario de Sesiones núm. 76,* p. 2417.

31 *Diario de Sesiones núm.76,* p. 2667.

32 *Diario de Sesiones núm. 76,* p. 2419.

33 *Diario de Sesiones núm.76,* p. 2665.

34 *Diario de Sesiones núm. 82,* 27 noviembre 1931, p. 27006.

inconstitucionalidad, tiene una misión legiferante (ya que si no es lo mismo se parece mucho el hacer la ley a deshacerla), y esa función legiferante es la de tal Tribunal, toda vez que si coopera al margen del Parlamento con el signo negativo, nada más natural que se aproxime al pueblo en sus deseos emocionales -pues no todo ha de ser técnica-»[35]. En el fondo de su enmienda latía, una vez más, el problema de la dimensión política de las decisiones de un tribunal llamado a anular las leyes incompatibles con la constitución, que operaba como legislador negativo, y Elola afrontaba el problema con los argumentos más depurados de la iuspublicística europea, aquí siguiendo las tesis de Kelsen[36].

3. LA LEY DE ORGANIZACIÓN DEL TRIBUNAL DE GARANTÍAS CONSTITUCIONALES

El Tribunal va a entrar en funcionamiento inmediatamente después de la elaboración y aprobación de su ley reguladora, publicada el 14 junio 1933. El Gobierno encargó a la Comisión Jurídica Asesora un proyecto de ley que redactó la Subcomisión de Garantías Constitucionales, que presidía el profesor Nicolás Pérez Serrano. Estaba concluyendo el periodo de desarrollo del programa legislativo republicano, momento en que se aprobaron leyes tan relevantes como la de Congregaciones religiosas, la de divorcio, de reforma agraria y de orden público. El Anteproyecto de la ley fue concluido en agosto de 1932 y presentado al Gobierno. El debate en las Cortes se inició el 18 mayo 1933.

La exposición de motivos que había redactado Pérez Serrano es una pieza jurídica importante. Se definía, decía, una jurisdicción constitucional de gran amplitud, que podría anular una ley, incluso con efecto retroactivo. Se reconocía legitimación para accionar a personas individuales y colectivas, razón por la que el colegio de jueces debería estar compuesto por licenciados en Derecho. Habría dos vocales natos, dos serían elegidos entre los diputados, además de representantes de las regiones autónomas, de los Colegios de abogados y de las Facultades de Derecho; el Presidente sería elegido por las Cortes. Se venía a presentar al Tribunal como un «organismo de tono preferentemente jurisdiccional, de matiz más bien técnico y llamado a desempeñar misiones de singularísimo relieve en la vida futura del Estado» porque se le confiaba la defensa de la ordenación jurídica, «velar por la pureza de la Constitución» y «ser amparador neto de cuantos se sientan agraviados en sus derechos fundamentales por cualesquiera autoridades o funcionarios»[37]. El predominio de los juristas entre los vocales se debía a que el Tribunal habría de resolver cuestiones de Derecho público. Para su diseño, a partir de los criterios de la Constitución, se había seguido -decía la justificación del Anteproyecto- el modelo austríaco, para definir un recurso de inconstitucionalidad de la ley en un proceso dirigido a «contrastar la conformidad del precepto legislativo con la Ley fundamental», cuya finalidad era mantener la primacía de la constitución y procurar la máxima seguridad jurídica. Un recurso amplio que permitiría atender a «razones de inconstitucionalidad intrínseca y extrínseca (comprendiendo en la primera no sólo la infracción de reglas, sino la violación de principios)» para obtener un fallo que confirmase la validez de la norma o declarase su invalidez *erga onmes*, fijando en este caso el momento en que dejaría de producir efecto, ya para el futuro, que sería la regla ordinaria, o con efecto retroactivo desde el nacimiento de la ley. El texto incorporaba el voto particular de Miguel Cuevas, quien se oponía a la recep-

---

35 *Diario de sesiones 82,* p. 27 013.

36 En concreto, el texto fundamental de Kelsen que Elola había leído en su publicación original en francés, «La garantie jurisdictionnelle de la Constitution (La Justice constitutionnelle)», *Revue du Droit Public et de la Science Politique en France et à l'Étranger,* 1928, p. 197-257 (la traducción al castellano en Hans Kelsen, *Escritos sobre Justicia constitucional,* Tecnos 2021, p. 155 y siguientes). Donde se lee: «anular una ley es crear una norma general, ya que la anulación de una ley tiene el mismo carácter de generalidad que su creación, no siendo por así decir más que la creación con un signo negativo, de manera que se trata de una función legislativa» (p. 188, de la edición española). Kelsen posteriormente refutó las tesis que Carl Schmitt había desarrollado en *La defesa de la Constitución acerca de la diferencia entre legislación y jurisdicción* -pregunta sobre los límites de la jurisdicción que Kelsen consideraba pertinente-, en su obra *¿Quién debe ser el defensor de la Constitución?,* de 1931, que no fue traducida entonces a nuestra lengua. El Tribunal constitucional, decía aquí Kelsen, aplica la Constitución «a un hecho concreto de producción legislativa y llegando a anular leyes anticonstitucionales no genera sino destruye una norma general, es decir, pone el *actus contrarius* correspondiente a la producción jurídica, o sea, que -tal como lo he señalado- oficia de "legislador negativo"» (Tecnos 2004, p. 36).

37 Citamos por Bassols Coma, *El Tribunal de Garantías Constitucionales,* ya anotado, p. 463 y siguientes.

ción del denominado modelo austríaco y pedía la incorporación de elementos que limitaran el control de constitucionalidad a la declaración de nulidad de las leyes regionales o solo en caso de defectos de forma, y de inaplicación de la norma cuando se tratara de vulneraciones materiales, sin incluir los principios constitucionales en el canon de enjuiciamiento.

El Proyecto del Gobierno, que asumió la Comisión de Justicia de las Cortes presidida por Jiménez de Asúa y de la que formaba parte Elola, recogía en esencia las propuestas del Anteproyecto, pero restringía el ámbito de conocimiento del Tribunal de manera sensible. Así, no podría enjuiciar los Decretos-leyes, ni los Decretos de urgencia ni las leyes votadas en referéndum, desaparecía la posibilidad de que la sentencia extendiera los efectos de nulidad de manera retroactiva, el parámetro de control de la ley debería fundarse exclusivamente en un precepto de la Constitución, no en los principios, y quedaban fuera del control las leyes elaboradas por las Cortes Constituyentes antes de la entrada en vigor de la ley reguladora (en una disposición final que fue motivo de intensa confrontación[38]). Estas decisiones serán objeto central del debate, que giró fundamentalmente sobre el carácter técnico o político del Tribunal, algo que ya había ocupado la deliberación del Proyecto de Constitución en este apartado, y la polémica disposición final. El dictamen de la Comisión llevaba cuatro votos particulares, el más amplio fue redactado por el diputado Javier Elola que presentó un texto alternativo, aunque la mayoría de las enmiendas perseguían mejoras técnicas o expresaban diferencias de matiz, ya que no cuestionaba el modelo delineado por el Proyecto. Muchas de las enmiendas fueron aceptadas por la Comisión.

La discusión parlamentaria se inició el 18 mayo 1933 con un largo discurso de Javier Elola, que defendió su enmienda a la totalidad en dos sesiones sucesivas[39]. En primer lugar desarrolló el concepto de constitución que consideraba «íntimamente ligado con el sentido de la democracia», pues hasta el momento los regímenes monárquicos en España habían tenido una «carta otorgada». El sentido de la constitución -más allá de la organización de los poderes del Estado- era el de establecer reglas «donde se autolimita el propio Estado en beneficio de las libertades». En el mismo nivel de importancia para delimitar el concepto de constitución situaba, como características democráticas, la rigidez constitucional y el principio de jerarquía normativa, que colocaba a la constitución en el vértice del ordenamiento jurídico. «Existe inconstitucionalidad cuando cualquiera de esos órdenes inferiores está en contra de lo que haya definido la Constitución», de donde infería la necesidad de una defensa jurisdiccional de la constitución, que tenía un mayor valor que la defensa política, que correspondía al parlamento y al pueblo. La cuestión del control constitucional «ha alarmado a muchos demócratas, pensando que se iba a instaurar un Poder absoluto frente a otro Poder, que es el que radica en la Cámara», alarma que intentaba desactivar haciendo un recorrido por la historia de la defensa jurídica de la constitución ante los excesos del legislador, denunciando lo que consideraba «conceptos manidos respecto a lo que es la soberanía parlamentaria». Criticaba en esa línea que el proyecto dejara fuera del control a las leyes votadas en referéndum. Y consideraba que el Tribunal era un «nuevo poder ejercitado por un órgano propio, síntesis de poderes». Y, concluía, que en el enjuiciamiento de la constitucionalidad de las leyes, en la resolución de los conflictos de competencia entre el Estado y las regiones y en el examen de los poderes de los compromisarios, competencias que se atribuían al Tribunal, se desenvolvían varias operaciones políticas. Para sostener esta tesis traía a examen como cita de autoridad la opinión de Schmitt -en *La defensa de la Constitución,* obra que había sido recién traducida- de que la actividad jurisdiccional se identificaba con la subsunción de un presupuesto fáctico en una ley, proceso diferente a la confrontación de una norma con otra, aunque fuera la constitución y una ley, en la que una podía quedar desplazada, que consideraba no era una labor jurisdiccional[40]. «Por lo tanto, es un órgano de Poder con

---

38 Cuyo tenor era: «La acción jurisdiccional derivada de la presente Ley, cuya vigencia comenzará al día siguiente de su publicación en la Gaceta de Madrid no se extenderá, ni a las disposiciones promulgadas por las Cortes actuales antes de ser aprobada la misma, ni a los actos que el poder público haya realizado con anterioridad a su publicación».

39 *Diario de Sesiones núm. 340 y 342,* de 18 y 23 de mayo de 1933, p. 12 939 y 13 004.

40 *La defensa de la Constitución* fue traducida inmediatamente al español en 1931 (Editorial Labor, traducción de Manuel Sánchez Sarto). Con la agudeza que le caracterizaba, Schmitt argumentaba que la aplicación de una norma a otra norma, operación que subyacía al juicio de constitucionalidad y que podía concluir en la eliminación de una de ellas, era algo cualitativamente distinto a la aplicación judicial de una norma a un contenido real determinado, objeto de la subsunción de un hecho en conceptos generales (citamos por la edición de Tecnos, p. 77 a 93). Distinción que no puede negarse. Pero como matizara Jiménez de Asúa en el debate, era necesario manejar la categoría de

atribuciones jurisdiccionales y con atribuciones políticas», afirmación en la que no hay una contradicción con la posición que mantuvo en el debate de la Constitución, como han querido ver algunos comentaristas, porque seguía defendiendo que el control de la validez de la ley debería ser prestado como garantía jurisdiccional.

Su exposición fue brillante y erudita, con citas oportunas a juristas y filósofos, del juez Marshall a los contemporáneos Kelsen, Jellinek, Schmitt, Esmein, Hauriou y Duguit, con referencias a experiencias históricas pasadas y presentes, que revelaban un buen conocimiento de los diversos modelos y formas de control de constitucionalidad de las leyes, así como de la historia constitucional española[41]. Elola tenía ideas maduras sobre el conflicto entre democracia parlamentaria y juez constitucional, sobre la teoría y el concepto de constitución y la forma de articulación de un órgano que pudiera desarrollar su defensa jurídica como norma superior, el enjuiciamiento de la constitucionalidad de las leyes y de los actos y disposiciones de los otros poderes del Estado, el amparo de los derechos y libertades individuales y la composición de los conflictos de competencia en un Estado descentralizado que reconocía la autonomía de las regiones. La mayoría de esos temas siguen planteando problemas jurídicos y políticos que no tienen una solución definitiva, ni siquiera desde la complaciente perspectiva de un presente ideal que proyectó la cultura de la transición de 1978.

En el debate parlamentario sobre el Tribunal de Garantías Constitucionales destacaron, junto a Javier Elola, otros grandes juristas y oradores, como Luis Recaséns Siches, catedrático y filósofo del derecho que había estudiado el derecho público de la época de entreguerras y conocía bien la obra de Kelsen y de los otros politólogos y constitucionalistas europeos[42], Luis Jiménez de Asúa, presidente de la Comisión de Justicia y catedrático de derecho penal, Felipe Sánchez Román, catedrático de derecho civil, y Ossorio y Gallardo, conocido abogado. Los cuatro murieron en el exilio.

---

lo político con propiedad, porque en «sentido amplio, si se quiere, es un Tribunal jurisdiccional y técnico; que dentro de esa tecnicidad hay un proceso político, es evidente» (Diario de Sesiones núm. 345, 26 mayo 1933, p. 13 115).

41 Elola se detuvo en la experiencia de la Primera República y la Constitución de 1873, «eclosión de un día, porque murió en flor», como modelo de reconocimiento de la «tabla de los derechos del hombre y el ciudadano» en el esquema de un Estado federal.

42 Su obra *Direcciones contemporáneas del Pensamiento jurídico (La Filosofía del Derecho en el siglo XX)*, Labor, 1929, es una espléndida exposición de ese rico panorama de la publicística de entreguerras y una buena introducción al Derecho.

Francisco Javier Elola y la construcción del Poder Judicial en la II República

JOSÉ RICARDO PRADA SOLAESA

Elola aparece como un juez perfectamente inserto en lo que pudiéramos llamar un concepto actual (y moderno) de la cultura de la jurisdicción: fuertemente independiente, subjetivamente y por su desvinculación real del poder político, no obstante haber ejercido un tiempo como parlamentario; interesado por la justicia, más como función jurisdiccional y servicio público que como poder; en su buen funcionamiento, de forma autónoma e independiente; y con profundo sentido de la jurisdiccionalidad en la defensa de los derechos y garantías constitucionales de los ciudadanos, sin distinciones.

Ha sido definido en algún momento como "paradigma de la independencia judicial en el peor de los contextos institucionales y estatutarios" (Bustos Gisbert, 2022), lo que se predica especialmente sobre sus actuaciones jurisdiccionales en momento políticos especialmente difíciles y de extraordinaria tensión, en los que la resistencia de la justicia a las presiones externas, de las clases que sean, suele ser poca, y de ordinario cede, para convertirse en un instrumento dúctil y maleable, al servicio de otros intereses diferentes de los generales y de la propia justicia.

Ciertamente, Elola fue un magistrado concernido y preocupado por la autonomía e independencia de los jueces, en todas sus manifestaciones: subjetiva, objetiva y estatutariamente, como garantía de los ciudadanos. Por ello, sin olvidar la dimensión colectiva y social de su función, lo que le llevó a mantener en llamativas ocasiones posturas a contracorriente, que fueron difícilmente comprendidas, incluso por sus compañeros de profesión, con quienes con frecuencia mantenía una no compartida visión de la jurisdicción.

Dentro de su biografía profesional, desarrollada en su mayor parte en contextos sociopolíticos singularmente complejos de los que no fue un mero testigo pasivo, plagada de momentos difíciles y controvertidos[1], hay un lugar para ocuparse de su fructífera y decisiva participación teórica y práctica, con interesantes aportaciones, por profundas, reflexivas e incluso novedosas[2], en el momento en que se produce el diseño y construcción del poder/función Judicial, su significado, organización y garantías, durante el proceso de elaboración del proyecto constitucional y debate constituyente de la República de 1931. A ello fundamentalmente pretendemos dedicar este trabajo.

Difícil de encasillar ideológicamente, más allá de lo que le puede marcar el hecho de su presentación a las elecciones a las Cortes constituyentes en 1931, primero como republicano independiente y después por el partido radical[3], aunque sin, parece, vinculaciones con la realpolitik ni los postulados del partido en materia de Justicia[4]. En sus intervenciones parlamentarias refiere en algunos momentos entre sus argumentos, en sentido negativo, el general conservadurismo de la mayoría de los jueces[5].

---

1 La Segunda República, como primera democracia de la España del siglo XX , nace en el contexto de lo que algunos historiadores han llamado la «Guerra Civil Europea», que caracteriza político-socialmente los avatares de la conflictiva Europa de Entreguerras (Caro Cancela, 2022).

2 Marzal (2005:43) se refiere a sus "planteamientos innovadores para lo que había sido la tradición jurídica española".

3 Así consta en su ficha personal como diputado en los archivos del Congreso de Diputados. La primera elección en la que salió elegido de 28 de junio de 1931 fue anulada según parece por irregularidades y se llevó a cabo una segunda elección en agosto de 1931 en la que finalmente salió elegido por el partido radical.

4 Son muy patentes las diferencias de planteamientos que tuvo en los debates parlamentarios con otros diputados del partido radical. Y también sus expresas manifestaciones " Y conste también que no hablo en nombre de nadie ni tengo representación de nadie: como Diputado tengo la de mis electores; como magistrado hablo por mí mismo; y aun añadiré más: que muchas de las manifestaciones que he de hacer ante la Cámara están en pugna con la opinión respetable de la mayoría de mis compañeros de carrera". Diario de Sesiones de las Cortes constituyentes de la República española (a partir de ahora DSCC) nº 73 de 12.11.1931, p. 2296.

5 "Hay que reconocer que los jueces tienden, evidentemente, al conservadurismo ; son eminentemente conservadores, por no decir retrógrados"... DSCC nº 76 de 18 de noviembre 1931. P. 2417

Son también conocidas, actuaciones jurisdiccionales suyas, que tienen reflejo en la prensa de la época, que ponen de manifiesto la general buena consideración en la que era tenido. Se labra fama como juez independiente y comprometido, no vinculado con el caciquismo característico del lugar dónde ejercía la jurisdicción en Galicia[6]. De la misma manera se habla públicamente en la prensa de su modélica aplicación en sentido social de la ley Azcárate, como juez civil de Madrid[7].

Resulta incuestionable y evidente su espíritu republicano y su compromiso con la Republica[8], como republicano convencido y no como republicano de último momento.

Sin embargo, se tacha de inexplicable (Vázquez Osuna, 2003) que hubiera ejercido y se hubiera involucrado activamente en las instituciones judiciales creadas durante la dictadura de Primo de Rivera. Recordemos que el Dictador Primo de Rivera asumió los poderes ejecutivo y legislativo y dejó en suspenso la Constitución, lo que auguraba que no hubiera cualquier atisbo de independencia en el judicial, además de intentar tomar el control sobre la universidad y otras muchas instituciones de la vida social y cultural española[9].

EL PASO DE JAVIER ELOLA POR LA JUNTA ORGANIZADORA DEL PODER JUDICIAL Y SU PRESIDENCIA DE LA "UNIÓN JUDICIAL" DURANTE LA DICTADURA DE PRIMO DE RIVERA.

Vázquez Osuna (2003) hace referencia a su participación en la Junta organizadora del Poder Judicial, como vocal de la misma y se pregunta la razón de ello y aventura que solo se podría explicar a través de dos hipótesis: para intentar promover la regeneración de España, en tanto que muchos interpretan el golpe de Estado de Primo de Rivera bajo esta idea; o bien para promoverse profesionalmente.

Nos aventuramos por considerar más plausible la segunda y ponernos en la mente de un juez concernido por la buena marcha de la justicia y que decide por ello aprovechar, como lo haría siempre y en la mayoría de las circunstancias, la posibilidad de participar en iniciativas constructivas y de mejora de la justicia, dentro de la esperanza regeneracionista que inicialmente suscitó la dictadura primoriverista (Pérez Alonso, 2018: 72)[10], y de lealtad y respeto, como servidor público, a la ley y

---

6 "Funcionarios coma o señor Elola honran á administración de xustiza e son o terror de caciques, que se revolven coraxudos contra os que velan polos seus sagrados prestixos", así se expresa el semanario monfortino "a voz do país", el 11 de agosto de 1912.

7 El Diario "El Compostelano" de 21 de mayo de 1928 publicaba una noticia bajo el título: "Enaltecimiento de una labor judicial" haciéndose eco del homenaje rindiendo tributo al juez de del distrito de Chamberí Sr. Elola y al abogado Sr. Pastor por la confirmación por la Audiencia de una sentencia pionera en la aplicación de la Ley Azcarate contra la usura, alabando la transcendencia social y jurídica que entraña la resolución y los progresos en la aplicación de las leyes en sentido ético, inspirador de la gloriosa tradición de jurisconsultos moralistas, que antepone a la letra, que mata al espíritu, que vivifica, en la sutil y trascendente distinción de lo justo y de lo injusto.
El homenaje esta publicado en: HOMENAJE DE GRATITUD Y ADMIRACION AL ILMO. SR. D. JAVIER ELOLA Y DIAZ VARELA JUEZ DE PRIMERA INSTANCIA E INSTRUCCIÓN DEL DISTRITO DE CHAMBERI DE MADRID Y AL LETRADO D. FRANCISCO PASTOR CARBONELL. Madrid, Imp. A. Sáenz, 1929

8 Entre otros datos relevantes de su biografía que indican ese compromiso firme con la Republica recordemos que apenas un mes después de la proclamación de ésta, el 13 de mayo siguiente fue designado Fiscal General de la República y que participó activamente, como diputado en la elaboración de la Constitución republicana y en la justicia de ese tiempo, siendo instructor de causas penales contra los que se rebelaron contra el Gobierno legítimo de la Republica.
http://pares.mcu.es/ParesBusquedas20/catalogo/description/6055935
Pieza cuarta del Expediente General Informativo sobre la Rebelión Militar dentro del territorio de la República Española, instruido por el Juez del Tribunal Supremo Francisco Javier Elola y Díaz Varela (fol. 956-1481).

9 Sus intromisiones en, por ejemplo, la vida universitaria determinó sin embargo que otros intelectuales de la época, como el catedrático de derecho penal Luis Jiménez de Asúa renunciaran a la catedra, además de ser confinado a las Islas Chafarinas en 1926 (Sosa Wagner: 2009: 138).

10 Pérez Alonso pone de manifiesto el inmenso apoyo con el que contó el directorio militar. Desde el Partido Socialista obrero español hasta las grandes capas de la población, incluyendo, por supuesto, a una gran parte de la magistratura.

a la institucionalidad vigente, que son el contexto en el que ejerce su función jurisdiccional, por encima incluso de lo que pudieran ser sus convicciones ideológicas y políticas personales[11].

Es fácil, por otra parte, entender la consternación que supondría la extraordinariamente degradada situación de la justicia y de los jueces en aquellos momentos[12], en una personalidad culta, inquieta y preocupada por la justicia en particular, como la de Elola.

Al caótico funcionamiento de los Tribunales, se unía el estado permanente de continua injerencia política en la organización judicial y su dependencia servil de los gobiernos de turno, por mucho que sistemáticamente proclamasen, como es un clásico en nuestra historia, la independencia del Poder Judicial, situación que por supuesto nunca respetaban (de Benito Fraile, 2015:347).

Por otra parte, muchas de las reformas que se propuso el Directorio militar en su primera época tuvieron que ver con la renovación de una Administración de justicia y aparecían a primera vista como aceptables.

Así, y aunque la primera medida que realmente se adoptó fue una nueva depuración de la magistratura a través de la Junta Inspectora del Poder Judicial examinando secretamente los expedientes incoados sobre jueces en los últimos años[13], se creó la Junta Organizadora del Poder Judicial, precedente más remoto de nuestro actual Consejo General del Poder Judicial, integrada por Magistrados del Tribunal Supremo, de la Audiencia Territorial, Provincial y Juez de Primera Instancia, designados por elección directa de jueces y magistrados entre aquellos de su misma categoría, por un periodo de dos años[14], confiriendo a sus miembros la facultad de realizar todas las propuestas para nombramientos, ascensos, traslados y permutas desde la categoría de Jueces de entrada a la de Presidente de Sala, inclusive los cargos del Tribunal Supremo. Con la importantísima característica de que las propuestas realizadas al Ministerio de Gracia y Justicia serían unipersonales, para todos los cargos de la carrera judicial, y en terna para los del Ministerio Fiscal, pudiendo el ministerio devolverlas por oposición a las mismas tan sólo una vez, en cuyo caso la Junta debería realizar nuevas designaciones, que resultarían en ese caso definitivas.

---

11 En cualquier caso Elola, como lo demuestran sus actuaciones jurisdiccionales no puede decirse que fuera durante este periodo un juez jurisdiccionalmente sumiso, como en general criticó en 1930 Alcalá-Zamora en un discurso pronunciado en la Academia de Jurisprudencia de Valladolid, que echó en cara la sumisión de los jueces españoles a las autoridades militares (Marzal, 2005:30)

12 Beceña hace en el Capítulo IV que titula "Algunas características de la organización judicial en España" de su obra Magistratura y Justicia (1928) una radiografía de la situación de la judicatura en la España de la época, haciendo especial hincapié en los déficits culturales y sus razones, ante la falta de condiciones, medios, etc. "El abandono cultural y disciplinario en que nuestra organización tiene a los jueces principiantes no es fácil que pueda alcanzar mayores proporciones ni consecuencias más funestas" (p.399) y de la soledad del trabajo del juez e incluso la imposibilidad de procurarse mejoras culturales por él mismo a través del intercambio con otros jueces y la imposibilidad de asociarse para ello.

13 Mediante Real Decreto de 20 de Octubre de 1923 se encomendó a la Junta Inspectora del Poder Judicial examinar secretamente los expedientes y procedimientos de todas clases incoados sobre jueces en los últimos cinco años.

14 Dos Magistrados del Tribunal Supremo, un Magistrado de Audiencia Territorial y otro de Audiencia Provincial y un Juez de Primera Instancia.

Este sorprendente[15] y efímero[16] nuevo sistema de autogobierno de la Magistratura, representaba, junto al Decreto de Salmerón de 1873[17], sin duda la mayor conquista hasta ese momento en materia de independencia judicial[18] (de Benito Fraile, 2015: 352[19]), en lo relativo al tema siempre crucial de designación de cargos judiciales en un sistema burocrático de carrera judicial, sin que ni siquiera esta cota de autogobierno judicial se llegara a alcanzar en ningún momento durante la República, no obstante los proyectos y propuestas que se realizaron en tal sentido, incluso por el propio Elola como vocal de la Comisión Jurídica Asesora.

Pero pronto este novedoso sistema de designación de cargos judiciales por parte de la Junta Organizadora del Poder Judicial se convirtió en inaceptable para la Dictadura, también para la cúpula de la carrera (Montero Aroca, 1990:80), que reaccionó frente a las luchas electorales en el seno de la judicatura y, a que "funcionarios de categorías inferiores decidan los ascensos de las categorías superiores", propiciando la sustitución de la Junta por el Consejo Judicial[20], de composición muy distinta[21].

---

15 Benito Fraile (2015) recoge como explicación la opinión de Montero Aroca (1990), de que "la Dictadura no trataba de imponer una ideología determinada por la sencilla razón de que ella misma no la tenía".
Resulta en mi opinión más plausible la suya personal: "El Dictador, convencido de su carácter de salvador de la Patria, confiaba en la respuesta de una Magistratura depurada, no existiendo, por tanto, una pretensión general de sumisión de la misma. Ello no supondría, sin embargo, que en actos concretos que confrontaran con sus deseos, no adoptara las medidas necesarias para acabar con el juez impertinente…".
En cualquier caso, lo que sin duda no se evitó fueron las clamorosas injerencias del Dictador Primo de Rivera en casos concretos, haciendo referencia ambos autores al conocido incidente de "La Caoba", hasta tal punto conocido y recordado, que a este incidente se refiere, por ejemplo, Ossorio Gallardo en el Debate Parlamentario de la Constitución de 1931: "Asustarse de los excesos de la fuerza de los jueces, es olvidarse de que, desventuradamente, estamos todavía en aquella situación social, no digo política, en que fue posible que la Caoba destituyese a un presidente del Tribunal Supremo". Diario de sesiones DSCC nº 73 de 12 de noviembre de 1931 p. 2305.

16 La Junta Organizadora del Poder Judicial fue sustituida por el Consejo judicial, creado por Real Decreto de 21 de junio de 1926 (Gaceta de Madrid.-Núm. 173 de 22 Junio 1926) y su Reglamento de 22 de noviembre siguiente. El Consejo judicial fue, a su vez, derogado inmediatamente tras la proclamación de la República, mediante Decreto de 19 de mayo de 1931, dentro de las primeras medidas legislativas que pretendían rectificar la obra legislativa de la dictadura de Primo de Rivera.

17 Lo que pretendía el Decreto de Salmerón de 8 de mayo de 1873 era sustraer del ejecutivo la cobertura de vacantes judiciales, llevando esta facultad al Tribunal Supremo. Disponía que todas las vacantes de Jueces, Magistrados y Fiscales (con la excepción de Presidente y Fiscal del Tribunal Supremo) serían objeto de publicación oficial y susceptibles de ser solicitadas por los jueces interesados en plazo de 15 días mediante instancias dirigidas al Ministerio de Gracia y Justicia, que se ocuparía de la labor técnica de recepción de las solicitudes, formación de un expediente y elevación al Tribunal Supremo, encargado de formular la propuesta de candidato elegido unipersonal y razonada. Trasladada la decisión al Ministerio de Gracia y Justicia, el titular "expedirá los nombramientos, expresando las condiciones especiales en virtud de las que ha obtenido el nombrado el ingreso o ascenso en la carrera." (Pérez Alonso, 2018).
Sin embargo, Montero Aroca (1990) con referencia a Giner (1881:384), nos relata la posición del entonces presidente del Tribunal Supremo que realizó gestiones de modo confidencial para que se le despojara de esa atribución.

18 "Fue, en efecto, Salmerón el ministro que más y más eficazmente laboró en pro de la independencia del Poder Judicial".. "Primer ensayo del autogobierno de la magistratura, formula que condensa el máximum de aspiraciones.." (Beceña, 1928:402-403).

19 "No cabe duda, que el sistema de autogobierno de la Magistratura que comportaba la nueva Junta, representaba, junto al Decreto de Salmerón de 1873, antes citado, la mayor conquista, hasta ese momento, de la carrera judicial, al considerarla pionera del autogobierno y entender que consagraba el principio de independencia con una amplitud y garantía desconocidas "

20 Así aparece en la Exposición de motivos del Real Decreto de 21 de junio de 1926, creador del Consejo Judicial que sustituyó a la Junta Organizadora del Poder Judicial. "De una parte, la última lucha electoral -así pudo llamarse- para la constitución de la Junta evidenció los peligros de someter al sufragio de funcionarios diseminados por todo el país la designación de los que en lo sucesivo hubieran de resolver sobre sus destinos. De otra parte, y aunque hasta ahora la corrección de todos los haya evitado, no deben dejar de señalarse riesgos para la disciplina indispensable en la carrera judicial originados por el hecho de que funcionarios de categorías inferiores decidan los ascensos de los de las categorías superiores" Gaceta de Madrid.- Núm. 173, 22 Junio 1926 p. 1716

21 Art. 2 del Real Decreto de 21 de junio de 1926.

Efectivamente, fue en aquel momento de iniciativas de la Dictadura en materia de organización de la justicia y del poder judicial que coincidió además con los primeros pasos de la historia del asociacionismo judicial, en el que Elola se involucró fuertemente, como primer presidente de la "Unión Judicial"[22] (Montero Aroca, 1990:88).

Los intentos previos de constituir alguna asociación judicial se limitaron a la vía admitida de las juntas para organizar asociaciones mutuas benéficas de funcionarios de Justicia, llegándose a crear la Asociación Mutuo-Benéfica de funcionarios de la administración de Justicia[23], pero hubo intentos que evolucionaron hacia formas inspiradas en las asociaciones o colegios profesionales. Fue, en febrero de 1922, la "Unión Judicial", a la que dio presencia pública y renombre la Revista de los Tribunales[24], la que se constituyó informalmente, aunque no clandestinamente, a modo de auténtica asociación judicial, de distinto carácter que las anteriores, fundada y organizada entre otras finalidades, además de las manifestadas por sus impulsores[25], para defender los intereses de la carrera judicial, sobre la manifiesta base de la "resistencia", conforme al clásico patrón del sindicalismo, en la que incluso se preveía el compromiso de los asociados de compensar los haberes al compañero castigado con suspensión de empleo y sueldo, sin olvidarse el aumento de sueldo (Lasso Gaite, 1998 :316)[26], aunque también pretendió tener un contenido cultural y de comunicación entre jueces, como medio de paliar el aislamiento y las deficiencias formativas, a través del intercambio de experiencias profesionales e incluso la creación de bibliotecas, supliendo la inacción del Estado (Beceña, 1928: 325)[27]. Su consolidación y desarrollo se produjo en 1923 y, aun a pesar de ser este tipo de actividad generalmente perseguida (Beceña, 1928: 324)[28], la "Unión Judicial" fue, de hecho, inicialmente tolerada, hasta el punto que, según nos relata Montero Aroca (1990: 88), su presidente (Elola) fue incluso recibido por Primo de Rivera para "informarse de la significación y aspiraciones de dicha colectividad"[29]. Finalmente topó

---

22 El diario ABC de 18 de octubre de 1924 publicaba la fotografía de las dos medallas elaboradas por el conocido escultor medallista Enrique Cuartero y Huerta, para el homenaje que la "Unión Judicial" hacía a los magistrados elegidos miembros de la Junta Organizadora del Poder Judicial, una de ellas dedicada a D. Javier Elola como Presidente de la "Unión Judicial".

23 El Real Decreto de 13 de noviembre de 1922 aprueba su Reglamento provisional confiando a la Junta General su aprobación definitiva (Lasso Gaite, 1998, p.316). El Fiscal del Tribunal Supremo Galo Ponte en la memoria de apertura de los tribunales de septiembre de 1925 expresaba la opinión de la fiscalía en relación a cuales eran las asociaciones judiciales admisibles: *"Tiene bien demostrado el Directorio Militar, que no sólo no se opone, sino que facilita y fomenta la asociación de los funcionarios judiciales para fines lícitos y provechosos para ellos. El Real decreto de 7 de Febrero de 1924, aprobando el Reglamento de la Asociación Mutuo-Benéfica de funcionarios de la administración de Justicia,.., lo patentiza".*

24 Esta revista les reservó un apartado especial referido a sus noticias y opiniones, durante el tiempo de existencia de la asociación.

25 Aunque formalmente, por ser en contra de la LOPJ, no podía ser una asociación Montero Aroca (1990: 87) nos indica que según las manifestaciones de sus impulsores, según se publica en la Revista de los Tribunales de 1923, la "Unión Judicial" era "*una coincidencia de opiniones, una hermandad de sentimientos, expresados en cariñoso canje de compañerismo, como un substratum de nuestra libertad de espíritu, dentro de la más escrupulosa subordinación y disciplina, siendo sus fines absolutos conseguir realce de la función judicial, la máxima independencia, dignificación y cultura de todos los que la ejercen*".
Montero Aroca (1990) nos refiere también la existencia de un informe sobre la Asociación del propio Javier Elola, en las pag. 1 y 2 de las especiales para la "Unión Judicial" en la Revista de los Tribunales de 1923.

26 Lasso Gaite hace referencia a Aguilar, A (1926, p. 362).

27 Beceña (1928) indica como nota a pie de página que la solicitud para constituirse formalmente como asociación cultural puede verse en Revista de los Tribunales de 1925, p. 76 y ss.
La posición institucional de la Fiscalía del Tribunal Supremo en relación con esta petición fue de rechazo y pública advertencia de que no podían actuar como asociación ni arrogarse representatividad alguna.

28 Beceña, cuando relata las penurias de todo tipo, y especialmente las culturales y de formación de jueces y magistrados, afirma: *"no pueden leer ni conocer el curso del pensamiento moderno, porque se les veda reunirse en Congresos judiciales, en Bolsas de la magistratura, y hasta se penan y o persiguen sus conventículos culturales e intermitentes so pretexto de filibusterismo y sedición"* (Beceña, 1928: 324).

29 Pag. 168-169 de las especiales para la "Unión Judicial" en la Revista de los Tribunales de 1923.

con la firme oposición de Galo Ponte quien, primero como fiscal del Tribunal Supremo se manifestó en contra de ella, y posteriormente como Ministro de Gracia y Justicia, impidió cualquier intento de resurgimiento de esta Asociación[30][31].

Pero lo cierto es que la "Unión Judicial" encontró en aquel momento un campo abonado para su actividad como "asociación judicial", participando activamente en la contienda electoral para la designación de los vocales para la Junta Organizadora del Poder Judicial, confeccionando una candidatura en la que se integraba Javier Elola, presidente de la asociación, como candidato de las Audiencias Provinciales.

Presentada la candidatura de la "Unión Judicial" enarbolando la bandera de la independencia judicial y del prestigio profesional, permitió que salieran elegidos el propio Elola, en aquel momento Magistrado de León, y su suplente, Ricardo Panero, Magistrado de Murcia, y la de los Jueces de Primera Instancia, Ildefonso Bellón, de Valencia y como suplente, Federico Collado, de Liria. No fueron elegidos los candidatos presentados para el Tribunal Supremo ni para las Audiencias Territoriales (de Benito Fraile, 2015: 356).

Paradójicamente, sería la propia Junta Organizadora del Poder Judicial elegida, la que, siguiendo los deseos de Galo Ponte, terminaría arrollando a la "Unión Judicial"[32].

Probablemente fue determinante para el futuro profesional de Javier Elola esta pionera experiencia de paso por el asociacionismo judicial activo y como vocal de la Junta Organizadora del Poder Judicial. Ambos, buenos observatorios de los aconteceres del mundo judicial de la época y de sus relaciones con otras instituciones del Estado. Le permitieron salir del aislamiento y ensimismamiento propio de los jueces de provincias[33], extraer consecuencias y formarse opinión; lo que, con toda seguridad marcó su pensamiento sobre la justicia y los jueces.

LA CARRERA PROFESIONAL DE FRANCISCO JAVIER ELOLA DURANTE LA REPÚBLICA.

No es fácil encontrar escritos personales de Francisco Javier Elola que sirvan para poder, si no adentrarnos en profundidad, sí al menos esbozar, su pensamiento. En la Revista de los Tribunales se encuentran algunos de sus trabajos referidos a

---

30 Montero Aroca (1990), con referencia a Aguilar, A (1926 :362). De la Administración de Justicia (innovaciones efectuadas durante el último trienio), en Revista de Derecho Privado 1926, t. XIII, pag. 362. En el mismo sentido Lasso Gaite (1991: 317).

31 MEMORIA ELEVADA AL GOBIERNO DE S. M. EN LA SOLEMNE APERTURA DE LOS TRIBUNALES EL DIA 15 DE SEPTIEMBRE DE 1925 POR EL FISCAL DEL TRIBUNAL S U P R E M O GALO PONTE Y ESCARTIN: *"No tiene motivos el Fiscal para dudar de la buena fe que, en general, guía a los funcionarios judiciales que se agitan excitando a sus compañeros a tomar determinados acuerdos y que se permiten alegar representaciones colectivas que ni pueden justificar ni afortunadamente tienen, y dar a entender la existencia de asociaciones que, por lo mismo que no se han constituido, es más fácil hacer suponer formadas por mayor número de funcionarios del que realmente está dispuesto a constituirlas. Pero, aun no dudando de su buena fe, y aun reconociendo al malestar la causa fundada de la constante desatención al mejoramiento de la carrera y al aseguramiento del éxito en sus funciones, el Fiscal tiene el deber, no sólo de no asentir, sino de oponerse a aquellas agitaciones, instando la corrección de todo acto atentatorio a la disciplina, base del sacerdocio judicial, y está decidido a hacerlo desde la publicación de estas manifestaciones, que expone a V. E. con conocimiento de todos los interesados, si, como cree, sigue contando con la honrosa confianza de V. E."p. XXXII*, más adelante: …"*Si es cierto que unos cuantos funcionarios judiciales se han decidido a solicitar del Ministerio de Gracia y Justicia, conforme a las disposiciones vigentes, autorización para constituir una asociación, y han presentado para su aprobación el proyecto de Estatutos de ésta, deben esperar a que la resolución ministerial sobre su pretensión recaiga; pero mientras no obtengan la aprobación solicitada, no tienen derecho a dar a suponer que la asociación existe y, sin colocarse al margen de la ley, no pueden ostentar representaciones de compañeros suyos a quienes suponen asociados, ni con el nombre de Unión Judicial ni con ningún otro" p.XXXIV.*
Más adelante incluso se les amenazaba más o menos veladamente con la vía disciplinaria, a través nº 9 del art 734 de la provisional LOPJ de 1870: *"Cuando sin autorización del Ministerio de Gracia y Justicia publicaren escritos en defensa de su conducta oficial o atacando la de otros Jueces o Magistrados".*

32 Montero Aroca (1990: 88) recoge con mucho escepticismo al no haberlas podido corroborar las afirmaciones de Delgado Curto (Presidente de Sección de la Audiencia Provincial de Madrid) en su trabajo *Sobre la Administración de Justicia* en Revista de los Tribunales de 1931, p.515 en las que según él, Elola llegó a afirmar que las *"hermandades judiciales" "eran fruto de la maldición".*

33 Aislamiento, tan bien descrito por algunos comentaristas de la justicia de la época como Beceña (1928).

la justicia y al poder judicial: "Hacia un verdadero Poder Judicial" (1930);. "Hacia una justicia en la segunda apertura de los tribunales de la República" (1932) y sobre "Justicia Constitucional" (enero de 1931), que sin duda nos pueden ayudar a ello.

Existen fuertes brochazos biográficos que sirven para dibujar en trazo grueso una semblanza del personaje, incluso en lo profesional. En este ámbito, durante décadas, desde que 1905 aprobara la oposición judicial, como juez fiel al Estado y a la ciudadanía, sin que pasara nunca desapercibido su quehacer como juez, con su paso por la experiencia de la Junta Organizadora del Poder Judicial, llegando como destino a Madrid, donde, sirviendo como magistrado de ascenso el juzgado del distrito de Chamberí, nada más ser proclamada la República fue elegido, primero, por el Gobierno provisional recién instituido[34], en lo que es un auténtico frenesí de nombramientos y cargos a su favor, Fiscal General de la República[35], que desempeñó hasta su dimisión tres meses más tardes, para ser nombrado inmediatamente magistrado de la Sala Tercera y poco después de la Primera del Tribunal Supremo, pero a la vez, compaginando esta actividad con la de vocal de la Comisión Jurídica Asesora en varias de sus subcomisiones, entre ellas la constitucional y la de reforma de la justicia, designado para ello por el Ministro de Justica Fernando de los Ríos, a la vez que también resulta electo procurador por Lugo por el Partido Radical en la Asamblea constituyente, interviniendo en el debate de la Constitución de 1931, para ser nombrado posteriormente presidente de la Tercera de lo Contencioso Administrativo y, ya en 1936[36], instructor especial de la causa de la rebelión contra la República, con un papel relevante en la justicia republicana, siempre como juez profesional, hasta su dramático final, fusilado en mayo de 1939 en al Campo de la Bota de Barcelona, después de ser condenado a muerte por la justicia franquista[37][38].

DETENCIÓN, PROCESO Y EJECUCIÓN.

No es objeto de este estudio referirse a las circunstancias de su detención, proceso y ejecución de Francisco Javier Elola, pero todo lo que lo que lo envuelve resulta extraordinariamente revelador en el descubrimiento de la esencia del personaje, más allá del hecho histórico. Lo cierto es que a la entrada de las tropas franquistas en Barcelona, Javier Elola no quiso huir y exiliarse como lo hicieron otros.

---

34 Se dictó inmediatamente la proclamación de la Republica normativa que confería grandes facultades de designación de cargos incluso judiciales: Decreto-ley de 15 de Abril de 1931, ratificado por ley de 18 de Agosto siguiente, mediante el cual se declara que serán de libre nombramiento del Gobierno los cargos judiciales de categoría igual o superior a Gobernador civil, Subsecretario o Director general.
Decreto-ley de 6 de Mayo de 1931, ratificado por ley de 30 de Diciembre del mismo año, autoriza al Gobierno para cubrir libremente cargos de Presidente de Sala y Magistrados del Tribunal Supremo con personalidades eminentes de distintas actividades jurídicas y administrativas y con Magistrados en activo, o excedentes. Pero en este último caso a propuesta de las Sala de Gobierno del Tribunal Supremo y previa revisión de los expedientes personales y méritos científicos o profesionales de los designados.

35 La composición plural del recién constituido Gobierno provisional de la República hace pensar que su nombramiento responde en gran medida al consenso político. Aunque se trataba de un magistrado públicamente conocido y reconocido, de gran prestigio, no ocupaba cargo en la cúpula judicial, dominada en gran medida por la gerontocracia, si bien tenía un gran *curriculum* profesional, con intervención incluso en congresos internacionales de derecho penal (Vázquez Osuna, 2003), con amplia experiencia profesional y en cargos gubernativos y posiblemente con un posicionamiento político público manifiestamente en favor de la República.

36 Resulta especialmente interesante su paso como instructor de la Causa contra Fanjul Goñi y su apartamiento de la causa por no permitírsele al investigado el uso de todas las pruebas de que intentaba valerse. Merece la pena la lectura del escrito que el propio Fanjul, ejerciendo su autodefensa como abogado, dirige al tribunal quejándose del autoapartamiento del juez Elola del caso. Archivo Histórico Nacional, FC-Causa_General, 1515,Exp.11.

37 Para estos aspectos biográficos ver Vázquez Osuna (2003) y también los apuntes biográficos del libro de Marzal Rodríguez (2005) sobre Magistratura y República.

38 Las tropas franquistas tras la entrada en Barcelona detuvieron a dos magistrados del Tribunal Supremo y a un secretario de Sala, entre ellos a Francisco Javier Elola Díaz-Varela, contra quienes incoaron un proceso penal militar que se sustanció por los trámites del procedimiento sumarísimo de urgencia, dando lugar a la causa nº 8/1939 de la Auditoría de Guerra de la 4ª Región Militar por un delito de auxilio a la rebelión. Tras el Consejo de Guerra, los tres fueron condenados a muerte por la sentencia dictada en Barcelona el 13 de marzo de 1939. Apelada ante el Alto Tribunal de Justicia Militar, se desestimó por sentencia de 18 de abril de 1939, siendo ejecutada el 12 de mayo de 1939 en Barcelona con el fusilamiento de los tres condenados.

Pueden manejarse distintas hipótesis sobre las razones, como las expuestas por Vázquez Osuna (2003), que describe con singular precisión y documentación a través de textos, algunos del propio Elola, momentos significativos de aquel proceso, e incluso es posible que sea cierta la que aventura José Antonio Martín Pallín (2010 :127-128), como testigo de referencia de lo que le contó el fiscal jefe que tuvo en Madrid y que pasó el trago amargo de acompañarle en capilla en la noche anterior a su ejecución[39]. Pero nada de ello resta un ápice de dramatismo ni empañan los momentos finales de la vida de este singular jurista que fue ejecutado por la justicia franquista por la única razón y precisamente por ésta de haber sido un juez, con sentido de la jurisdiccionalidad, leal y cumplidor de la legalidad republicana.

LA PARTICIPACIÓN DE ELOLA COMO PARLAMENTARIO EN LA POLÍTICA ACTIVA. SU PARTICIPACIÓN EN EL DEBATE CONSTITUYENTE.

Es necesario destacar su faceta como parlamentario, diríamos que no como político, únicamente durante la primera legislatura constituyente de la República, actividad que compaginó con su profesión de magistrado de la Sala 1ª de lo civil del Tribunal Supremo, ocupándose durante sus intervenciones parlamentarias fundamentalmente, por no decir exclusivamente, de temas relacionados con la justicia y de interpretaciones en clara defensa de la independencia judicial en situaciones concretas en las que se había producido notorias injerencias por parte de autoridades gubernativas estatales, autonómicas o locales en la actividad de los jueces o menoscabado el principio de jurisdiccionalidad en la privación de libertad de ciudadanos.

Representa, según Vázquez Osuna (2003), otro de los aspectos controvertidos en la figura de Elola. Plantea la dualidad de cargos como hipótesis, pero que confirma en sentido positivo haciendo referencia a la respuesta dada por Elola a una cuestión parlamentaria en fecha de 26 de abril de 1932, en que así expresamente lo reconocía: *"lo sé por haber desempeñado un alto cargo, para el que inmerecidamente me nombró la República, y por seguir ahora desempeñando cargo jurisdiccional"*[40]. Sin embargo, podemos decir que existe certeza de su actuación jurisdiccional, ya que constan en los archivos de jurisprudencia del Tribunal Supremo sentencias suyas de la Sala 3ª del Tribunal Supremo[41] desde al menos el 26 de septiembre de 1931 (STS 363/1931) [42] actuando como magistrado ponente, por lo que no existe ninguna duda de que compatibilizó su actuación como diputado en el Congreso, con el ejercicio activo de su cargo de magistrado, incluso durante los debates constituyentes, que concluyeron en diciembre de 1931.

La ley electoral de 1907[43] no impedía que los magistrados que tuvieran cargo con residencia en Madrid pudieran presentarse a las elecciones, pero en todo caso, la reforma electoral de 1931, con vigencia exclusivamente para las elecciones constituyentes, estableció cambios electorales justificados en que la normalidad jurídica había quedado rota en 1923 (Pérez Serrano, 1932, p 13) [44], que también eliminaban la incompatibilidad de los magistrados para ser elegidos parlamentarios. Esta situación se mantuvo hasta la ley de incompatibilidades de 8 de abril de 1933 y se recogió en la ley electoral de 27 de julio de 1933.

---

39 Martín Pallín afirma que, según le contó el fiscal jefe que tuvo en Madrid: "*Le trasladaron una propuesta de los mandos rebeldes: podía quedarse y someterse a un consejo de guerra que, por los precedentes, terminaría con una condena a muerte, pero le prometieron que habían conseguido que la pena se conmutase y al cabo de un tiempo habría cumplido la condena. Aceptó, fue condenado a muerte, pero la promesa de la conmutación no fue cumplida.*"

40 Diario Sesiones nº 154 de 26 abril de 1932 , p.5202.

41 Fue trasladado de la Sala 4ª de los Contencioso a la 1ª de lo Civil, por acuerdo de Sala de Gobierno de 23 de abril de 1932, considerada su especialización y aptitud en especies de derecho privado.

42 Pueden consultarse en los archivos de jurisprudencia del CENDOJ.

43 Ley electoral de 8 de agosto de 1907.

44 Dictando el decreto de 8 de mayo de 1931 para realizar las elecciones constituyentes rebajando la edad para el sufragio, declarando elegibles a mujeres, suprimiendo el principio de la incompatibilidad e incapacidades derivadas de ejercer cargos en la administración central, otros de carácter puramente electoral, con expresa referencia a la vigilancia cuidadosa por el Ministerio fiscal de los posibles delitos electorales. La convocatoria de las Cortes constituyentes se llevó a cabo por Decreto del Gobierno en pleno de 3 de junio de 1931. Son otras fechas decisivas la de las elecciones celebradas el 28 de junio y la de la apertura de la asamblea el 14 de julio siguiente, si bien las elecciones en algunos lugares como Lugo hubieron de repetirse al ser anuladas por el propio Congreso.

Su posición dual, primero como fiscal general del Estado y luego como magistrado, fue cuestionada por Azaña, según recoge en sus Diarios (Vázquez Osuna, 2003).

Probablemente su dimisión como Fiscal General de la República, apenas tres meses después de su nombramiento, tuviera que ver con sus aspiraciones y preferencias como diputado constituyente, además de por las críticas recibidas[45].

En el "Socialista" del domingo 26 de julio de 1931 aparecen referencias a las declaraciones del ministro de Justicia Fernando Ríos motivadas por la dimisión de Elola como Fiscal General. En aquel momento en la Cámara se debatía sobre su participación en la cuestión electoral y el ministro defendía el absoluto apartamiento de Elola de ella, tanto durante el período electoral como durante las elecciones. Su nombramiento como diputado por Lugo había sido anulado por graves irregularidades electorales y se volvían a celebrar elecciones en las que se presentaba nuevamente. Se cuestionaba también como una injerencia, que Elola hubiera dictado una circular con las instrucciones a que habrían de atenerse los fiscales en orden a sus intervenciones para garantizar la pureza del sufragio en las elecciones para la Asamblea Constituyente[46], excitando el celo de los fiscales en relación con aquellos delitos contra el gobierno provisional y su régimen jurídico, etc., de obra, de palabra o por escrito ya sea por medio de violencia, reticencia o de forma insidiosa[47]. Sin embargo, su sucesor en el cargo José Franchy Roca, que permaneció como Fiscal General hasta diciembre de 1931, compaginó igualmente este cargo con el de diputado constituyente por Las Palmas sin, parece, ser objeto de las mismas críticas, si bien, Franchy, que había sido designado vicepresidente de la Comisión de Constitución del Congreso, cesó en este cargo al ser nombrado Fiscal de la Republica (Pérez Serrano, 1932, p.26).

Lo que es cierto es que, independientemente de la impresión y justificadas reticencias que pueda producir, desde una perspectiva actual determinada por la profesionalización de la política, que compartiera la doble condición de parlamentario y juez, las intervenciones que constan de Elola en el Congreso como parlamentario constituyente son las de un verdadero experto, siempre contenidas, con un marcado carácter técnico, sin referirse nunca a temas de política general y que circundan siempre al tema justicia. Aparecen siempre muy razonadas, bien argumentadas y magníficamente documentadas jurídicamente, con frecuentes citas de opiniones de juristas extranjeros y profusas referencias a derecho comparado. Las posteriores tenidas fuera de los debates constituyentes, se refieren a elaboración de normas jurídicas penales (ley de vagos y maleantes y ley de orden público) o civiles (ley de expropiación de fincas rústicas) o intervenciones en defensa de actuaciones judiciales frente a las injerencias de otros poderes del Estado.

LA PARTICIPACIÓN DE JAVIER ELOLA COMO VOCAL EN LA COMISIÓN JURÍDICA ASESORA.

Igualmente, no podemos olvidarnos de su faceta como jurista designado para formar parte de la Comisión Jurídica Asesora, lo que le dio la oportunidad de participar en la elaboración de los anteproyectos de la Constitución, y de los proyectos de bases para la Ley Orgánica del Poder Judicial, de Tribunal de Garantía Constitucionales, sobre elección de Presidente del Tribunal Supremo, etc.

---

45 Vázquez Osuna recoge las manifestaciones de Azaña criticando que mantuviera las dos posiciones: *"el fiscal pretende que se le deje fuera de la discusión personalmente, porque él no ha estado presente en la contienda electoral(…) el fiscal no debió mezcla dos en contiendas electorales (…) sin dimitir de antemano, si quería ser diputado"*

46 Consta recogida esta circular de 14 de junio de 1931 en la MEMORIA ELEVADA AL GOBIERNO PROVISIONAL DE LA REPUBLICA SOLEMNE APERTURA DE LOS TRIBUNALES EL DIA 15 DE SEPTIEMBRE DE 1931 POR EL FISCAL GENERAL DE LA REPUBLICA D. JOSE FRANCHY Y ROCA. P.62

47 *"Se pondrá especial cuidado en promover las acciones pertinentes siempre que se atentare contra el Gobierno provisional de la República, o el régimen jurídico establecido, o contra sus autoridades y agentes, ora mediante actos de violencia, ora reticentes e insidiosos, lo mismo si lo fueren de palabra, desde cualquiera clase de tribuna, incluso la confesional, o por escrito, así como en manifestaciones apologéticas y emblemáticas de regímenes ilegales, cuando se tienda, al socaire de tales exhibiciones y excitaciones, a producir subversión y desorden de la paz pública y ocasionar menoscabo y descrédito a la República".*

Ante el reto de elaboración urgente del proyecto de nueva constitución que debía discutirse por la Asamblea Constituyente, uno de los primeros pasos que dio el Gobierno provisional de la República en mayo de 1931[48] fue la sustitución de la Comisión de Codificación, a la que se consideraba una institución que no respondía a las necesidades del momento, por la dilación de sus trabajos y por ser demasiado formalista, por la Comisión Jurídica Asesora, dependiente del Ministerio de Justicia, que tenía también como finalidad elaborar los proyectos de leyes fundamentales que debían servir de desarrollo a la constitución, además de los informes jurídicos que se le requirieran.

La designación de sus vocales dependió directamente del ministro de justicia Fernando de los Ríos y entre estos se constituyó las cinco subcomisiones en que se dividió para llevar a cabo su trabajo. Su primer presidente fue Ángel Ossorio y Gallardo, que dimitió en agosto siguiente, una vez concluido el Anteproyecto de Constitución y su presentación a la Asamblea constituyente y le sustituyó Felipe Sánchez Román.

Elola formó parte simultáneamente de las comisiones primera, para la redacción del anteproyecto de Constitución, como también de la cuarta, de organización del Poder Judicial y Leyes de Enjuiciamiento y de la quinta, de reforma del Código Penal de 1870. Recordemos que combinó esta actividad con la de Fiscal General de la República hasta el 31 de julio de 1931 y luego con la de magistrado de la Sala primera del Tribunal Supremo y también con la de diputado de las Cortes constituyentes por Lugo hasta Octubre de 1933.

Posteriormente, bajo la presidencia de Luis Jiménez de Asúa se formaron otras subcomisiones, sustituyendo a las anteriores, perteneciendo Elola, a la de Leyes Políticas, de Derecho Penal, de Organización Judicial y leyes de procedimiento.

Los trabajos de la Comisión, en varios de los que participó Elola, se publicaron en cuatro volúmenes entre los años 1931 y 1933.

El primero fue el anteproyecto de la Constitución, impreso en julio de 1931[49]. Simultáneamente, se llevaron por algunas subcomisiones otros trabajos, pero no fueron publicados. A partir de ahí, en una segunda publicación se contiene el texto íntegro del anteproyecto de reforma del Código Penal de 1870. La tercera publicación, datada en 1932, es de contenido heterogéneo y se refería en materia de justicia a, entre otros anteproyectos, al de la ley sobre elección del Presidente del Tribunal Supremo, para dar cumplimiento al art. 96 de la Constitución. El último y cuarto tomo de los publicados, en 1933, es el referido entre otros a los anteproyectos sobre el Tribunal de Garantías Constitucionales y sobre el procedimiento para exigir responsabilidad al Presidente de la República, y también de la Ley sobre ascensos y traslado en la Judicatura y Ministerio Fiscal, que pretendía dar desarrollo al art. 97 de la Constitución y se refiere, no obstante su denominación, a otros muchos aspectos estatutarios como ingreso, incompatibilidades, categorías, etc., de la carrera judicial.

Este último proyecto, al que el Ministro de Justicia Álvaro Albornoz dio lectura en las Cortes el 5 de julio de 1932, sirvió de base para los Decretos de 2 de junio de 1933, 21 de junio de 1934 y 23 de julio de 1935 (Menéndez Pidal, 1935 : 77), sobre los funcionarios judiciales, constituyendo en conjunto un Reglamento Orgánico del cuerpo judicial, a modo de base para una renovación de la provisional Ley Orgánica del Poder Judicial de 15 de setiembre de 1870, cuya vigencia había sido reestablecida por Decreto de 19 de mayo de 1931, que suprimió la legislación orgánica judicial de la dictadura de Primo de Rivera, entre ella la del Consejo Judicial, creado por Real Decreto Ley de 21 de junio de 1926.

LA ASAMBLEA JUDICIAL Y FISCAL DE 1931.

Un hito relacionado con la elaboración del proyecto constitucional que tenía como motivo la aportación de las opiniones y puntos de vista de los cuerpos judicial y fiscal sobre la organización del Poder Judicial y las garantías de independencia, fue la Asamblea Judicial y Fiscal de 1931, celebrada del 6 a 12 de julio de 1931.

---

48 Por Decreto de 6 de mayo de 1931

49 *"Se publicó, precedido de vibrante exposición, y seguido de los votos particulares, en pulcro folleto titulado anteproyecto de Constitución de la República española que eleva al Gobierno la Comisión Jurídica asesora. Madrid, julio, 1931"*. En Pérez Serrano, 1932, p.23

Sin duda, un congreso judicial de estas características realizado en un momento constituyente representa un antecedente relevante y significativo, que jamás ha tenido réplica en la historia institucional de la justicia española. Sirvió para recabar el interés en el proyecto constitucional de jueces y fiscales y tratar de involucrarlos en él, a través de una convocatoria asamblearia, que tenía como finalidad inmediata obtener conclusiones sobre aspectos clave de la organización judicial, referidos a capacidad, responsabilidad, independencia e inamovilidad judicial, etc., en forma de bases para ofrecer a la Comisión Jurídica Asesora.

Tenía pretendidamente un carácter horizontal, al ser promovida por el teniente fiscal de la audiencia provincial y el juez de primera instancia de Burgos, que solicitaron[50] autorización del Ministerio de Justicia para celebrar una Asamblea de funcionarios de la carrera judicial y fiscal, pero esta iniciativa no tuvo que luchar contra la habitual burocracia en cuanto que fue inmediatamente autorizada a los pocos días[51].

Se unió a la iniciativa el Presidente de Tribunal Supremo[52], que actuó como también convocante y luego presidente de las sesiones, estableciendo las bases de la discusión, pero haciendo constar, por si acaso, que su "única finalidad" era "traducir el pensamiento colectivo de la clase para que sirva de base al ejercicio legítimo del derecho de exposición o petición a las Cortes constituyentes" (Montero Aroca, 1990 :89). Recibió el beneplácito y todas las facilidades institucionales posibles, celebrándose incluso en el Palacio del Senado, con autorización de asistencia concedida para la mitad de los funcionarios de los órganos colegiados y para los demás a quienes sus ocupaciones se lo permitieran. Los discursos de apertura y cierre fueron pronunciados por el ministro Fernando de los Ríos. Dentro de esta representación institucional de la justicia, sin duda estuvo Elola, en su condición de Fiscal General de la República y también como vocal de la Comisión Jurídica Asesora.

En la Asamblea se discute y se aprueba un proyecto de bases de organización de los tribunales. También es de destacar el contraproyecto presentado por el prolijo y conocido magistrado Adolfo García González[53], apoyado por 114 firmas[54], con propuestas, algunas curiosas como la constitución del "Justiciazgo" al modo de esta institución aragonesa, con la figura del "Justicia Mayor de la República"[55], además de otros votos particulares a los acuerdos de la Asamblea.

Entre los acuerdos de la Asamblea[56], aceptados por el Ministro de Justicia, algunos novedosos y significativos, se encuentran, el paso de los aspirantes por una escuela judicial tras aprobar la oposición teórica, la elaboración de dictámenes bienales sobre capacidad técnica de los funcionarios a integrar sus expedientes profesionales, previsión de un tribunal constitucional que se encargaría además de pronunciarse sobre la inconstitucionalidad de las leyes, sobre responsabilidad penal de jueces y fiscales, criterio de antigüedad como único para los ascensos, incluidos los de los magistrados del Tribunal Supremo y elección por una Asamblea del Presidente y Fiscal del Tribunal Supremo. No obstante, la mayoría fueron acuerdos de carácter orgánico procesal, sobre temas prácticos, que posiblemente inquietaran a los jueces y fiscales en aquel momento.

---

[50] Por escrito de 10 de mayo de 1931.

[51] Por Orden ministerial de 23 de mayo de 1931.

[52] Diego Medina, recién nombrado a principios de mayo anterior.

[53] El magistrado Adolfo García González en su obra El Poder Judicial (1932) recoge una gran cantidad de documentos con propuestas, opiniones y críticas, que hacen referencia a otros proyectos en materia de Justicia que se elaboraron en aquel momento, en lo que expone su propuesta de modelo de justicia y de Poder Judicial. En la obra se contienen referencias entre otras a: las Propuestas a la Asamblea Judicial y Fiscal de 1931 (:115 y ss); Examen de las bases acordadas en la Asamblea Judicial y Fiscal. (:195 y ss); Crítica al Anteproyecto de Bases para la Ley Orgánica del Poder Judicial de la Comisión Jurídica Asesora. (:229 y ss)

[54] Entre las propuestas más llamativas de García González están la creación del poder judicial sobre la autonomía de sus órganos y la independencia de los funcionarios, reforma radical y completa de la Administración de justicia, creando el Poder Judicial y el Justiciazgo, sueldos judiciales fijados según módulos recogidos constitucionalmente de al menos del doble de los funcionarios de la misma categoría, representación parlamentaria del poder judicial, prohibición de la sindicación y asociacionismo judicial. etc.

[55] "La Administración de Justicia, autónoma, con arreglo a estas bases, constituye el Justiciazgo..(García González,1932 :70). Esta figura fue defendida por Salvador Madariaga en los debates parlamentarios constituyentes.

[56] Ver en García González, opus cit.

Pese a ello, la Asamblea fue cuestionada por los cronistas y críticos del momento[57], reprochando que se hubiera dedicado más tiempo a los aspectos generales y legislativos que de los propios problemas profesionales y penurias de medios y condiciones de los jueces y fiscales.

Sin embargo, le reconocen como aspectos positivos la gran resonancia y atención que tuvo en la prensa y la utilidad para mejorar la imagen y la dignificación de la justicia, por lo demás muy depauperada y denostada públicamente en aquel momento.

En el orden práctico, las conclusiones de la Asamblea pretendían tener un impacto tanto en los proyectos de constitución como en el debate parlamentario del Título referido a la Justicia y también en la normativa complementaria que se tenía que elaborar. Por ello, según expresó el ministro Fernando de los Ríos, las conclusiones serían inmediatamente sometidas a la Comisión Jurídica Asesora, cuya Subcomisión de organización del Poder Judicial y Leyes de Enjuiciamiento elaboraba en aquel momento un anteproyecto de bases de Ley Orgánica del Poder Judicial y que recibió dichas conclusiones.

Javier Elola se hizo en algunos aspectos eco de ellas. En él coincidía la doble condición de miembro de la subcomisión constitucional y la de sus leyes de desarrollo de temas orgánicos judiciales (además de ser Fiscal General de la República), lo que sin duda, teniendo en cuenta además su dilatada experiencia jurisdiccional y en significadas labores gubernativo-judiciales, le ponía en una situación privilegiada en la elaboración tanto del proyecto de constitución en materia de justicia, como de su necesario desarrollo normativo complementario.

EL ANTEPROYECTO DE BASES DE LEY ORGÁNICA DEL PODER JUDICIAL DE LA COMISIÓN JURÍDICA ASESORA.

Este anteproyecto de bases, que no se publicó oficialmente con la forma de trabajos de la Comisión[58], a diferencia de otros proyectos legislativos, se concluyó temporalmente después del anteproyecto de Constitución[59], cuya presentación pública aparece fechada 6 de julio de 1931, aunque se concluyó antes del proyecto de Constitución de la Comisión Parlamentaria del Congreso y de iniciarse el debate constitucional en materia de justicia, que se produjo en la segunda decena del mes de noviembre.

El anteproyecto de bases de Ley Orgánica del Poder Judicial de julio de 1931 elaborado por la Comisión Jurídica Asesora contenía 35 bases, distribuidas en 12 títulos y 5 disposiciones transitorias, que tratan los aspectos básicos de la organización y de la carrera judicial[60].

---

57 Se publicaron varias crónicas en la Revista de los Tribunales. Tomo LXV, nums. 28-29 de 1931. Pag 425, 473. Raso: Después de la Asamblea. Crónica y Herce: Después de la Asamblea. Impresión de conjunto.

58 Lasso Gaite (1998 :319 n.p 15) explica que únicamente se conservan ejemplares en ciclostil del texto de este anteproyecto sin fecha y del voto particular de Elola al conjunto del mismo fechado 15 de julio 1931, que se conservan en el archivo de la Comisión General de Codificación.
Igualmente referencia crítica a estas bases se encuentra en García González (1932), opus cit. (: 229 y ss).

59 Este anteproyecto de la Constitución se califica por Nicolás Pérez Serrano (1932 :23) como *" una obra seria, correcta, congruente, de perfil no muy extremoso en radicalismos, pero absolutamente respetable, quizá más armónica de líneas y más sistemática en su orientación, que el proyecto redactado después por las comisiones parlamentaria"*. Pérez Serrano también expone los avatares del anteproyecto a su paso por el Gobierno, sin que hubiera una posición unánime respecto de él, pero sirvió *"para que las Cortes tuvieran un conato de asomo de ponencia, y para ello sirvió el anteproyecto de la Comisión Jurídica asesora, el que no iba a respaldado con valor oficial, ni tenía otra autoridad que la doctrinal o personal de su redactores, cosa tanto más precaria cuanto que en una Constitución, ley política por excelencia, han de marchan unidas las consideraciones técnicas con las de un sano realismo político"*.

60 En Lasso Gaite (1998 :320-323) consta un amplio resumen de su contenido.
Igualmente, referencia crítica a estas bases se encuentra en García González (1932), opus cit. (:229 y ss.)

Javier Elola, además de participar en la elaboración de este anteproyecto confeccionó un importante voto particular, al que se conoce como "proyecto Elola"[61] de la LOPJ, que constituye, una completa, novedosa e interesante propuesta, tanto de los aspectos generales, como sobre la organización del Poder Judicial y de la función judicial, que incluye entre sus aspectos más destacados la previsión de un Consejo Superior de Justicia o Consejo Judicial, «para servir los fines requeridos por la naturaleza autónoma de la función en su aspecto orgánico»[62].

---

[61] A este texto se le conoce habitualmente en la literatura jurídica que se ha ocupado de estudiar este tema como "proyecto Elola". (Ballester Cardell, 2007) (Sánchez Barrios, 1997). En la Revista de los Tribunales (Tomo LVIV nº 44 de 1 de noviembre 1930), bajo el título: Hacia un verdadero "poder judicial", se encuentra el inicio de los tres "contraproyectos" de Elola para la reorganización del Poder Judicial en España que se publicará fraccionadamente en los números siguientes: 45, 46, 47, 51 del mismo Tomo LXIV. Estas propuestas se presentaron a la Comisión reorganizadora de la Administración de Justicia de la Dictadura. Son sin duda el precedente del texto del voto particular de Elola que se transcribe en el pie de página siguiente.

[62] El texto del voto particular de Javier Elola, que se encuentra transcrito literalmente en sus partes más interesantes en Lasso Gaite (1998 323-327.) que por su interés y desconocimiento transcribimos, es del siguiente tenor:
Bases generales:
1. La Administración de Justicia es la función delegada de la Soberanía, con todos los atributos del Poder eminente del Estado, totalmente autónoma e independiente de las otras funciones del Poder y con jurisdicción plena para aplicar las leyes, juzgando y haciendo ejecutar lo juzgado, en los casos concretos en que ellas sean negadas o indebidamente aplicadas en la vida jurídica.
2. La Administración de Justicia es una y comprende todos los matices hasta ahora fundamentalmente diferenciados en las distintas jurisdicciones. La estructura de sus órganos y el sentido de sus procedimientos responderá siempre a aquella nota de unidad en cuanto a la finalidad y el concepto, y al criterio de civilidad y preminencia que imponen sus cualidades de función soberana del Poder eminente del Estado, con las modalidades aconsejadas y requeridos, en cuanto a los elementos personales y materiales, al radio de acción y a los procedimientos, por los accidentes y circunstancias de cada jurisdicción.
3. La delimitación práctica del alcance de la Administración de Justicia, tal como queda definida, puede concretarse a las llamadas jurisdicción civil y mercantil, propiamente dichas, criminal, contencioso-administrativa y la asignada en la actualidad a los Tribunales Industriales, debiendo responder todo otro aspecto funcional que en lo futuro se le asigne, el concepto básico de que su intervención está limitada a las transgresiones o controversias de Derecho particular, empleada esta expresión en contraposición del concepto que encierra la denominación genérica de Derecho público. Desde luego, la estructuración de los órganos de la jurisdicción contencioso-administrativa, por la naturaleza propia de esta jurisdicción, deberá hacerse a base de una total diferenciación, con relación no sólo en cuanto al personal, sino también al procedimiento, respecto de los de otras jurisdicciones fundamentales.
4. La Administración de Justicia -que por referirse al restablecimiento e imperio del Derecho desconocido o negado, como fórmula suprema de garantía de la ordenación jurídica, más complicada cada día, supone formación de juicio y requiere vocación, conocimiento, aptitudes y capacidad adecuada- es función del Poder generalmente técnica y profesional. Pero en cuanto ha de interpretar la norma con criterio que responda en el grado humanamente posible a la conciencia jurídica de la Soberanía que la formó y de la cual emana su propio poder funcional, es también función ciudadana.
Por ello, sus órganos deben estructurarse respondiendo a esa doble naturaleza y ser eminentemente ciudadanos, eminentemente técnicos y profesionales o mixtos, según lo permitan y requieran en el orden material de aplicación práctica y a los efectos de eficacia, en definitiva, de la Justicia, que es siempre la meta suprema, la índole y naturaleza accidentales de cada jurisdicción y la entidad del caso.
5. Iguales ante el derecho todos los ciudadanos y todos los intereses, a todos por igual deben alcanzar, y con la misma eficacia, la protección y el amparo de la Administración de Justicia. Pero determinada aquella igualdad, naturalmente, por la que concurra en las circunstancias de los distintos motivos de intervención del Poder, a estas circunstancias habrá que estar para la determinación del mínimo de garantías necesarias de eficacia en los órganos y en el procedimiento.
De ello se infiere -como del supuesto objeto de bases anteriores, su distinta naturaleza- la diversidad de grados en los órganos de la Administración de Justicia. La estructuración de cada uno habrá, pues, de satisfacer en sí mismo las necesidades y circunstancias que le determinen. Los adecuados recursos atendiendo a las humanas y posibles deficiencias funcionales y orgánicas y el enlace jerárquico entre unos y otros de los de cada orden, hasta coincidir en el correspondiente de, suprema directriz, asegurarán las notas de unidad e igualdad y de naturaleza técnica, ciudadana o mixta y de especialidad según los casos, gel aladas en las anteriores bases y que estimamos indispensables a una buena ordenación de la Administración de Justicia.
Contrario a ellas sería otro motivo -de clase o de índole económica-que se tomara corto base o pretexto para la ordenación de su mecanismo funcional.
6. La naturaleza definida para su función requiere inexcusablemente en la Administración de Justicia no sólo la aportación ciudadana y la de los órganos de las otras funciones y actividades del Poder que sea precisa, con carácter general, y que podrá exigir con arreglo a las

El debate constitucional producido posteriormente en el Parlamento, como debate político que fue, tuvo mucho de

---

leyes, sino la existencia circunstanciada y permanente de elementos personales, y materiales particularmente adscritos a ella, que la auxilien de modo directo y exclusivo, que de ella directa y preeminentemente dependan, y que participen de su independencia con relación a los otros órganos de las demás funciones del Poder.
7. Como función autónoma e independiente, a la Administración de Justicia corresponde la ordenación interna, régimen y control de sus órganos y actividades funcionales, así como de sus elementos auxiliares, personales y materiales, con arreglo a la Constitución y a las leyes. Ellas determinarán, también, los casos de responsabilidad civil y. criminal de Jueces y Tribunales, incluso de los de carácter ciudadano, y de los auxiliares, así como el procedimiento y órgano propio encargado de hacerla efectiva, teniendo en cuenta la naturaleza autónoma e independiente y la preeminencia de la función.
Al efecto, la responsabilidad civil deberá ser exigida por el órgano supremo de la Administración de Justicia de aquel orden, y a la responsabilidad criminal por el organismo supremo que también estima procedente estatuir para la Administración de Justicia de orden constitucional o estatal, en el que deberán tener intervención miembros selectos de aquél.
8. Como organismo receptor de la conciencia jurídica de la ciudadanía encarnada en cada momento en el Gobierno, órgano a su vez supremo de la función ejecutiva. del Poder, actuará ante los Tribunales de Justicia el Ministerio fiscal, promoviendo, estimulando y contrastando la aplicación de las leyes. Será, pues, ante ellos el representante de la Ley y el órgano de comunicación y de relaciones entre las funciones ejecutiva y judicial del Poder. Su organización y funcionamiento se acomodará al criterio de unidad que impone su misión y a la preeminencia e importancia de ella ante la Administración de Justicia.
Sus funcionarios constituirán Carrera independiente y totalmente separada de la judicial. Sus grados, categorías y derechos económicos serán análogos a los de los funcionarios judiciales, con los accidentes, en cuanto a aquéllos, que determinen las circunstancias del acoplamiento necesario a la relación entre las dos funciones. Su responsabilidad será reglamentada sobre las mismas bases que se establecen para la de los funcionarios judiciales.
En cuanto a su inamovilidad, estima la Asamblea que el establecimiento de ella para todas las categorías auxiliares que no representen grado orgánico, no será incompatible con el criterio de unidad que inspira la función.
9. Siendo fundamental la Justicia para el Estado, la organización de su Administración debe tener preferencia sobre toda otra función del Poder en el orden económico, y que jamás razones de esta índole, salvo el caso supremo de interés vital de la Patria, deben pesar cuando, como ahora, se trata de estructurar sobre estos tres principios: eficacia, rapidez y baratura.
Seguidamente, y a lo largo de 30 bases, va desarrollando la organización del Poder Judicial, notablemente distinta de la del Anteproyecto, cuyos principios esenciales son:
1. ESPECIALIZACIÓN DE FUNCIONES, enunciada en la base 17, del siguiente modo: "Se estima conveniente la especialización en las funciones, y, por ello, convendría consagrar el principio en la nueva ordenación. Podría tener efectividad práctica adoptando un sistema consistente en que aquélla fuera iniciada por el propio funcionario e indicada al Consejo Superior de Justicia. A partir del momento del ascenso a categoría de Magistrado, aquella manifestación contrastada por los informes y antecedentes obrantes en el Consejo Superior de Justicia y la experiencia del interesado, podría consolidarse o afirmarse definitivamente por éste, y si era admitida por aquél a todos los efectos, constituir un motivo de preferencia a los fines de provisión de vacantes en aquella categoría y la superior, en cuanto fuera compatible con el movimiento del personal, hasta lograr la especialización definitiva para el Tribunal Supremo».
En consonancia con este principio, establece una planta de Tribunales diferenciada por órdenes judiciales.
2º AUTOGOBIERNO. Al que propende con mayor ímpetu que el Anteproyecto:
a) Instituyendo un Consejo Superior de Justicia o Consejo Judicial, «para servir los fines requeridos por la naturaleza autónoma de la función en su aspecto orgánico», que estará «formado por funcionarios de las diversas categorías en la proporción que se estime procedente y asumirá las funciones inspectoras y todas las encaminadas a la determinación de aptitudes, méritos, especialización y selección del personal de las Carreras judicial y fiscal, en lo necesario para el exquisito funcionamiento de todo el mecanismo judicial, con vistas a las orientaciones que se deducen de todo lo expuesto. Será su Presidente el del Tribunal Supremo.
b) Encomendando el mandamiento de Presidente del Tribunal Supremo, con carácter permanente, a una «Asamblea compuesta del Pleno del propio Tribunal, los Presidentes de las Audiencias y un compromisario por cada Audiencia, votado por los funcionarios del territorio».
3º El ÁMBITO DE LA FUNCIÓN JURISDICCIONAL se determina con las siguientes palabras:
DE LA APLICACIÓN DE LAS LEYES. La facultad de aplicar las leyes, en los juicios civiles y criminales, juzgando y haciendo ejecutar lo juzgado, corresponderá exclusivamente a los Jueces y Tribunales, que la ejercerán, en todo caso, siempre que los preceptos aplicados no estén en oposición con los principios fundamentales declarados en la Constitución del Estado. No podrán los Jueces, Magistrados y Tribunales de la jurisdicción ordinaria aplicar los reglamentos generales, provinciales o locales, ni otras disposiciones, de cualquier clase quo sean, que estén en desacuerdo con las leyes. Se abstendrán, bajo su responsabilidad, de aplicar las leyes que sean manifiestamente contrarias a los principios y derechos fundamentales contenidos en la Constitución; pero no podrán hacer declaración expresa de la anticonstitucionalidad de los mismos, facultad reservada a otros Organismos de derecho público.

planteamiento y posicionamiento político general, con confrontación de ideas fuerza, pero sin descender a los detalles ni a las propuestas concretas de justicia, que sí se contienen en los textos de Elola y en sus numerosos votos particulares y especialmente en este del anteproyecto de bases pare la Ley Orgánica del Poder Judicial de la Comisión Jurídica Asesora.

En sus Bases generales, Javier Elola explica su posición, que es la que también se sigue en el Anteproyecto de la Constitución de la Comisión Jurídica Asesora, y que se continúa en gran medida a lo largo de los debates parlamentarios que se produjeron meses más tardes de la elaboración de los referidos textos.

EL DEBATE PARLAMENTARIO CONSTITUYENTE SOBRE JUSTICIA.

La discusión del título VII de la Constitución (VIII del proyecto) sobre "Justicia" se inició el 10 de noviembre de 1931[63]. El proyecto de la Comisión de Constitución[64], aunque mantenía en esta materia la estructura del anteproyecto elaborado por la Comisión Jurídica Asesora, difería no obstante en algunos aspectos. El debate, lógicamente, se realizó sobre el proyecto de la Comisión Parlamentaria.

En los debates seguidos, los diputados constituyentes con gran lucidez identificaron y trataron algunos de los problemas más importantes sobre la Justicia en aquel momento. Se centró en tres aspectos fundamentales, dos de índole general:

El Tribunal Supremo podrá apartarse de la aplicación estricta de la Ley en los negocios civiles de su competencia, cuando la norma legal hubiere perdido su vigencia potencial ante un estado de hecho notoriamente consagrado por la costumbre, o si las circunstancias del caso fueran tales que, la Ley no responda, de un modo indudable, a las previsiones del legislador y su aplicación conduzca, dadas las corrientes sociales del momento, a resultados evidentemente injustos por absurdos o contrarios a la conciencia colectiva y propensos a graves conflictos sociales.
4. Se sigue un criterio mixto en la definición de la competencia funcional, atribuyendo la primera instancia en materia civil, según la cuantía, a los Juzgados de paz, a los Juzgados civiles de distrito o a las Audiencias.
5. El ingreso en la Carrera judicial sólo puede hacerse por oposición, seguida de un período de prácticas, en calidad de Jueces adjuntos a los Juzgados de partido de las grandes capitales. Los ascensos de categoría se producen por antigüedad, si el funcionario carece de tacha, y la categoría de Magistrado del Tribunal Supremo se alcanza por dos turnos: una vacante al Magistrado con cinco años de servicios, cuando menos, en esta categoría, que el Consejo Superior de Justicia designe en propuesta unipersonal, y otra al Magistrado con igual tiempo de servicios, que haya sido declarado apto en concurso celebrado periódicamente al efecto.
6. Se mantiene la inamovilidad, que se proclama rigurosamente como «garantía privilegiada de orden constitucional», que «en modo alguno podrá ser revocada, o suspendida total o parcialmente por disposiciones de Poderes legislativo o ejecutivo, salvo en el primer caso, a título de enmienda a le Constitución. Contra las determinaciones lesivas de este principio de superlegalidad procederá la interposición del recurso de inconstitucionalidad, sin perjuicio del de responsabilidad contra quienes lo infringieren».
7. Se declara la responsabilidad de los Jueces y Magistrados, que puede ser disciplinaria, civil y penal.
a) Se incurre en la primera «por negligencia, desobediencia y comportamiento censurable con sus superiores, iguales o inferiores, sin que sus actos u omisiones revistan caracteres delictivos, y, también, a causa de su conducta pública o privada que les desprestigie». Se ejerce por los superiores en grado.
b) La responsabilidad criminal se deriva de «delitos que cometieren y regirá para ellos el mismo fuero, ya se trate de delitos comunes, ya de delitos cometidos con ocasión del ejercicio de sus funciones». Se exigirá en juicio oral y público ante el Tribunal de Justicia Constitucional.
c) La responsabilidad civil alcanza a dos daños y perjuicios efectivos que, por su culpa, ocasionen en el ejercicio de los cargos que desempeñen, sea éste de omisión o retardo, en cualquier obligación oficial, sea de negligente o malicioso abuso de facultades atribuidas a su prudente arbitrio; sea de injusticia notoria ante resoluciones que infrinjan disposición aplicable»

63 Los debates sobre Justicia se recogen en los *Diarios de Sesiones de las Cortes Constituyentes de la República española.* DSCC de 10 de noviembre (n.° 71), 11 de noviembre (n.° 72), 12 de noviembre (n.° 73), 13 de noviembre (n.° 74), 17 de noviembre (n.° 75), 18 de noviembre (n.° 76) y 19 de noviembre (n.° 77).

64 Una vez constituida las Cortes debían nombrar una comisión especial con 21 miembros que debía de presentar un proyecto de Constitución. Estuvo presidida por Luis Jiménez de Asúa, sin que en la misma interviniera Javier Elola, haciéndolo Clara Campoamor como única mujer, por el partido radical.
Pérez Serrano (1932 : 28) explica la forma de trabajar la Comisión, utilizándose "más bien que el anteproyecto, los votos particulares a él anejos; que se discutió mucho la parte dogmática; que se siguió muy de cerca el referido Anteproyecto en algún título de la Parte Orgánica.."

Administración de Justicia o Poder Judicial y si había o no había «independencia» judicial; y otro sobre que instituciones eran las idóneas para asegurar un buen funcionamiento de la Administración de Justicia.

Hubo un breve debate de totalidad y en turnos reglamentarios para los artículos y los votos particulares[65], siendo temas principales, entre los tratados, los que se refieren a autonomía e independencia de los Tribunales, elección del presidente del Tribunal Supremo, actuación del Jurado, gratuidad de la justicia, responsabilidad de los funcionarios judiciales y del Estado, e inconstitucionalidad de las leyes (Pérez Serrano, 1932:286)[66].

EL DEBATE SOBRE EL PODER JUDICIAL.

Una parte sustancial del debate general se centró a uno de los temas que tradicionalmente se habían planteado en la historia del constitucionalismo español, lo mismo que en la de otros países[67]. Se trata de la terminología a utilizar refiriéndose a la Justicia: "Administración" o "Poder". Ambos términos han sido utilizados en nuestra historia constitucional en diferentes momentos históricos como reflejo de la tendencia política imperante, connotando realidades y contenidos diferentes (Marzal Rodríguez, 2005 :27). "Administración" fue utilizado en las constituciones moderadas de 1845 y 1876, en las que se consideraba a la judicatura, en palabras de Mariano Gómez González (1930 :295)[68], "*como una dependencia del Poder Ejecutivo*". Sin embargo, en las progresistas de 1837, la *non nata* de 1856, la de 1869 y el proyecto de 1873 utilizaron la denominación de "Poder Judicial". La Constitución de 1812, al decir de Mariano Gómez, aunque utilizaba el título "de los Tribunales y de la Administración de Justicia.", contenía en sus preceptos todos los elementos indispensables para convertir a este órgano en un verdadero poder.

Este esquema clásico no resulta exactamente aplicable a la Constitución de 1931. En primer lugar, porque los constituyentes de 1931 no quisieron por razones prácticas entrar en el problema semántico, acudiendo a los significados acuñados hasta el momento, por tratarse de un laberinto que podía provocar una discusión inabarcable, por los planteamientos tan distantes existentes (Marzal Rodríguez (2005 :27).

De ahí que fuera eliminada en la Constitución, pero también ya antes, en el anteproyecto y en el proyecto de la Comisión constitucional, cualquier mención al término "Poder Judicial", utilizando el mucho más amplio, pero sobre todo el mucho más ambiguo, de "Justicia". Al iniciarse las discusiones parlamentarias pareció existir un consenso de origen al respecto y no hubo un debate sobre esta materia. En las disputas a la totalidad y en las de su articulado se aceptó de forma mayoritaria esta denominación como la opción menos comprometida e igualitaria. Esta parece que buscada simplificación terminológica igualmente se produjo respecto de los otros pilares básicos del Estado, a los que se denominó simplemente

---

65 Pérez Serrano, (1932 :29) refiere la forma como se desarrolló en general el debate parlamentario siguiendo el art 22 del Reglamento de las Cortes.

66 Desde el inicio la república planteó una reforma de la justicia, sin desconfianza hacia los jueces, pero con ciertas cautelas y control (Peset en el prólogo a Marzal 2005: 18).

67 Montero Aroca (2016) pone de manifiesto qué, incluso en Francia, en la concepción ideológica base de la Revolución francesa, la división de poderes no supuso la aparición de un verdadero Poder Judicial, sino que los revolucionarios, partiendo de Montesquieu sentían una gran desconfianza frente a los tribunales y que la potestad de juzgar no se atribuyó, por tanto, ni a una fuerza social ni a una profesión determinada, sino a personas elegidas por el pueblo y por un determinado periodo de tiempo, no estableciendo tribunales permanentes. La expresión Poder Judicial se utilizó solo en 3 de las muchas constituciones por las que se ha regido Francia: en la primera de 3 de septiembre de 1791, en la senatorial de 6 de abril de 1814 y en la efímera que se dio la II República de 1848. En todas las demás se eludido utilizar esta expresión y se ha hablado de *ordre judiciaire, fonction judiciaire* y de *autorité judiciaire.*

68 Presidente del Tribunal Supremo.

"Gobierno" y "Parlamento". Solo hubo observaciones aisladas que, por diversos motivos, aunque con fuerte carga e intensidad, cuestionaron en general la utilización del término de "Justicia" [69].

Sin embargo, la neutralidad de este término no implicó que se despojara al Título VII de intensos contenidos ideológicos y que en la mente de todos los intervinientes en los debates no hubiera un propio diseño de lo que tenía que ser la "Justicia". Según nos indica Pérez Serrano (1932 :287), la idea capital del Título, se supone que es la que estuvo en la mente de todos los constituyentes, fue la de organizar un Poder Judicial, utilizando las palabras de Jiménez de Asúa, robusto e independiente[70], aunque sin llamarlo expresamente así, porque la Constitución había huido de toda alusión a poderes, pero queriendo buscar, en la garantía brindada por unos órganos jurisdiccionales emancipados de influjos gubernativos, la mejor defensa contra demasías de la autoridad, pero indicando que no se había querido, sin embargo, confiar a los jueces la facultad importantísima de revisar la constitucionalidad de las leyes, reservando esta atribución al Tribunal de garantías constitucionales. Es decir, un poder judicial fuerte pero limitado, impidiendo a los jueces ordinarios que tuvieran la posibilidad de dejar sin efecto las normas jurídicas, leyes y decretos, provenientes de los otros poderes del Estado.

Pero por otra parte, no se quiso tampoco que el aspecto terminológico se convirtiera en un problema jurídico insalvable, sin comprometer el contenido y alcance de la expresión "Justicia", de si era un "poder" o una "función" del Estado, aunque optando por considerarla función (en el texto constitucional se dice que los jueces son independientes en su función –art. 94-) y reservando el término poder a la soberanía, de la cual emanaba (Marzal Rodríguez, 2005[71]).

Esta aparente solución de compromiso, en realidad, prescindiendo expresamente de la utilización de la terminología poder judicial, resaltaba el carácter de "función" judicial en sentido fuerte, implicando una toma de partido[72], siendo ésta la posición mantenida, incluso de forma muy combativa, como una cuestión de principios, por Elola[73], quien tuvo singular peso intelectual y dialéctico, como protagonista, en muchos de los debates, en contra de los planteamientos más "organicistas"[74], que entendía postulaban un poder judicial orgánico, corporativo y autónomo, separado del resto de los

---

69 Así, por ejemplo, el diputado Fernández Clérigo se lamentaba de no hacerse en el proyecto expresa referencia a la división de poderes : «*Yo no apetezco, señores diputados, que aquí se hable del Poder judicial, y no lo apetezco porque observo que, con tino, los redactores del proyecto que estamos discutiendo han omitido, al hablar de los poderes, la clásica división en Poderes del Estado» DSCC, núm. 71, 10 de noviembre de 1931, p. 2229.*
Otros diputados como Royo Villanova (se rompía la tradición histórica constitucional), Quintana León (falta de valentía de hablar de poder judicial) y especialmente Salazar Alonso del partido radical hablaba de precipitación y confusión terminológica (Marzal 2005: 28).

70 El 27 de agosto de 1931, Luis Jiménez de Asúa, presidente de la Comisión constitucional, en el discurso de Presentación ante las Cortes del Proyecto de Constitución, al referirse al título VIII, versante sobre la "Justicia", expone:
"Se observa en todas las Cartas políticas contemporáneas el deseo de hacer del Poder judicial un poder fortísimo. Parece como si el Estado-soporte y el Estado-guía quisieran quedar bajo el curio del verdadero Estado de derecho; por eso al Poder judicial se le da una prestancia que antes no tuvo; porque, a pesar del mentido nombre de Poder; no era más que una Administración de Justicia sometida al Poder ejecutivo. De aquí que en el art. 97, al presidente del Tribunal Supremo se le elija por una Asamblea en que elementos del Parlamento y elementos de la sabiduría jurista cooperen a esa elección. De esta manera, hemos hecho un Poder fuerte, un Poder que pueda servir de garantía al Estado de Derecho español. Y también hemos creado el Tribunal que llamamos de Garantías Constitucionales, del que más tarde, al final, hablaremos". DSCC Nº 28 27 agosto de 1931.

71 Marzal (2005:28) lo resume en un frase del diputado Fernández Clérigo en los debates: *"un poder único y una diversificación de funciones".*

72 Marzal (2005:29) lo define como una postura teórica que reforzaba sin quererlo, el papel del parlamento- del poder legislativo- depositario de esa soberanía.
Esta posición en el debate constituyente en realidad parecería que pretendía la profundización democrática del poder judicial y su legitimación constitucional, al percibirlo como función del Estado, al servicio de la ciudadanía y proveniente de la soberanía.

73 *"Es que no concibo el Poder judicial al estilo del que propone S. S. como justicia-poder. Yo he hablado de poderes jurisdiccionales, perfectamente limitados y con garantías de independencia, de eficacia y de cultura".* DSCC. Nº 73 p. 2307.
"Aquí se habla de que la mejor forma de robustecer la administración de Justicia es crear un Poder judicial fuerte, absoluto, autónomo y único. Pues bien, señores, yo disiento de ese parecer, disiento, no en el sentido de que no haya garantías para los justiciables de inamovilidad, de fuero, etc., ¡ ah!, eso es necesario, estrictamente necesario;" DSCC, núm. 73, 12 de noviembre de 1931, p. 2296

74 *" Poder. El Poder no es ciertamente una representación del Estado; es un órgano directo de ejecución que realiza determinadas funciones, y en este sentido debe admitirse; cabeza y brazo a la vez, puede pensar y ejecutar determinadas funciones, es decir, que puede querer y obrar por el Estado. La Justicia es un Poder en este sentido. Yo no lo llamo Poder judicial, quiero llamarlo Poder jurisdiccional;*

poderes, incluso enfrentado con ellos, hasta el punto de llegar a constituir un auténtico poder político. Por tanto, en contra de un poder judicial que se alzare frente a los demás poderes y no al lado de ellos[75].

En el texto de su voto particular al anteproyecto de bases para la Ley Orgánica del Poder Judicial de la Comisión Jurídica Asesora, Javier Elola aventuraba antes del debate parlamentario una definición de lo que entendía por "función judicial" [76], para la que eludía expresamente utilizar el término, por considerarlo doctrinario, de poder judicial y su preferencia por mantener el tradicional de "Administración de Justicia", locución que resulta evidente que es escasamente expresiva para describir la función judicial, pero que permitía evitar la utilización de "Poder del Estado", sirviendo sus discursos en el debate parlamentario para entender la reticencia a esta utilización[77].

En su voto particular prefiere hablar de *función delegada de la Soberanía,* pero a la que añade, que comporta *todos los atributos del Poder eminente del Estado,* siendo una función *totalmente autónoma e independiente de las otras funciones del Poder,* que comporta *jurisdicción plena para aplicar las leyes, juzgando y haciendo ejecutar lo juzgado,* que es el contenido esencial en que consiste la función jurisdiccional que despliega la Administración de Justicia, subrayando que se trata de *jurisdicción plena,* por delegación de la soberanía, por ello exclusiva, que le faculta especialmente para, mediante la aplicación de las leyes, juzgando y haciendo ejecutar lo juzgado, afirmar el derecho en los casos concretos en que las leyes sean negadas o indebidamente aplicadas en la vida jurídica.

Esta era una discusión de principios, conceptual y de fondo. Sobre qué debía ser y en qué debía consistir el poder judicial y la forma en cómo se debía plasmar en la Constitución. Esta fue la razón por la que en realidad no se evitó que la doble concepción existente, que impregnaba la discusión parlamentaria estableciendo dos polos opuestos, permaneciera en todo momento subyacente y más o menos larvada a lo largo del debate, conectada con la disputa sobre autonomía e independencia de la función judicial o del poder judicial. Esta discusión, por supuesto, trascendió a la sociedad y estuvo bien presente en el debate político republicano[78].

EL DEBATE PARLAMENTARIO SOBRE AUTONOMÍA FUNCIÓN/ PODER, INDEPENDENCIA Y AUTOGOBIERNO JUDICIAL.

El análisis de todo lo relativo a la independencia judicial no resulta sencillo, debido fundamentalmente a la densidad de este concepto cargado de connotaciones históricas, constitucionales y políticas que lo hacen de hecho inmanejable, hasta el punto que resulta difícil entender el alcance con el que se emplea en las discusiones y termina de ordinario siendo utilizado como un recurso retórico hueco de contenido (Alejandro Nieto, 2010 :131).

Poder jurisdiccional, porque el papel de la Justicia está en la realización del derecho, por medio de un juicio de valor secundario que pudiéramos llamar conocimiento. Fuera de eso no tiene ningún poder. Y con ello salgo al paso de todos aquellos que, demasiado sumisos al fetichismo de la célebre teoría de Montesquieu, creen que el Poder judicial ha de ser algo orgánico, completamente separado, completamente manumitido de los demás Poderes; manumitido en el sentido de sumisión, desde luego ; manumitido en el sentido de armonía, de equilibrio, eso, de ninguna manera. DSCC 73 12.11.1931, p. 2296

75 DSCC nº 75, de 17.11.1931, p. 2381.

76 "*1. La Administración de Justicia es la función delegada de la Soberanía, con todos los atributos del Poder eminente del Estado, totalmente autónoma e independiente de las otras funciones del Poder y con jurisdicción plena para aplicar las leyes, juzgando y haciendo ejecutar lo juzgado, en los casos concretos en que ellas sean negadas o indebidamente aplicadas en la vida jurídica.*"

77 Ver Nota 73

78 Marzal (2005: 31) refiere el debate parlamentario celebrado el 23.11.1932 entre Azaña, Gil Robles y otros diputados y el cuestionamiento retorico del poder judicial y la independencia judicial, con fuerte polémica y reflejo en la prensa de la época, progresista y conservadora, extendiéndose al cuestionamiento a los jueces y su conservadurismo y las salidas en defensa de éstos.

Una forma de evaluar las situaciones que proponen algunos autores (Bustos Gisbert, 2022)[79] es examinar el autogobierno judicial como forma de garantizar la independencia del poder judicial frente a la influencia de la política. Aunque no en absoluto fácil determinar si un determinado diseño constitucional del autogobierno es o no respetuoso de la independencia judicial, sino de en qué medida garantiza la independencia objetiva y en qué medida es compatible con la garantía de las otras manifestaciones del principio de independencia, la subjetiva y la estatutaria.

Deben distinguirse pues las garantías de independencia de la función o potestad jurisdiccional y de las del cuerpo, soporte o entramado orgánico que sirve para ello: "independencia de función", "independencia de funcionario" y autonomía o desvinculación de los órganos ordenados a protegerla[80].

Por otra parte, debe tenerse en cuenta que la independencia de los jueces, en todas sus vertientes, depende tanto de las normas jurídicas expresas: constitución y normas de desarrollo; como también de otros factores, como convenciones, prácticas constitucionales, etc. De modo que las normas y diseños institucionales pueden funcionar o no, o hacerlo de manera radicalmente diferente según los contextos jurídicos e históricos en los que se apliquen.

Aunque suprimida del texto del proyecto constitucional la referencia a autonomía (de la Administración de Justicia)[81], que venía contenida en el anteproyecto, no obstante continuó presente, confundida o como sinónimo de independencia[82], durante todo el debate constituyente sobre justicia, en algunos casos referida a la función y en otros al poder judicial, aunque se recondujo a términos de autogobierno y de otras garantías de la independencia de los jueces.

Bustos Gisbert (2022) resume esquemáticamente la discusión parlamentaria que se produjo, en los términos de: que al tratarse el judicial de un verdadero poder debía gozar de autogobierno; y la de quienes consideraban que el gobierno de los jueces debía recoger las mayorías políticas del momento, bien a través del Parlamento, bien a través del Ejecutivo.

Los primeros, estarían encabezados por Ossorio y Gallardo, que defendía, ya desde el anteproyecto de la Comisión Jurídica Asesora, el reconocimiento de la "autonomía judicial", entendida como la capacidad de autogobierno del poder judicial[83]. Los segundos promoverían otras soluciones en las que se alejara el, para ellos, peligro del corporativismo judicial.

---

79 Recogemos el planteamiento de este autor (Bustos Gisbert, 2022) para quien la independencia judicial es un concepto multifacético, que presenta tres manifestaciones: subjetiva, objetiva y estatutaria. Desde el primer punto de vista la independencia judicial es un principio de derecho fundamental (en el sentido jurídico de Alexy) que pretende asegurar la ausencia de presiones sobre el juez cuando ejerce la función jurisdiccional en aras de la salvaguarda del derecho a un juicio justo de los ciudadanos (la salvaguarda del derecho a un juez independiente). Desde el segundo punto de vista, es un principio de organización del Estado en virtud del cual ha de garantizarse la ausencia de injerencias del resto de poderes en el funcionamiento del poder judicial (la garantía de un poder judicial independiente). Desde un tercer punto de vista, la independencia judicial es el principio en virtud del cual ha de blindarse la posición jurídica del juez para hacerle inmune frente a cualquier tipo de presiones (aseguramiento de la independencia del juez).

80 Tomamos aquí expresiones utilizadas en el debate sobre independencia por el Diputado Castrillo en DSCC nº 75 de 17.11.1931 p. 2377).

81 El concepto de autonomía era en sí mismo complejo y discutido. Por ejemplo, el Ministro de Justicia (Fernando de los Rios) postulaba en todo caso por una versión reducida: *"autonomía, pero solo de un modo relativo; no hay posibilidad de una autonomía plena dentro de la organización estatal; si hubiera autonomías plenas dentro de la organización estatal, la unidad jurídica del Estado habría desaparecido"* DSCC. núm. 73 p. 2307.

82 En las discusiones sobre autonomía independencia, la intervención del diputado Ruiz-Funes, representante de la Comisión constitucional, refería que ese concepto de autonomía ya se hallaba integrado en el de la independencia propuesto por la Comisión: "*La enmienda del Sr. Ossorio y Gallardo trae un concepto de autonomía de la función judicial: el texto del dictamen va más allá, puesto que dice: Los Jueces son independientes en el ejercicio de su función. Este sentido de independencia lo traemos nosotros de varias constituciones extranjeras [...] y es que el concepto de independencia significa naturalmente el concepto de autonomía*". DSCC. Nº. 73 p.. 2309-2310.

Elola por su parte, en otro momento: "*El concepto de independencia de los tribunales dice más que si se habla de autonomía, porque el concepto de independencia es un concepto político y el de autonomía es un concepto orgánico con vistas a crear un espíritu de clase y una pequeña estatificación que se pueda enfrontar con otra clase de organizaciones estatales*" DSCC nº 75 de 17.11. 1931 p. 2382.

83 Ossorio Gallardo en DSCC nº 73 de 12 11. 1931. p 2305, en el debate sobre Autonomía judicial:
"¿Poder o función? Yo no quiero rozar siquiera los convencimientos del Sr. Elola, que tiene una cierta enemistad con Montesquieu y no le gusta que se hable de la clásica división de Poderes. Viene a convenir que es igual función o poder, que lo importante es la autonomía, que viva la Administración de justicia con su propia fuerza, en régimen de independencia, organizándose y gobernándose a sí misma. Se alega

Incluye en esta segunda posición a Javier Elola, como una de las voces más autorizadas, resaltando que siendo él mismo magistrado del Tribunal Supremo, alertara frente al riesgo de una oligarquía judicial[84] que pueda imponerse a la democracia y que acabará afirmado: "*que sus contrincantes persiguen la sustitución de un ministerio de justicia políticamente responsable por otro elegido por los jueces*".

Esta última objeción, posiblemente pudo tener algún grado de incidencia en la adopción de fórmulas que implicaran alguna forma de rendición de cuentas por parte del Presidente del Tribunal Supremo en el parlamento, al terminar incorporándose al art 97 de la Constitución la previsión de que quedara agregado junto con el Fiscal General, de modo permanente, con voz y voto, en la Comisión parlamentaria de Justicia, que instituye la propia Constitución, pero sin que ello implique asiento en la Cámara. Esta previsión se introduce *ex novo* sin estar contemplada en el proyecto de la Comisión constitucional.

Complementa en todo caso a la solución que se diseña por los constituyente en el texto final para de dar autonomía a la función/poder, a través de su autogobierno, que se hace pivotar sobre la figura del Presidente del Tribunal Supremo y de los poderes que le son conferidos en el orden interno de la magistratura –ascensos y traslados sin excepciones- (art 96 y 97 de la Constitución). La discusión finalmente se redujo a, quien, de facto nombraría al Presidente del Tribunal Supremo, sí, por cooptación de los propios jueces o designado desde fuera, políticamente, triunfando finalmente la posición, claramente estratégica, aunque adornada de mucha enjundia y retórica argumental, de Elola[85], de posponer la propuesta de nombramiento para una Asamblea determinada por la ley, aunque su preferencia (la de Elola) según nos dice Pérez Serrano (1932 : 292) era que fuera designado por el parlamento, en contra de la posición corporativa de Royo Vilanova, representando la posición de otros parlamentarios.

Aparicio Pérez (1995 :166)[86], en la misma línea, pero desde otra perspectiva de identificación de posiciones antagónicas, refiere la de algunos diputados, como el propio Presidente del Gobierno Provisional Alcalá Zamora, que ya en la redacción del Anteproyecto de la Constitución, plantearon su posición formulando voto particular al artículo 73 del mismo y defendiendo restringir el alcance del poder judicial y de la autonomía judicial. Incluye en esta posición a Elola, quien, sin mantener exactamente la misma línea argumental que Alcalá Zamora, planteaba igualmente en voto particular suprimir el término de "autonomía".

En el modelo contrario, estarían los defensores a ultranza de la autonomía judicial, como ineludiblemente ligada a la condición de poder judicial dotado de todos los atributos propios de poder. Dentro de esta posición estaría la que, por ejemplo, refiere Pérez Serrano (1932 :286) fue mantenida por algunos diputados (Madariaga), con adhesiones argumen-

---

frente a esto el temor a la oligarquía judicial, a la casta judicial, al imperio de los jueces. Yo no sé si esta dificultad llegará a producirse alguna vez; más no cabe duda que no es el obstáculo que debe preocuparnos en este momento, porque lo que ocurre en este momento es todo lo contrario; que lejos de haber casta judicial ni oligarquía judicial, hay servidumbre judicial, que vale tanto como decir que no hay Justicia".

84 Elola en Réplica a Fernández Clérigo: "*Yo no he propugnado en contra de la autonomía; he pedido nada más que fueran independientes las jurisdicciones que se creasen. No me opongo a la autonomía judicial; antes, por el contrario, que soy carne de vuestra carne. Únicamente deseo que los jueces, acantonados en su distinta función, no lleguen a formar un poder oligárquico que pueda imponerse a la democracia*". DSCC nº 73 de 12 11. 1931. p 2305

85 "*..si el Poder judicial ha de crearse en la forma que desean sus señorías, en ese caso el Poder no puede venir de otra fuente que de donde emana toda la soberanía, o sea del Parlamento, y, por tanto, quien debiera nombrar al presidente del Tribunal Supremo sería el Parlamento; si el cargo es meramente técnico, en este caso yo sería más partidario del sistema de cooptación, y entonces no habría necesidad de traerlo a la Constitución, porque mediante el sistema de cooptación, lo que se busca es el funcionario más competente por su autoridad y por sus prestigios que pueda encarnar la representación de ese alto Cuerpo ; pero aquí no; aquí se trae a un conjunto de parlamentarios y a otro grupo de magistrados, involucrando a estos también con la política, porque indudablemente se va a formar una Constitución, no sólo hibrida, sino pútrida, Sr Ossorio Gallardo.*" DSCC nº 75 de 17 11. 1931. p 2382.
En los debates, como argumento de autoridad hizo referencia una a una a las más de cincuenta constituciones que existían en el mundo, treinta y dos omitían cualquier referencia al nombramiento del Tribunal Supremo.

86 Suarez Bilbao reproduce literalmente aspectos sustanciales del texto de Miguel Ángel Aparicio, aunque sin citarlo, en su trabajo Revolución y Restauración en la Administración de Justicia (1874-1936), publicado en el Anuario de Historia del Derecho español. Tomo LXXVI. Estudios.2006 (:310 y ss).

tales de otros, que defendieron en el debate constitucional crear un poder judicial plenamente autónomo, a cuya cabeza se colocaría a un "Justicia Mayor de la República", como posición máxima del "Justiciazgo"[87] [88].

También se dieron otras visiones más clasistas, con posiblemente encubiertas connotaciones políticas, que coincidirían con más o menos matices por un sector relevante de la judicatura.

En cualquier caso, aunque hubiera dos visiones distintas en el debate, se compartía en el fondo por todos un muy parecido modelo de estructura judicial, en el que se reproducían los elementos esenciales ya existentes: (1) Mantener el Ministerio de Justicia (al que se le reconoce expresamente en el art 97 de la Constitución) ; (2) Mantener el carácter funcionarial de los Jueces (3) y potenciar la independencia judicial, dándole importantes facultades en materia estatutaria judicial la figura del Presidente del Tribunal Supremo elegido a propuesta de una Asamblea y su Sala de gobierno (Aparicio Pérez, 1995 :170).

La claves eran, pues, en materia de independencia, la no interferencia del ejecutivo y el legislativo en los asuntos judiciales y la no injerencia en la función jurisdiccional.

Como garantía orgánica, la propuesta impulsada por Ossorio y Gallardo, de general aceptación, de pasar todas las competencias ejecutivas al Tribunal Supremo, lo que sin embargo para algunos diputados (Salazar Alonso), no era garantía de nada, ya que únicamente significaba cambiar un ministerio por otro sin ofrecer solución alguna.

LA POSICIÓN DE JAVIER ELOLA SOBRE LA AUTONOMÍA/INDEPENDENCIA JUDICIAL.

Javier Elola se manifestó a lo largo de los debates ferviente partidario de la posición, que finalmente triunfó, que eliminaba del texto constitucional, como ya lo hacía el proyecto, cualquier referencia a poder autónomo y que se sustituía por otras fórmulas de reconocimiento de la independencia judicial[89], como la finalmente adoptada en el art 94, que se refería a que "Los jueces son independientes en su función" y "Sólo sometidos a la ley", además de estar dotados de la garantía de inamovilidad (art 98) y del autogobierno judicial (art 96 y 97 de la Constitución).

La posición de Elola respecto de estos temas, vista desde la perspectiva actual, no deja de ser, en algunos aspectos, compleja. Como jurista, magistrado del Tribunal Supremo en activo, dotado de una gran cultura y preparación jurídica, que ejercía también como político constituyente en este tiempo, no tenemos ninguna duda que mantenía una gran independencia de criterio, no sólo respecto de las posiciones del Partido Radical Republicano, también de sus compañeros jueces, de lo que se jactó dialécticamente en numerosas ocasiones durante el debate parlamentario del Título VII de la Constitución[90].

Pero más que una gran desconfianza profesional hacia sus compañeros jueces, a quienes consideraba eminentemente conservadores[91], mantenía, de la misma manera que otros diputados (Ruíz-Funes, etc.), una posición mucho más compleja y matizada,

---

87 *«Y, ¿quién sería y qué haría esta Justicia Mayor? Sería, desde luego, el tercer personaje de la República, inviolable, rodeado de una majestad sólo comparable, aunque inferior, al Presidente de las Cortes y sería nombrado de igual modo que se ha de nombrar al Presidente de la República, por la colaboración de las Cortes y un plebiscito de compromisarios [...], una especie de Presidente judicial de la República.»* DSCC, núm. 73, 12.11.1931, p. 2291

88 La propuesta estuvo especialmente promovida por el magistrado Adolfo García González.

89 "*El concepto de independencia de los tribunales dice más que si se habla de autonomía, porque el concepto de independencia es un concepto político y el de autonomía es un concepto orgánico con vistas a crear un espíritu de clase y una pequeña estatificación que se pueda enfrontar con otra clase de organizaciones estatales*" DSCC nº 75 de 17.11. 1931 p. 2382.

90 " *Y conste también que no hablo en nombre de nadie ni tengo representación de nadie: como Diputado tengo la de mis electores; como magistrado hablo por mí mismo; y aun añadiré más: que muchas de las manifestaciones que he de hacer ante la Cámara están en pugna con la opinión respetable de la mayoría de mis compañeros de carrera*". DSCC nº 73 de 12.11.1931, p. 2296.

91 *"Hay que reconocer que los jueces tienden, evidentemente, al conservadurismo ; son eminentemente conservadores, por no decir retrógrados"... "La Magistratura está acostumbrada a fundar su criterio, a establecer principios con fórmulas cabalísticas, y algunas veces arbitrarias, desnaturalizando en absoluto el sentido de las Constituciones y el sentido de la democracia, y por eso, al atribuirse ese poder a los jueces, lo que se hace es no sólo invadir las funciones del Parlamento, y por ende contrariar el principio democrático de donde aquel emana, sino imposibilitar la vida continua y normal del Derecho. Ya no es sólo un principio constitucional, es un, principio vital,*

de mucho más calado cultural y político, respecto del concepto y de otros aspectos centrales de poder judicial y otros temas relacionados, que la que se manejaba en los debates parlamentarios por otros diputados de otras bancadas, esforzándose en, con gran precaución, dibujar la posición de la jurisdicción/jurisdicciones dentro de la actividad del Estado y de respeto de otros poderes, tratando de resaltar muy bien el aspecto diferencial de la función jurisdiccional como razón basilar del poder judicial, por encima de la de poder judicial orgánico y llamando la atención sobre el peligro que aparentaba tener el corporativismo judicial en ese sentido, incluso como enemigo político de la república y la democracia, preocupado también por los aspectos de legitimación democrática de la justicia, al servicio de la ciudadanía.

Sus muchas aportaciones en este sentido deben ser apreciadas a través del conjunto de actividades y textos jurídicos que desarrolló, fundamentalmente votos particulares en su actividad como miembro de la Comisión Jurídica Asesora, enmiendas e interesantes intervenciones parlamentarias, etc.

El periodo constituyente fue breve, apenas cuatro meses, y Javier Elola, como personaje, puede decirse que en muchos momentos de su vida personal y profesional cabalgó a lomos de la vorágine de la historia y en el torbellino de acontecimientos que marcó la década de los treinta en España. Que confluyera en él, como jurista, ser miembro de las subcomisiones constitucional y de la de Ley Orgánica del Poder Judicial de la Comisión Jurídica Asesora, magistrado del Tribunal Supremo, además de haber sido unos meses Fiscal General de la República, le convirtió en un acreditado personaje público[92], lo que reforzó y condicionó enormemente su actividad, también su papel como parlamentario constituyente.

Con todo, Elola, aun teniendo ideas fuertemente encontradas y en gran medida no bien entendidas o directamente tergiversadas en los debates parlamentarios[93], también fue ferviente partidario del respeto al adversario y del consenso y de evitar debates estériles en cuestiones terminológicas y semánticas respecto del poder judicial en el marco de una Constitución.

En esa clave estarían sus propuestas de suprimir la definición de la Administración de Justicia como un Poder autónomo del Estado, evitando así, como afirmaba, toda definición doctrinaria[94], y de tener que entrar a fondo de forma apresurada en debates conceptuales y doctrinarios en materia de justicia, que probablemente no hubieran llegado a ningún puerto, por la gran diferencia en las posiciones.

Pero conseguiría en gran medida con sus aportaciones e intervenciones, plagadas de brillante, elegante y documentada oratoria, llena de referencias doctrinales y de derecho y jurisprudencia comparada, que sus posicionamientos en materia de justicia, perfectamente definidos ya en las fases preparatorias de la Constitución, y que se extendían en las normativas acompañantes de ésta, fueran especialmente escuchados y tenidos en cuenta.

Posiblemente fueron determinantes de que el diseño y la definición constitucional en temas relevantes de justicia fueran lo suficientemente abiertos y se separaran del peligro de que se reconociera expresamente en el texto constitucional a un poder judicial corporativista, poderoso y autocomplaciente, desgajado de la ciudadanía e incluso en lucha contra la democracia republicana.

El riesgo era que se produjera la situación contraria y que se mantuviera en el contramodelo[95] previsto para la justicia republicana, una justicia, débil, servil y sometida a los vaivenes de la política y de los otros poderes del Estado, lo que de ninguna manera tampoco era querido por Elola.

---

algo que es menester arrancar a los jueces, no porque ellos no sean dignos de administrar esta función, sino que está colocada en otro ámbito; es otra su naturaleza, y, por to tanto, a los jueces no puede de ninguna manera favorecerles eso". DSCC nº 76 de 18 de noviembre 1931. P. 2417

92 Pérez Serrano (1932: 292) lo califica como un Magistrado muy distinguido.

93 Marzal (2005: 29 nota a pp 27) refiere que los planteamientos que efectúa Elola en su intervención en la que se refiere a Poder Jurisdiccional (término acuñado por L. Diguit) en la sesión de 12.11.1931, no quedaron claros al resto de los miembros de la Cámara que, en alguna ocasión y con cierta sorna, se lo hicieron saber.

94 Así lo expresa en su voto particular al art. 73 del anteproyecto, datado 6 de julio de 1931.

95 Se pretendía sustituir un sistema de dependencia organizativa y gubernativa del poder judicial respecto del Ministerio de Justicia de los anteriores diseños del poder judicial por otro, a modo de "contramodelo" (Aparicio Pérez, 1995 : 165).

Pero por ello no cabe inferir que fuera en absoluto contrario al concepto de autonomía e independencia de la función judicial y de que no admitiera que la función judicial estuviera dotada de fuertes garantías orgánicas que aseguraran su independencia, que rigiera los aspectos estatutarios de juez (ingreso, promoción, ascensos, nombramientos de cargos judiciales y especialmente la inamovilidad[96][97]), no solo a través de la plasmación en la Constitución, sino también de dotarle de un blindaje constitucional en relación con el necesario respeto de la inamovilidad judicial por parte de legislación orgánica de desarrollo y de un específico órgano de autogobierno judicial, como sería el Consejo Judicial, presidido por el Presidente del Tribunal Supremo, ideas todas ellas que propugnaba, sin perjuicio del debate, que ciertamente existía, sobre cómo y quién debía designar al Presidente del Tribunal Supremo.

Sin duda, su posición le permitía tener una visión de mayor proyección y alcance. Por eso su punto de vista era optar por una constitución magra[98], que contuviera los elementos básicos de definición de la función judicial y las garantías inherentes imprescindibles, para luego llevar a cabo su desarrollo a través de legislación orgánica complementaria, en cuya elaboración también participaba[99].

Ello también tenía sus inconvenientes. Esta parquedad ha sido una de las críticas que más recurrentemente se efectúan a la Constitución de 1931 en esta materia, ya que, aunque es cierto que el texto introduce muy significativas y reconocibles garantías de fortalecimiento del Poder judicial, ella misma dejaba abiertas las puertas[100], por su excesiva remisión a un desarrollo legislativo ulterior, a su inoperatividad en la práctica, al no producirse de facto este desarrollo o hacerlo de forma diferente a la inicialmente prevista[101].

---

96 Que incluso proponía que fuera una garantía constitucional expresa y cerrada, blindada contra leyes o disposiciones que pudieran atentar de cualquier manera contra las garantías constitucionales de la inamovilidad judicial, como aparece en su voto particular compartido con otros parlamentarios al Art. 98 del proyecto constitucional: *"Los cargos de magistrados, jueces y fiscales de la jurisdicción ordinaria y de la contenciosoadministrativa serán vitalicios. No podrán ser jubilados, separados, trasladados ni suspendidos en sus funciones, sino con sujeción a las leyes, que determinaran las garantías necesarias para que sea efectiva la independencia de los Tribunales.*
En ningún caso podrá dictarse ley o disposición alguna que atente de cualquier manera contra las garantías constitucionales de la inamovilidad judicial."
Aparicio Pérez (1995 :171), respecto de esta posición de Elola y de laguna de sus réplicas en los debates parlamentarios se lamenta que,.. " *al final, como siempre ha sucedido, afloran las viejas ideas corporativas..*"
Lo cierto es que tanto el anteproyecto de Constitución en su art 76, como el proyecto constitucional y el texto finalmente aprobado, recogen en su art. 98 esta garantía expresa de inamovilidad, pero no de forma absoluta *"sino con sujeción a las leyes, que contendrán las garantías necesarias para hacer efectiva la independencia de los tribunales"*.

97 En su voto particular al proyecto de bases de Ley Orgánica del Poder Judicial elaborado por la Comisión Jurídica Asesora, respecto de la inamovilidad, la proclama rigurosamente como «garantía privilegiada de orden constitucional», que «en modo alguno podrá ser revocada, o suspendida total o parcialmente por disposiciones de Poderes legislativo o ejecutivo, salvo en el primer caso, a título de enmienda a le Constitución. Contra las determinaciones lesivas de este principio de superlegalidad procederá la interposición del recurso de inconstitucionalidad, sin perjuicio del de responsabilidad contra quienes lo infringieren».

98 DSCC 73 de 12 de noviembre de 1931, p. 2296.

99 En el voto particular al art. 7 del anteproyecto: "*Por las mismas razones debe suprimirse el párrafo 1.º de este Artículo. Sujeta excesivamente las facultades del Poder legislativo para cuando se discuta la ley de organización de los Tribunales.*
La concentración judiciaria en un solo organismo propende a máximas dificultades técnicas y, sobre todo, a crear un Poder jurisdiccional, despótico e hipertrófico, contrario a los principios democráticos. Si la Administración de Justicia no es, en realidad, otra cosa que un Poder jurisdiccional, déjese en buena hora para la determinación orgánica, la definición y especialización de la materia judiciable y no se prejuicie el sistema con semejante declaración constitucional, sin precedentes de analogía, ni razón abonada en derecho público".

100 El diputado Fernández Clérigo sin embargo mostraba su desconfianza con que no se fijaran en la constitución las bases para la tan necesaria reforma judicial o que al menos quedara constancia de ellas en el texto constitucional: "*Creo que en la Constitución debemos sentar que es un problema inaplazable el de la organización de la Justicia y que hay que acometerla inmediatamente, por medio de estas Cortes Constituyentes, que estas mismas Cortes tienen que dictar la ley Orgánica judicial para sentar las bases de esa nueva Justicia que es indispensable para la vida española....*", DSCC de 13 de noviembre (n.º 74), p. 2332

101 Las continuas remisiones a la ley dejaran a la Constitución en este punto en un mero esqueleto de una promesa no cumplida (Alcalá-Zamora, 1937: 548)

La posición de Elola se resume bien en algunas de sus intervenciones parlamentarias, que contienen muchos más matices de los que cabría pensar a primera vista, teniendo en cuenta el tenor de las vespertinas sesiones del debate parlamentario, que parecía discurrir entre los dos polos señalados.

Merece por supuesto la pena la lectura de los Diarios de Sesiones correspondientes, ya que no es posible en este texto representar la viveza del ambiente parlamentario, lleno de exposiciones vibrantes y brillantes en defensa de las distintas propuestas contenidas en votos al proyecto de la Comisión Constitucional, las réplicas y contra réplicas, como también los comentarios o reacciones al hilo del debate[102], muchos de los que tuvieron a Elola y a su elocuencia como protagonistas.

En cualquier caso, aunque la visión que sobre la justicia tenía Elola fuera más evolucionada, menos clasista y corporativa y estuviera impregnada de un mayor espíritu democrático y de sentido de ciudadanía, que la de otros jueces y políticos de la época, sus planteamientos tienen poco de revolucionarios, siendo partidario en el fondo de mantener un muy parecido modelo estructural judicial que el previamente existente.

Por supuesto, en el modelo que propugnaba se rechazaba cualquier injerencia del ejecutivo y el legislativo en los asuntos judiciales, como también la no injerencia en la función jurisdiccional, si bien esto no dejaba de ser un desiderátum, sin ninguna clase de mecanismo de garantía real, más allá de la autocontención y respeto interinstitucional que pudieran tener, en un planteamiento democrático y respetuoso con el estado de derecho, el resto de los poderes.

La única posibilidad real de control democrático sería a través del parlamento, sin perjuicio de su verdadera efectividad. Quizá, entre otras razones, a ello pudiera responder en el diseño constitucional, la previsión contenida en el art 97 de la Constitución, estableciendo que, el Presidente del Tribunal Supremo (como igualmente el Fiscal general) estén agregados con voz y voto, aunque sin asiento en la Cámara, a la Comisión parlamentaria de Justicia, lugar donde podrían debatirse las incidencias sobre la independencia judicial que se produjeran por injerencias de otros poderes.

Elola durante su permanencia como parlamentario se ocupó en varias interpelaciones de hacer valer la independencia judicial afectada por injerencias del Ministro de Gobernación en las actuaciones de jueces de Madrid en relación con las medi-

---

[102] Los debates se recogen en los *Diarios de Sesiones* de 11 de noviembre (n.º 71), 12 de noviembre (n.º 72), 13 de noviembre (n.º 74), 17 de noviembre (num. 75), 18 de noviembre (n.º 76), 19 de noviembre (n.º 77).

Referimos aquí algunas intervenciones que consideramos particularmente representativas, que sintetizas las posiciones de Elola y que se van produciendo según va avanzando el debate en torno a las discusiones que se producen referidas a cada uno de los artículos:

"Aquí se habla de que la mejor forma de robustecer la administración de Justicia es crear un Poder judicial fuerte, absoluto, autónomo y único. Pues bien, señores, yo disiento de ese parecer, disiento, no en el sentido de que no haya garantías para los justiciables de inamovilidad, de fuero, etc., i ah!, eso es necesario, estrictamente necesario; pero una cosa es que esas garantías se inscriban en la ley en su momento y en su lugar, y otra cosa es que al socaire de ciertas concepciones vetustas, constitucionales en torno de la Justicia, vengamos aquí a pretender crear una oligarquía judicial que el día de mañana pueda imponerse y enfrentarse con la democracia".

"..El Poder no es ciertamente una representación del Estado; es un órgano directo de ejecución que realiza determinadas funciones, y en ese sentido debe admitirse; cabeza y brazo, a la vez, puede pensar y ejecutar determinadas funciones, es decir, que puede querer y obrar por el Estado. La Justicia es un poder en este sentido. Yo no lo llamo Poder judicial, quiero llamarlo poder jurisdiccional. Poder jurisdiccional porque el papel de la Justicia está en realización del derecho por medio de un juicio de valor secundario que podemos llamar conocimiento. Fuera de eso, no tiene ningún poder. Y, con eso, salgo al paso de aquellos que, demasiado sumisos al fetichismo de la célebre teoría de Montesquieu, creen que el Poder judicial ha de ser algo orgánico, completamente separado, completamente manumitido de los demás Poderes" DSCC, núm. 73, 12 de noviembre de 1931, p. 2296

"Así, pues, es preciso unidad de soberanía y división de órganos, según las respectivas funciones; división relativa, no separación absoluta."

"Pues bien; creo que donde podríamos desembocar con objeto de evitar la creación de un Poder judicial excesivo (digo excesivo porque no es que los jueces tengamos un deseo omnímodo de mandar en todos los órdenes, aunque a veces se dé el caso, sino porque toda organización corporativa o colegial, manejada por ley determinada, tiende a adueñarse de su poder y de los ajenos)".

"Es que no concibo el Poder judicial al estilo del que propone S. S. como justicia-poder. Yo he hablado de poderes jurisdiccionales, perfectamente limitados y con garantías de independencia, de eficacia y de cultura".

"Réplica a Fernández Clérigo: Yo no he propugnado en contra de la autonomía; he pedido nada más que fueran independientes las jurisdicciones que se creasen. No me opongo a la autonomía judicial; antes, por el contrario, que soy carne de vuestra carne. Únicamente deseo que los jueces, acantonados en su distinta función, no lleguen a formar un poder oligárquico que pueda imponerse a la democracia". DSCC, núm. 74, 13 de noviembre de 1931.

das cautelares adoptadas tras la detención de un individuo armado[103]. Igualmente lo hizo por un enojoso incidente ocurrido en Barcelona entre un juez de aquella capital y un dignísimo representante de la Generalidad catalana, con motivo de ciertas diligencias seguidas por querella en causa criminal instada por parte legitima, causante de tensión en las relaciones entre un órgano legislativo y una autoridad judicial[104].

Con todo, el más llamativo, con mayor repercusión pública y mediática[105], y con especial valor al ser una actuación como parlamentario, pero que pone de manifiesto sobremanera la faceta de Javier Elola como juez garantista, respetuoso de los derechos fundamentales de los ciudadanos sin distinción y profundamente apegado a la legalidad, en defensa del art. 29 de la Constitución (derecho a la libertad), fue el de los detenidos gubernativos patronos que habían sido encerrados en la cárcel por disposición arbitraria del gobernador de Jaén.

Elola, en su intervención parlamentaria[106], después de manifestarse crítico con respecto a la Ley de Defensa de la República, a la que califica de estrambote constitucional que ha sido menester aceptar en fuerza de las circunstancias, efectúa un interesante alegato en defensa de la garantía jurisdiccional del derecho a la libertad reconocido en el art. 29 de la Constitución, que califica del «Habeas corpus» de la ciudadanía española, frente a las detenciones arbitrarias llevadas a cabo por autoridades gubernativas, esgrimiendo el carácter derogatorio de la Constitución de las normas contrarias a ella y que, por ello, las cuestiones jurisdiccionales, en cuanto se entienda que las autoridades gubernativas son prolongación jurisdiccional, están virtualmente derogadas desde el mismo día en que se ha promulgado la Constitución española.

Desde el punto de vista de la defensa orgánica de la independencia judicial, con el advenimiento de la República y la derogación de la legislación de la Dictadura de Primo de Rivera se había recuperado de facto, a la espera de nuevas leyes orgánicas judiciales que nunca llegaron en el sentido requerido, el modelo de la provisional Ley Orgánica del Poder Judicial de 1870, que había que actualizar.

Ya se ha tratado en este texto sobre la propuesta de bases de la Ley Orgánica del Poder Judicial la Comisión Jurídica Asesora y sobre el importante voto particular de Elola. Dicha propuesta se imbricaba en el esquema general continuista de mantener el Ministerio de Justicia, mencionado en el artículo 97 de la Constitución, aunque cediendo sus competencias en materia estatutaria judicial, pero manteniendo el carácter funcionarial de los jueces profesionales y, potenciando, como mayor garantía de la independencia judicial, la figura del Presidente del Tribunal Supremo, dándole importantes facultades en materia estatutaria judicial, y su Sala de gobierno y grupo de asesores (Consejo Judicial).

El diseño constitucional se corresponde con el establecimiento de un mecanismo de autogobierno judicial con alguna similitud a la previamente existente Junta Organizadora del Poder Judicial de los inicios de la Dictadura de Primo de Rivera, al que había pertenecido Elola y a nuestro actual Consejo General del Poder Judicial.

EL PRESIDENTE DEL TRIBUNAL SUPREMO. LA PROPUESTA DE JAVIER ELOLA DE UN CONSEJO SUPERIOR DE JUSTICIA O CONSEJO JUDICIAL, PARA EL AUTOGOBIERNO JUDICIAL.

Fue comúnmente aceptado por la asamblea constituyente la propuesta contenida en el anteproyecto y proyecto de la Constitución de referirse al Presidente del Tribunal Supremo en el Titulo de la Justicia, instituyendo una figura, especialmente defendida por Ossorio Gallardo, a la que se pretendía dar un papel relevante, piedra angular, por su nombramiento cualificado,

---

103 DSCC nº 154 de 26 abril de 1932.

104 DSCC nº 357 de 21 junio de 1933.

105 El diario "El Socialista" de 3 de Febrero de 1932 publica en su pag. 3 una crónica en tono de dura crítica firmada por la periodista Margarita Nelken contra Javier Elola que titula: *"El catecúmeno radical señor Elola protesta contra la detención de unos patronos en Jaén y es replicado por el compañero Alvarez Angulo"*. En Desde el Escaño. ¿Estilete o navaja?

106 DSCC nº 109 de 2 febrero 1932.

ajeno a la política y fuera del alcance de los otros poderes, como garantía institucional y orgánica de la independencia judicial, dándole importantes facultades en materia estatutaria judicial. La discusión parlamentaria se enredó especialmente en su forma de designación, que ya desde el anteproyecto se encomendaba a una Asamblea, pero se trataba de determinar la composición de esta, pues que fuera una u otra determinaría quien tenía más influencia en la designación de la cúspide judicial con amplios poderes en el estatuto judicial y de preparación y proposición de leyes de reforma judicial y Códigos de procedimiento, además de quedar agregado a la Comisión parlamentaria de Justicia (art. 97 de la Constitución)

La propuesta de Ossorio Gallardo iba por que la Asamblea solo se constituyera con juristas (magistrados, abogados, catedráticos, etc.), de forma diferente a la Comisión parlamentaria que proponía la presencia de representantes del parlamento y en los debates se introdujo la participación de la Academia Nacional de Jurisprudencia. Elola, como ya hemos comentado en otro momento, fue muy beligerante respecto de este tema y consiguió finalmente que saliera adelante su propuesta de que quedara sin regular en la Constitución por no ser, según él, materia constitucional[107].

Al Presidente del TS se le añadirían para completar el diseño constitucional la Sala de Gobierno y los asesores jurídicos que la ley designase entre elementos que no ejercieran la Abogacía para los ascensos y traslados de jueces, magistrados y funcionarios fiscales.

Sin embargo, este “Consejo” no aparece ni en el anteproyecto ni en el proyecto constitucional, pero si hay referencias claras y explicitas a él, como si estuviera en la mente de todos los diputados, durante el debate constitucional[108] , cuando realizan menciones expresas a un Consejo que tendría como misión complementar esta garantía. Finalmente, el art. 97.b) del texto constitucional lo reduce una tímida alusión a la actuación del Presidente del TS será de acuerdo con la Sala de gobierno y los asesores jurídicos que la ley designe.

Elola, en su voto particular al Anteproyecto de bases a la Ley Orgánica del Poder Judicial, que debía ser de desarrollo orgánico de la constitución propone, con mucho mayor ímpetu instituir un “Consejo Superior de Justicia” o “Consejo Judicial” (Lasso Gaite, 1998 :326), bajo la presidencia del Presidente el del Tribunal Supremo, “para servir los fines requeridos por la naturaleza autónoma de la función en su aspecto orgánico”, “formado por funcionarios de las diversas categorías en la proporción que se estime procedente y asumirá las funciones inspectoras y todas las encaminadas a la determinación de aptitudes, méritos, especialización y selección del personal de las Carreras judicial y fiscal, en lo necesario para el exquisito funcionamiento de todo el mecanismo judicial, con vistas a las orientaciones que se deducen de todo lo expuesto”.

La composición, aparte del Presidente del Tribunal Supremo, con carácter permanente, se encomendaría a una «Asamblea compuesta del Pleno del propio Tribunal, los Presidentes de las Audiencias y un compromisario por cada Audiencia, votado por los funcionarios del territorio».

---

107 La regulación se llevó a cabo por ley de 8 de octubre de 1932 y por su forma de aprobación y general asentimiento al texto se la llegó incluso a calificar como “ley constituyente” (Marín Lázaro) Diario de Sesiones 9.06.1936.

108 Aparecen como referencias al “Consejo” en el debate parlamentario, las que hace el Ministro de Justicia Fernando de los Ríos, que argumentaba en defensa el Tribunal Supremo con el Consejo, con la Sala de gobierno, y la necesidad de superar el criterio de ascenso de los jueces por plena antigüedad, que no es forma de selección, la antigüedad, argumentaba, es el ciego criterio biológico, no por razón de cultura y capacidad. DSCC. Nº 73 de 12.11.1931 p. 2307

De igual manera por Ossorio y Gallardo dirigiéndose a Elola y a otros diputados en relación con su enmienda y su propuesta de desvinculación del nombramiento del Presidente del Tribunal Supremo de cualquier influencia política: “*una cosa es el Ministro de Justicia y otra cosa es el Tribunal Supremo asumiendo todas las funciones que hoy están en el Ministerio, y tienen que estar muy preocupados hombres tan cultos como S. S . para no advertirlo desde el primer instante, porque el Ministro es un político que está en una obra solidaria de política con otros hombres políticos, sostenidos por fuerzas políticas, corroborado o contradicho por grupos políticos, y la política tiene que predominar constantemente en su juicio y en su actuaci6n ; y el presidente del Tribunal Supremo, primero, no había de gobernar por si las cosas, sino mediante el Consejo judicial que se propugna, y segundo no es un político, no debe su nombramiento a la política*” . . . DSCC. Nº 73 de 12.11.1931 p. 2306.

Igualmente se hace referencia en la intervención del diputado Sr. Puig De Asprer: . DSCC. Nº 75 de 17.11.1931 p. 2386.

No resulta muy explicable que Elola, que había tenido la experiencia de participar en un Consejo Judicial en la Dictadura de Primo de Rivera, aunque quizá pudiera ser por eso, o por no introducir elementos que alargaran el debate constitucional, no quisiera hacer una propuesta en el sentido del Consejo al que se refiere su voto particular a las bases para una LOPJ.

OTRAS PROPUESTAS DE JAVIER ELOLA EN MATERIA DE JUSTICIA QUE RESULTAN DE INTERÉS:

Respecto a la "Unidad jurisdiccional".

El estado de la cuestión existente en aquel momento sobre este tema se reducía, en gran medida, al reconocimiento de la fragmentación jurisdiccional existente, con afirmación de jurisdicciones múltiples, conviviendo como jurisdicciones independientes.

Aunque Elola en su voto particular a las bases de la LOPJ establece el diseño de unidad de la jurisdicción: "La Administración de Justicia es una"., sin perjuicio de todos los matices o manifestaciones que es lo que diferencia a las distintas jurisdicciones comprendidas en ella, sin embargo llama la atención en sus intervenciones parlamentarias sobre el peligro de la creación de un Poder enorme, un poder judicial que se alzase frente a los demás Poderes y no al lado de ellos.

Y añadía que "debía tomarse como una especie de armonía de los distintos Poderes jurisdiccionales, de modo que cada uno de estos se interpretase como una Justicia condicionada por su propio fin. Es decir, que el Derecho privado fuese objeto, en su administración, de un Poder jurisdiccional de Derecho privado, que hoy se llama de Justicia ordinaria, contraída a lo civil y a lo criminal; que se entendiese que, al lado de este Poder jurisdiccional, estuviese otro jurisdiccional de Derecho público, o sea, el Contenciosoadministrativo, y también al lado de estos dos Poderes, el Poder jurisdiccional de Derecho social, …; y, por último, que parece que en la redacción del art. 96 se establece la creación de esos Poderes jurisdiccionales, porque ha desaparecido el concepto de unidad que se sostenía"[109] .

Planteaba pues la existencia de varias jurisdicciones, reconociendo la singularidad de la contencioso administrativo y la laboral, a la vez que cuestiona y critica el predominio de la concepción judicial del derecho privado, que es sobre el que se pliega, sin deber ser así, la jurisdicción única.

El debate parlamentario condujo a la fórmula del art. 95 de la Constitución, que establece que "La Administración de Justicia comprenderá todas las jurisdicciones, que serán reguladas por las leyes".

Pérez Serrano (1932,p. 290) comentando este artículo de la Constitución critica la solución adoptada finalmente en el texto constitucional por no afirmar de forma categórica "su unidad sustancial, desmembrada luego, por motivos técnicos, en distintas ramas".

Elola, en cualquier caso, era partidario de no discutir en ese momento el tema y de dejar cualquier materia referida al contenido de las jurisdicciones "para cuando se discuta la ley de organización de los Tribunales". Llamando una vez más la atención de que "la concentración judiciaria en un solo organismo propende a máximas dificultades técnicas y, sobre todo, a crear un Poder jurisdiccional, despótico e hipertrófico, contrario a los principios democráticos. Si la Administración de Justicia no es, en realidad, otra cosa que un Poder jurisdiccional, déjese en buena hora para la determinación orgánica, la definición y especialización de la materia judiciable y no se prejuicie el sistema con semejante declaración constitucional, sin precedentes de analogía, ni razón abonada en derecho público"[110].

---

[109] DSCC 75 17.11.1931, p. 2380

[110] Voto particular de Elola al art 74 del Anteproyecto de Constitución de la Comisión Jurídica Asesora.

Sin embargo, conocedor en profundidad del mundo judicial, e inquieto por preservar el carácter democrático de la justicia, aprovecha, también, en este mismo voto particular al texto del art 74 del anteproyecto, para ser mucho más beligerante respecto de otros aspectos de fondo, manifestando, en términos muy llamativos, su preocupación obsesiva por el peligro de que se cree un poder judicial sobredimensionado en su vertiente de poder[111], en cuanto que propende: " a crear un Poder jurisdiccional, despótico e hipertrófico, contrario a los principios democráticos".

Respecto de la jurisdicción contencioso-administrativa, consideraba que, aunque debía también quedar comprendida dentro del concepto de unidad jurisdiccional, "por la naturaleza propia de esta jurisdicción, deberá hacerse a base de una total diferenciación, con relación no sólo en cuanto al personal, sino también al procedimiento, respecto de los de otras jurisdicciones fundamentales".

Dentro de su propuesta de especialización jurisdiccional, en sus intervenciones parlamentarias se refiere igualmente y hace un interesante alegato sobre la conveniencia de creación de una justicia social, como otro poder jurisdiccional, poniendo como ejemplo la jurisprudencia de las Cortes federales de los EEUU, haciendo una muy dura crítica de ellas, en cuanto que desactivaban con sus prácticas las normas estatuidas en favor de los derechos de los trabajadores y la necesidad de que los jueces que se ocupasen de esa jurisdicción fuese mejor quizá que fueran nombrados de manera electiva y la necesidad de tener una formación específica[112].

En consonancia con el nuevo diseño que se propugnaba bajo la cobertura de un "Consejo Superior de Justicia" apostaba por un sistema de especialización de funciones, que enunciaba como base 17ª en su voto particular, del siguiente modo: "Se estima conveniente la especialización en las funciones, y, por ello, convendría consagrar el principio en la nueva ordenación. Podría tener efectividad práctica adoptando un sistema consistente en que aquélla fuera iniciada por el propio funcionario e indicada al Consejo Superior de Justicia. A partir del momento del ascenso a categoría de Magistrado, aquella manifestación contrastada por los informes y antecedentes obrantes en el Consejo Superior de Justicia y la experiencia del interesado, podría consolidarse o afirmarse definitivamente por éste, y si era admitida por aquél a todos los efectos, constituir un motivo de preferencia a los fines de provisión de vacantes en aquella categoría y la superior, en cuanto fuera compatible con el movimiento del personal, basta lograr la especialización definitiva para el Tribunal Supremo".

---

[111] *"Pues bien; creo que donde podríamos desembocar con objeto de evitar la creación de un Poder judicial excesivo (digo excesivo porque no es que los jueces tengamos un deseo omnímodo de mandar en todos los órdenes, aunque a veces se dé el caso, sino porque toda organización corporativa o colegial, manejada por ley determinada, tiende a adueñarse de su poder y de los ajenos) ; lo que, a mi juicio, debía hacerse no es formar un bloque ingente de justicia, sino jurisdiccionalizar las diferentes actividades judiciales. Y, esto, ¿cómo puede hacerse? Pues buscando coeficientes de actividades tangenciales, específicas, y luego creando en cada jurisdicción la suficiente suma de garantías para que todos los funcionarios que la desempeñen cumplan con su deber frente a su conciencia y frente a las exigencias de la Republica . Voy a ser más claro en este punto.*
Aquí se tiende a hacer de la justicia ordinaria un Poder que asuma todos los demás Poderes judiciarios, o sean: el contenciosoadministrativo, el social, el mercantil, el penal y el civil. Aparte la dificultad de que los funcionarios judiciales en sistema tal seamos todos unos sabios capaces de discernir en toda suerte de disciplinas, este sistema se presta a una confusión y nos conducirá a lo que nos han conducido las organizaciones antecedentes; es decir, a que no exista verdadera Justicia, una Justicia especializada.."

[112] *"...citaros nada más que unas cuantas resoluciones dadas por la Magistratura de los Estados Unidos en las luchas entre el capital y el trabajo. Ya sabéis que en los Estados Unidos la Magistratura lo es todo. Tiene la jurisdicción ordinaria; tiene la jurisdicción, no digo contencioso administrativa, porque esa allí apenas si se conoce, pero tiene la jurisdicción social; tiene el recurso de inconstitucionalidad ; tiene, incluso, el control de las leyes o estatutos que surgen del Parlamento.*
¿Cuál ha sido la actitud de los magistrados de los Estados Unidos, pueblo eminentemente ciudadano, nacido republicano, pero afiliado también a esas oligarquías plutocráticas? Pues la siguiente, la que veréis en algunos casos de sentencias que voy a leeros, porque son eminentemente significativos.."
Se pensó por ello que los jueces de la Corte federal fuesen nombrados de manera electiva, y acaso tuvieran razón y la necesidad de tener una formación específica. DSCC 73 de 12.11.1931 p. 2229

SU APUESTA POR UNA ADMINISTRACIÓN DE JUSTICIA TÉCNICA Y PROFESIONAL, PERO CON INTERVENCIÓN CIUDADANA.

El planteamiento de Javier Elola no propugna grandes cambios sobre la clase de juez funcionario técnico en derecho que se representa. Así, en su propuesta de base general 4. dictamina que: "La Administración de Justicia -que por referirse al restablecimiento e imperio del Derecho desconocido o negado, como fórmula suprema de garantía de la ordenación jurídica, más complicada cada día, supone formación de juicio y requiere vocación, conocimiento, aptitudes y capacidad adecuada- es función del Poder generalmente técnica y profesional." El ingreso en la Carrera judicial sólo podrá hacerse por oposición, seguida de un período de prácticas, en calidad de Jueces adjuntos a los Juzgados de partido de las grandes capitales.

Pero quizá el aspecto más interesante de su discurso en este aspecto y, diríamos que, hasta cierto punto difícil de interpretar, que refiere en su voto particular a las bases de la LOPJ y que repetirá en diversas ocasiones en el debate parlamentario, es la mención que hace a la necesaria conexión de la función jurisdiccional en el momento de interpretar la norma con la Soberanía, de la cual recibe su poder funcional y en cuanto que es también función ciudadana: "Pero en cuanto ha de interpretar la norma con criterio que responda en el grado humanamente posible a la conciencia jurídica de la Soberanía que la formó y de la cual emana su propio poder funcional, es también función ciudadana".

Y añade, que "Por ello, sus órganos deben estructurarse respondiendo a esa doble naturaleza y ser eminentemente ciudadanos, eminentemente técnicos y profesionales o mixtos, según lo permitan y requieran en el orden material de aplicación práctica y a los efectos de eficacia, en definitiva, de la Justicia, que es siempre la meta suprema, la índole y naturaleza accidentales de cada jurisdicción y la entidad del caso."

Estos párrafos parecen querer introducir elementos tendentes a una interpretación del derecho no desvinculada de la soberanía como factor legitimante de la función jurisdiccional, propugnando "Jueces con conciencia ciudadana, no meros burócratas"[113]

Responde quizá al debate sin duda existente en los inicios de la República y en el momento constituyente sobre los modelos de democratización de la justicia, del que se hace eco Pérez Serrano (1932, p.286), al referirse en el comentario general al Título VII de la Constitución que: «En general, no se notó en este Título aquella propensión que en otros se había notado: lejos de repercutir criterios de orden ultrademocrático, que hubieran llevado, por ejemplo, al reconocimiento de una justicia popular y profana, prevalecieron los puntos de vista tradicionales defendidos, con tono más o menos liberal, por profesionales expertos, aunque dominados a veces por la preocupación de sus propias experiencias.»

Pero recordemos como dato profesional y biográfico, que Elola, en ningún momento quiso formar parte de los tribunales populares[114], de forma distinta a como aconteció con otros Magistrados y fiscales del Tribunal Supremo, como Mariano Gómez que, como Presidente del Tribunal Supremo, sí intervino en los que se constituyeron en los sucesos de la cárcel modelo (Marzal Rodríguez 2005 p.184) o el fiscal Galbe Loshuertos. La razón de Elola sería su posición radicalmente contraria a las jurisdicciones especiales y de excepción (Vázquez Osuna 2003, p. 46).

113 Además del principio de la independencia de los jueces y tribunales que está en la Constitución, hay otra clase de prendas que están en la conciencia de cada uno, estímulos culturales, garantías de educación y de compenetración con el espíritu del pueblo. Estas son tan necesarias como las otras y no pueden dictarlas una constitución; y si prescindís de ellas haréis nada más que un cuerpo de burócratas. 75, 2383.

114 Por Decreto de 24 de agosto de 1936 .

CONCLUSIONES:

El art. 97 de la Constitución, referido al Presidente del Tribunal Supremo, con el auxilio de órganos colegiados intra y extrajudiciales (el Consejo Judicial) tenía la intención de ser la piedra angular del sistema de garantías orgánicas de jueces y magistrados y pretendía ser el medio para influir de manera determinante en el gobierno interno de la justicia.

Sin embargo, nunca fue objeto de desarrollo y nunca por ello entró en funcionamiento, sin que podamos aventurar ni cómo ni quién elegiría a los «asesores» ni cómo funcionaría el Consejo Judicial y, si la facultad de propuesta de los cargos judiciales que se le confiere vincularía realmente al ministro de Justicia.

Por otra parte, no se produjeron significativos cambios en las leyes orgánicas judiciales por la falta de conclusión de los proyectos iniciados.

Perfectamente, por ello, podría hablarse, de fracaso de la regulación constitucional del poder judicial en la República, y que las prácticas no fueron muy diferentes de las que se habían producido en épocas precedentes, si bien habitualmente se hace mucho hincapié en las leyes de 8 de septiembre de 1932 y de 9 de julio de 1936 sobre jubilaciones, que se dice (Marzal, 2005) (Bustos, 2022), hicieron posible un eficaz control político sobre los jueces.

Sin embargo, como contrapartida, no puede olvidarse que la función judicial implica necesariamente la aplicación de las leyes, comenzando por la norma constitucional básica, sin que por ello, aun siendo perfectamente admisible la discrepancia ideológica, no lo sea cualquier clase de objeción o separación de la recta aplicación de las normas jurídicas de acuerdo a ella.

Los críticos episodios históricos que acontecieron en diversos momentos de la segunda república, entre ellos el intento de golpe de Estado de 10 de agosto de 1932 y el golpe de Estado de 1936, establecen contextos en los que es muy difícil calibrar hasta dónde puede llegar la legitimidad política del Estado para controlar y asegurar la recta aplicación de las leyes por parte de los jueces, que son una parte del Estado.

Uno de los problemas, si se acepta dialécticamente esta posibilidad, es la de los mecanismos y las garantías a adoptar en estos casos, que aseguren el núcleo básico de la independencia judicial. Probablemente la solución no venga a través de lo que se pueden considerar injerencias externas groseras de otros poderes, aunque ostenten un plus de legitimidad democrática que no tiene el judicial, sino de mecanismos preestablecidos desde dentro del poder judicial y para ello deben jugar un papel decisivo los consejos judiciales, no siendo baladí la discusión sobre las formas de elección de sus miembros, pura o mayoritariamente corporativo o estableciendo sistemas adicionales de legitimación democrática. Es bajo estas premisas como se deben valorar las referidas normas de jubilaciones que ha sido un recurso utilizado con frecuencia para depurar la falta de adaptación y el rechazo de los miembros del colectivo judicial a los cambios constitucionales y legislativos profundos incluso en el modelo de sociedad y de Estado, legítimamente producidos de acuerdo a las reglas de la democracia, en un estado de derecho.

Paradójicamente, es de significar que el propio Elola y otros magistrados del Tribunal Supremo se vieron arbitrariamente removidos contra su voluntad de sus destinos durante el bienio contra reformista radical-cedista, siendo trasladados sin su conformidad de unas Salas del TS a otras (Elola, de la 1ª a la 4ª), por acuerdo del Ministro de Trabajo, Justicia y Sanidad de redistribución ministerial de las Salas del verano de 1935, sin mayor explicación que ésta, pero contra todo criterio de especialización, presentando una interesante moción contra ello[115], en la que expresa sus puntos de vista desde la perspectiva en este caso de magistrado afectado por una injerencia arbitraria en el derecho a su inamovilidad judicial .

---

115 Resultan muy interesante algunos pasajes de la moción de Elola en la expone su erudita opinión, ya más matizada y desapasionada que en su época parlamentaria sobre el poder judicial en la Constitución de 1931: *"Las prescripciones legal-constitucionales de la República española han logrado realizar un estatuto orgánico de competencias rigurosamente circunscritas y cerradas, merced al cual se establece una normación jurídica que delimita y distribuye los poderes, dentro de cuya mensurabilidad se desenvuelve sin residuos toda la actividad del Estado. Nunca plenitud de poder público; sino facultades controlables de mutua correspondencia, según cánones preestablecidos e inquebrantables; es decir, equilibrio, frenos y contrapesos; pero jamás invasiones, abusos, desviaciones e interferencias de un poder cerca de los demás. En esto radica la cardinal diferencia de la Constitución vigente respecto*

En cualquier caso y volviendo al pensamiento de Elola, los acontecimientos político-sociales en que nace y de los que nace la República probablemente sirven para explicar mejor sus intensas reservas y objeciones ante el peligro que representaba una justicia pertrechada y revestida de poder corporativo, al margen de la función de juzgar y del abandono de la idea de poder judicial como función que, sin embargo, reclamó, junto con otros diputados, con singular intensidad y tenacidad, cobrando un importante protagonismo en esta representación de justicia como función jurisdiccional del Estado, siguiendo en ello a Diguit y Hariou, a quienes citaba en sus escritos. Pero también, acompañando a esta idea, su interés por que se instauraran mecanismos en garantía de la independencia judicial, si bien que buscando algún grado suplementario de legitimidad democrática.

Quizá por ello deba reivindicarse que la Constitución republicana representó un cambio de paradigma en la regulación de la justicia y del poder judicial, abriendo las puertas a la modernidad en la concepción del poder judicial, como función jurisdiccional y servicio público, lo que sin embargo no tuvo continuidad sino hasta nuestra actual Constitución que recoge en gran medida sus enseñanzas.

De la experiencia republicana en materia de Justicia, en la que tanto se involucró y tuvo presencia en sus inicios Javier Elola, habría que destacar, como conclusiones en materia de Justicia (Bustos, 2022): i) el judicial solo es poder en cuanto juez en ejercicio de la función jurisdicción y es ahí donde ha de ser plenamente independiente; (ii) en cuanto institución la justicia ha de gozar de la suficiente autonomía para hacer posible la independencia del único poder judicial real (el juez en ejercicio de la jurisdicción); (iii) la articulación concreta del autogobierno se mueve entre el polo técnico (que conduce a la cooptación entre miembros del propio poder judicial) y el polo político (que conduce a la elección parlamentaria y gubernamental de los miembros de los órganos de autogobierno); (iv) en la Constitución se apuntaba un modelo de autogobierno judicial con un presidente fuerte acompañado de dos órganos de asesoramiento, la Sala de Gobierno del Tribunal Supremo y un grupo de asesores no compuesto por juristas; (v) la eficacia de las reglas constitucionales en garantía del autogobierno fue nula dado el contexto político en el que entraron en vigor.

Podemos observar que el debate sobre autogobierno judicial sigue siendo en este momento, en esencia, el mismo, y se contrae en gran medida a la forma de designación de la mayoría de los miembros del órgano de autogobierno, si ha de ser corporativo o requiere de adicionales formas de legitimación democrática (parlamentaria).

Por último, no podemos dejar pasar, desde otras posibles perspectivas de la independencia judicial, que Elola, en su discurso, no se olvida de la faceta de independencia como garantía para la ciudadanía[116], como tampoco de la independencia interna de los jueces y que es algo que debe ser cultivado por ellos, como cultura de la jurisdicción. Proclama que, "junto con el principio de la independencia de los jueces y tribunales que está en la Constitución, hay otra clase de prendas que están en la conciencia de cada uno, estímulos culturales, garantías de educación y de compenetración con el espíritu del

---

a la doctrinaria de 1876 y a la precedente de 1869 que, en sus avizores democráticos, no había conseguido una tan acabada estructura de los elementos políticos y orgánicos que la integraban, defecto que, cómo vamos a indicar, se tradujo en algunas inconsecuencias reflejadas en leyes ordinarias carentes hoy de adecuación ante la jerarquía suprema de la vigente norma fundamental en verdad distinta de aquellas otras a cuyo dominio se debían originales. Según la Constitución de 1931 se define la Justicia como institución autónoma. El Juez queda solo vinculado a la ley. Con la ley se pretende y quiere impedir que las instancias competentes coloquen su propio imperio en el lugar del imperio de una norma o sea el arbitrio. "Depender de la ley-dice Karl Schmitt-significa otra cosa que depender de mandatos y órdenes especiales de un superior; es algo contrapuesto. Si el legislador puede adoptar la forma de ley, para dirigir mandatos al Juez, este deja de ser independiente; depende de los órganos competentes para legislar; y si estos pueden usar su competencia legislativa para dirigir al Juez órdenes especiales y "decretos", ellos se convertirían en los superiores jerárquicos del Juez. Solo en tanto se mantenga el carácter general de la ley son independientes los Jueces". Esto en lo referente al choque del Legislativo con el judicial… "

Moción del Magistrado D. Francisco J. Elola relativa a distribución de los Sres. Magistrados. Fechada 17 de octubre de 1935. Expedientes de la Secretaría de Gobierno, legajo 7760/A, nº 8.

116 "Aquí se habla de que la mejor forma de robustecer la administración de Justicia es crear un Poder judicial fuerte, absoluto, autónomo y único. Pues bien, señores, yo disiento de ese parecer, disiento, no en el sentido de que no haya garantías para los justiciables de inamovilidad, de fuero, etc.," DSCC, núm. 73, 12 de noviembre de 1931, p. 2296

pueblo. Estas son tan necesarias como las otras y no pueden dictarlas una constitución; y si prescindís de ellas haréis nada más que un cuerpo de burócratas"[117].

Es evidente la modernidad de su pensamiento en materia de poder judicial y del enfoque que da a los problemas entorno a él, que coinciden, en sus aspectos esenciales, con los que sobre los mismos temas tienen muchos jueces en la actualidad y, posiblemente, de haber vivido en estos días, ahora en un contexto de mucha más tranquilidad, hubiera mantenido las mismas posiciones.

José R. de Prada. Junio 2023.

---

117 SDSCC nº 75 de 17.11.1931, p., 2383

Bibliografía

AGUILAR, A., *De la Administración de Justicia (innovaciones efectuadas durante el último trienio),* Revista de Derecho Privado, 1926, t. XIII.

ALBORNOZ, Álvaro, *Discurso de Apertura de Tribunales celebrada el día 15 de setiembre de 1932,* Alcalá de Henares, 1932.

ALCALÁ-ZAMORA y Castillo, Niceto, *Estudios de Derecho Procesa*l, Madrid, 1937.

ALZAGA VILLAMIL, Óscar, El poder Judicial en las Constituciones españolas, en *Constitución y Poder Judicial. XXV Aniversario de la Constitución de 1978,* Madrid,2003.

APARICIO PÉREZ, Miguel A. *El status del Poder Judicial en el constitucionalismo español (1808-1936),* Barcelona, 1995.

BALLESTER CARDELL, María, *El Consejo General del Poder Judicial. Su función constitucional y legal,* Madrid, 2007.

BECEÑA, Francisco, *Magistratura y Justicia,* Madrid, 1928.

BENITO FRAILE, Emilio J. , *La independencia del Poder Judicial durante la dictadura de Primo de Rivera (1923-1926). Realidad o ficción,* AHDE, Tomo LXXXV, 2015.

BUSTOS GISBERT, Rafael, *Política, independencia y autogobierno judicial: cuatro miradas,*2022. https://recyt.fecyt.es/index.php/RevEsPol/article/view/97683/70982

CARO CANCELA, Diego, Elecciones y parlamentos de la Segunda República, en *La Segunda República española, 90 años después (1931-2021): Balances y perspectivas.* Vol. I Leandro Álvarez Rey (coord.), Madrid, 2022, págs. 17-44.

COMISIÓN JURÍDICA ASESORA, *Anteproyecto de Constitución de la República española,* Madrid,1931.

COMISIÓN JURÍDICA ASESORA, *Anteproyectos de Ley e Informes presentados al Gobierno,* Madrid,1933.

GALBE LOSHUERTOS, José L., *La justicia de la República. Memorias de un fiscal del Tribunal Supremo en 1936,* Ed. de Sabio Alcutén, Alberto, Madrid, 2011.

GARCÍA GONZÁLEZ, Adolfo, *El Poder Judicial,* Madrid,1932.

GINER DE LOS RÍOS, Francisco, Crítica Legislativa, en *Revista General de Legislación y Jurisprudencia nº 58,* Madrid, 1881.

GÓMEZ GONZÁLEZ, Mariano, *La reforma constitucional en la España de la dictadura,* Valencia, 1930.

GUARNERI, C., PEDERZOLI, P., *La puissance de juger.* Paris, 1996.

LANERO, Monica, *Una milicia de la justicia. La política judicial del franquismo (1936-1945),* Madrid, 1996.

LASSO GAITE, Juan Francisco, *Crónica de la Codificación española. 1. Organización Judicial. Ministerio de Justicia,* Comisión General de Codificación, Madrid,1998.

MARTÍN PALLÍN, José Antonio, *¿Para qué servimos los jueces?,* Madrid, 2010,

MARZAL RODRÍGUEZ, Pascual, *Magistratura y República. El Tribunal Supremo (1931-1939),* Valencia, 2005.

MARZAL RODRÍGUEZ, Pascual, *Intervención Política y Judicatura española durante la II República,* GLOSSAE, European Journal of Legal History 12, 2015.

MENÉNDEZ-PIDAL, Faustino, *Derecho Judicial español,* Madrid,1935.

MILIONE, C., La función judicial en el marco del estado social y autonómico español: ¿poder o servicio público?, en *Estudios Deusto Vol. 61/2 Julio-Diciembre 2014,* pags. 287-317. Bilbao.

MIRALLES SANGRO, Pedro Pablo, *Al servicio de la Justicia y de la República. Mariano Gómez (1883-1951), Presidente del Tribunal Supremo,* Madrid, 2010.

MONTERO AROCA, Juan, *Independencia y responsabilidad del Juez,* Madrid, 1990.

MONTERO AROCA, Juan. *El derecho procesal en la encrucijada de los siglos XX y XXI. 3 ensayos: Uno general y dos especiales,* Lima, 2016.

NIETO, Alejandro, *El malestar de los jueces y el modelo judicial,* Madrid,2010.

ORDUÑA REBOLLO, Enrique, *Historia del Estado español,*Madrid,2015.

ORTIZ ARCE, David, Organización de tribunales y leyes de procedimientos, Madrid, 1932.

PÉREZ ALONSO, Jorge, La independencia del poder judicial en la historia constitucional española, en *Historia constitucional* número 19, 2018, pags. 47 a 87.

http://www.historiaconstitucional.com/index.php/historiaconstitucional/article/view/534/pdf_34

PÉREZ SERRANO, Nicolás, *La Constitución española,* Madrid, 1932.

SÁNCHEZ BARRIOS, María I., Antecedentes del Consejo General del Poder Judicial en el derecho español, en *Revista del Poder Judicial nº 46. Segundo trimestre 1997,* Madrid

SOSA WAGNER, Francisco, *Juristas en la Segunda República. 1. Los iuspublicistas,* Madrid, 2009.

SUAREZ BILBAO, Fernando, *Revolución y Restauración en la Administración de Justicia (1874-1936).* Anuario de Historia del Derecho español. Tomo LXXVI. Estudios. 2006.

VÁZQUEZ OSUNA, Federico, *Francisco Javier Elola Díaz-Varela, la lealtad de un magistrado al Estado de derecho hasta las últimas consecuencias,* Revista Jueces para la democracia, Nº 48, Madrid, 2003.

Anexos

Anexo I. Sentencia contra Francisco Javier Elola Díaz-Varela

Anexo II. Francisco Javier Elola Díaz-Varela, la lealtad de un magistrado al Estado de derecho hasta las últimas consecuencias. Reproducción del artículo de Federico Vázquez de Osuna, publicado en Revista Jueces para la democracia. Información y debate, núm. 48 (noviembre/2003) / Federico Vázquez Osuna

Anexo III. Certificado de defunción de Francisco Javier Elola Díaz-Varela

Anexo IV. Fotografías

155

ALTO TRIBUNAL
DE
JUSTICIA MILITAR

DON LUIS DE CUENCA Y FERNANDEZ DE TORO, AUDITOR DE BRIGADA HABILITADO DE DIVISION, SECRETARIO RELATOR DEL ALTO TRIBUNAL DE JUSTICIA MILITAR.

C E R T I F I C O: Que unidas a la causa número ocho de mil novecientos treinta y nueve, de la Cuarta Región Militar, contra el Teniente Auditor de Primera DON PEDRO RODRIGUEZ GOMEZ y otros figuran las siguientes Providencia y Diligencia:"PROVIDENCIA DEL "SEÑOR PRESIDENTE.= Valladolid, doce de Abril de mil "novecientos treinta y nueve, Año de la Victoria.= "Por recibidos escrito de DON FRANCISCO JAVIER ELOLA "DIAZ VARELA, oficio del Ilutrísimo Señor Auditor Je- "fe de la Sección de Justicia del Ministerio de Defen- "sa Nacional acompañado de testimonio notarial rela- "tivo a determinados hechos realizados por el Coman- "dante del Cuerpo Jurídico Militar DON PEDRO RODRI- "GUEZ GOMEZ y escrito de Doña Luisa Alvarez del Pino "acompañado de un documento relativo a su esposo DON "PEDRO RODRIGUEZ GOMEZ, únase a la causa de su razón "a los efectos que procedan.= Ruiz del Portal.-Rubri- "cado.= Hay un sello que dice:Alto Tribunal de Jus- "ticia Militar.- Presidente.= DILIGENCIA.= Con esta "fecha se dá cumplimiento a lo dispuesto en la an- "terior Providencia.= Valladolid a doce de Abril de "mil novecientos treinta y nueve, Año de la Victo- "ria.= Luis de Cuenca.= Rubricado.= Hayu sello que "dice: Alto Tribunal de Justicia Militar.- Secreta- "rio Relator".

Es copia de su original,que queda unido a la causa de su razón.

Valladolid a doce de Abril de mil novecientos treinta y nueve, Año de la Victoria.

Vº Bº
EL GENERAL PRESIDENTE,

Archivo del Tribunal Supremo.

ALTO TRIBUNAL
DE
JUSTICIA MILITAR

156

DON LUIS DE CUENCA Y FERNANDEZ DE TORO, AUDITOR DE BRIGADA HABILITADO DE DIVISION, SECRETARIO RELATOR DEL ALTO TRIBUNAL DE JUSTICIA MILITAR.

C E R T I F I C O: Que unidas a la causa número ocho de mil novecientos treinta y nueve, de la Cuarta Región Militar, contra el Teniente Auditor de Primera DON PEDRO RODRIGUEZ GOMEZ y otros figuran las siguientes Providencia y Diligencia: "PROVIDEN"CIA DEL SEÑOR PRESIDENTE.= Valladolid, catorce de "Abril de mil novecientos treinta y nueve, Año de "la Victoria.=Por recibido telegrama del Excelenti"simo Señor Jefe del Servicio Nacional de Prisiones "informando sobre la conducta de DON PEDRO RODRIGUEZ "GOMEZ y Oficio del Ilustrisimo Señor Auditor de "Guerra de Cataluña remitiendo instancias elevadas "por el Auditor de División DON PEDRO JORDAN DE "URRIES Y PATIÑO y el Teniente Auditor de Segunda "DON JOSE ROMERO VALENZUELA, únase a la causa de su "razón a los efectos que procedan.= Ruiz del Portal "Rubricado.= Hay un sello que dice: Alto Tribunal "de Justicia Militar.= Presidente.= DILIGENCIA.=Con "esta fecha se dá cumplimiento a lo dispuesto en la "anterior Providencia.=Valladolid catorce de Abril "de mil novecientos treinta y nueve, Año de la Vic"toria.=Luis de Cuenca.- Rubricado.= Hay un sello "que dice: Alto Tribunal de Justicia Militar.- Se"cretario Relator".

Es copia de su original, que queda unido a la causa de su razón.

Valladolid, catorce de Abril de mil novecientos treinta y nueve, Año de la Victoria.

Vº Bº
EL GENERAL PRESIDENTE,

/57

ALTO TRIBUNAL
DE
JUSTICIA MILITAR

DON LUIS DE CUENCA Y FERNANDEZ DE TORO, AUDITOR DE BRIGADA HABILITADO DE DIVISION, SECRETARIO RELATOR DEL ALTO TRIBUNAL DE JUSTICIA MILITAR,

C E R T I F I C O : Que unidas a la causa número ocho de mil novecientos treinta y nueve, de la Cuarta Región Militar, contra el Teniente Auditor de Primera DON PEDRO RODRIGUEZ GOMEZ y otros figuran las siguientes Providencia y Diligencia: "PROVIDENCIA DEL SEÑOR PRESIDENTE.= Valladolid, "diez de Abril de mil novecientos treinta y nueve, "Año de la Victoria.= Por recibidos escrito de Do"ña Luisa Alvarez del Pino y adjuntos documentos "relativos al Teniente Auditor de Primera DON PE"DRO RODRIGUEZ GOMEZ, procesado en la causa núme"ro ocho de mil novecientos treinta y nueve de la "Auditoría de la Cuarta Región Militar, únanse a "la causa de su razón a los efectos que procedan.= "Ruiz del Portal.- Rubricado.=Hay un sello que di"ce: Alto Tribunal de Justicia Militar.- Presiden"te.= DILIGENCIA.= Con esta fecha se dá cumplimien"to a lo dispuesto en la anterior Providencia.= "Valladolid, diez de Abril de mil novecientos trein"ta y nueve, Año de la Victoria.= Luis de Cuenca.- "Rubricado.= Hay un sello que dice: Alto Tribunal "de Justicia Militar.- Secretario Relator".

Es copia de su original, que queda unido a la causa de su razón.

Valladolid, diez de Abril de mil novecientos treinta y nueve, Año de la Victoria.

Luis de Cuenca

Vº. Bº.
EL GENERAL PRESIDENTE

Portal

ALTO TRIBUNAL DE JUSTICIA MILITAR · PRESIDENTE

ALTO TRIBUNAL DE JUSTICIA MILITAR · SECRETARIO-RELATOR

S E N T E N C I A 64 158 1939-61- Oby

SEÑORES:
Presidente,
RUIZ DEL PORTAL MARTINEZ
Vocales:
RUIZ DE ATAURI
FERMOSO BLANCO
LA CERDALOPEZ MOLLINEDO
CONDE PUMPIDO

En Valladolid, a diez y ocho de Abril de mil novecientostreinta y nueve, Año de la Victoria, en la causa que ante este Alto Tribunal de Justicia Militar pende, procedente de la Auditoria de Guerra de Cataluña y seguida en la Plaza de Barcelona con caracter de procedimiento sumarísimo y número ocho del corriente año por el delito de rebelión militar contra DON FRANCISCO JAVIER ELOLA DIAZ VARELA, de sesenta y un años de edad, casado, Magistrado del Tribunal Supremo, hijo de Gregorio y de Isabel, natural de Monforte de Lemos (Lugo) y domiciliado accidentalmente en Barcelona; DON FERNANDO BERENGUER DE LAS CAJIGAS, de sesenta y cuatro años de edad, casado, General Auditor del Cuerpo Jurídico de la Armada, hijo de Juan y de Concepción, natural de Manila (Islas Filipinas) y domiciliado en Barcelona; DON PEDRO JORDAN DE URRIES PATIÑO, de cuarenta y nueve años de edad, casado, Auditor de División del Cuerpo Jurídico Militar, hijo de José y de María, natural de Zaragoza y domiciliado en Barcelona; DON PEDRO RODRIGUEZ GOMEZ, de cuarenta y cuatro años de edad, casado, Teniente Auditor de Primera del Cuerpo Jurídico Militar, hijo de Venancio y de Presentación, natural de Pollos (Valladolid) residente en Barcelona; y DON JOSÉ ROMERO VALENZUELA, de treinta y dos años de edad, casado, Teniente Auditor de Segunda del Cuerpo Jurídico Militar, hijo de José y de María, natural de Zaragoza y vecino de Graus (Huesca), con domicilio en Madrid.--------------

RESULTANDO que los dias diez y siete y diez y ocho de Julio de mil novecientos treinta y seis, el Ejército, en cumplimiento del imperativo precepto del artículo segundo de su Ley constitutiva de veintinueve de Noviembre de mil ochocientos setenta y ocho, que le señala como misión primordial la de defender a la Patria contra sus enemigos exteriores e interiores e invocando los principios de tradición y cultura nacionales, asumió el poder ilegitimamente detentado por el Gobierno frente-populista que se habia constituido mediante un golpe de fuerza a raiz de las elecciones de diez y seis de Febrero de mil novecientos treinta y seis cuyos resultados se falsearon con aquella finalidad por elementos dedicados al servicio de poderes ocultos internacionales que trataban de llevar el pais a la anarquia y a la ruina.-

RESULTANDO que la guarnición de Madrid, bajo la dirección del Excelentísimo Señor General Don Joaquin Fanjul Goñi, secundó el Movimiento Militar iniciado en Africa el diez y siete de Julio de mil novecientos treinta y seis cooperando al Gobierno legítimo que habia asumido la gobernación de España, manteniendose durante varios dias cruenta lucha entre los secuaces del ilegal Gobierno, paisanaje y turbas armadas y las fuerzas leales que en número reducido y sin elementos sucumbieron despues de una resistencia heroica, quedando dicha Capital y su provincia asi como otras varias de la Peninsula en abierta y franca rebeldia contra el legitimo poder al que combatieron con numerosas fuerzas militarmente organizadas mandadas por Jefes castrenses que hostilizaron a las del Ejército Nacional.------------------------------------

RESULTANDO hechos probados y asi los declaramos que el Excelentísimo Señor DON FRANCISCO JAVIER ELOLA DIAZ VARELA, Fiscal General que fué de la República en los primeros tiempos de dicho régimen y Magistrado del Tribunal Supremo por Decreto del Ministro Albornoz, fué designado en veintiuno de Julio de mil novecientos treinta y seis Juez Especial por la Sala de Vacaciones de dicho Tribunal en funciones a la sazon de Sala de Gobierno con la misión de hacerse cargo de la causa incoada en la Auditoria de la Primera División por los sucesos acaecidos con ocasión del Movimiento Nacional, concediéndosele máximas atribuciones excepto las del artículo quinientos treinta y tres del Código Castrense, nombrandose asimismo cuatro Jueces Delegados a propuesta del encartado quien se reservó la facultad de tomar resoluciones; que dictado auto en treinta del propio mes y año por la Sala Sexta declarandose competente para conocer en unica instancia de la citada causa y acordando prosiguiesen las actuaciones por trámite sumarísimo contra Don Joaquin Fanjul Goñi y Don Tomás Fernandez Quintana, se nombró Juez Delegado de la Sala a dicho Señor ELOLA para continuar el procedimiento; que en cuatro de Agosto siguiente solicitó se le relevase de las incidencias del indicado sumarísimo por tramitar como Juez Especial actuaciones que se incoaron por rebelión militar en la Primera División, procedimiento de extraordinaria importancia en el que el procesado formó pieza separada por cada Cuartel de Madrid y cantones subdivididas en ramos por unidades militares, dictando centenares de autos de procesamiento de cuyos recursos conocia personalmente, ampliándosele la jurisdicción a todo el territorio y deducie ndo multiples testimonios de dichas actuaciones, que sirvieron de cabeza a otros tantos procedimientos en que recayeron muy graves penas; se le nombró Presidente de la Junta Depuradora de los funcionarios de justicia; en veintiseis de Agos to del mismo año se le confirió un ascenso de libre elección y se le designó Presidente de la Sala Tercera, formando parte de la de Gobierno, con la que hubo de asistir a varios actos públicos organizados como propaganda de la justicia roja y en su puesto continuó hasta la liberación de Barcelona; mantuvo relaciones con el ya sentenciado y ejecutado Agapito Garcia Atadell exaltando su entusiasmo por el frente popular y expresandole las sospechas que tenia de que elementos afectos a la Causa Nacional planeaban un asalto a una radio-emisora madrileña y que a pretexto de la misión que se le habia confiado como Juez Instructor se negó a formar parte de los llamados Tribunales populares asi como que en los expedientes de indulto votó en sentido favorable a su concesión.---

RESULTANDO que asimismo aparece probado que el Excelentisimo Señor Auditor General de la Armada DON FERNANDO BERENGUER DE LAS CAJIGAS, de ideologia derechista, fué nombrado el siete de Agosto de mil novecientos treinta y seis Magistrado de la Sala Sexta del Tribunal Supremo, tomó parte como tal el día quince siguiente en el Consejo de Guerra que dicha Sala formó contra el Excelentisimo Señor General Don Joaquin Fanjul Goñi y el Coronel Don Tomas Fernandez Quintana, votando la sentencia de muerte contra dichos Jefes del Movimiento en Madrid, la cual fué ejecutada inmediatamente; desde finales de Agosto hasta primero de Octubre del propio año actuó en uno de los denominados Tribunales populares, establecidos en zona roja despues de malogrado en ella el Movimiento Nacional y desde primero de Noviembre del mismo año hasta primero de Julio de mil novecientos treinta y siete presidió uno de los llamados jurados de guardia, de creación revolucionaria para juzgar de tal modo la adhesión al régimen; formó parte de la Delegación del Tribunal Supremo que continuó en Madrid cuando las Autoridades rojas ordenaron el traslado de los Organismos oficiales a Valencia, incorporandose mas tarde a esta Capital, donde prosiguió su actuación de Magistrado como posteriormente lo efectuó en Barcelona hasta la liberaci on de la Ciudad por las fuerzas nacionales; durante su actuación procuró favorecer en lo que le fué posible a los elementos de derechas.-

RESULTANDO tambien probado que el Teniente-Auditor de Primera del Cuerpo Jurídico Militar DON PEDRO RODRIGUEZ GOMEZ, de antecedentes derechistas y excelente Oficial, que se encontraba destinado al iniciarse el Movimiento Nacional en la Asesoria del Ministerio de la Guerra, se trasladó en diez de Agosto de mil novecientos treinta y seis de Madrid a Barcelona, para actuar como Fiscal ante el Consejo de Guerra que se celebró contra los mas caracterizados Jefes del Movimiento en dicha Plaza, Excelentisimos Señores Generales Don Manuel Goded Llopis y Don Alvaro Fernandez Burriel, misión que cumplió solicitando para ambos la pena de muerte que les fué impuesta y ejecutada seguidamente; desempeñó, de modo interino, el cargo de Auditor de Madrid; en Octubre del citado año fué designado Secretario de la Sala Sexta del Tribunal Supremo y sirvió al propio tiempo la Secretaria del Tribunal Popular numero dos de Madrid hasta Agosto de mil novecientos treinta y siete; en Septiembre de este año fué ascendido a Auditor de Brigada y destinado interinamente a la Auditoria del Ejército rojo del Centro cuyo Tribunal permanente presidió hasta Abril de mil

159

novecientos treinta y ocho; desempeñó una comisión en el Ejército de Extremadura reintegrándose despues a su cargo de Secretario de la Sala Sexta, cargo que continuó desempeñando hasta veintidos de Enero último, fecha en que pasó a Francia presentandose voluntariamente despues por la frontera de Irún, sometiendose a nuestras Autoridades para que juzgasen su conducta; y que durante su permanencia en la zona rebelde auxilió y protegió a algunas personas de derechas.-----------

RESULTANDO igualmente probado que el Auditor de División del Cuerpo Jurídico Militar DON PEDRO JORDAN DE URRIES Y PATIÑO, Abogado Fiscal de la Sala Sexta del Tribunal Supremo al iniciarse el Movimiento Nacional, asistió tan solo en calidad de Delegado del Fiscal a la primera declaración prestada por el Excelentisimo Señor General Fanjul en el procedimiento contra el mismo seguido siendo relevado de dicho cometido continuando en servicio en su destino y sin que conste interviniera directamente en los Tribunales populares asistia a las reuniones que para su celebración habia en la Cárcel por si se le ordenaba algún cometido, sin que aparezca probado se le confiara ninguno por sus conocidos antecedentes de persona adicta al Movimiento Nacional, fué perseguido por los rojos habiendo de refugiarse en diversas Embajadas y asaltadas éstas fué encarcelado, situación en que permanecia al liberarse Barcelona.--

RESULTANDO tambien probado que el Teniente Auditor de Segunda del Cuerpo Juridico Militar DON JOSE ROMERO VALENZUELA, que se hallaba el diez y ocho de Julio de mil novecientos treinta y seis destinado en la Fiscalia de la Primera División, desde el veintitres de dicho mes asistió como Delegado del Ministerio Fiscal a varias diligencias que se practicaron en el tantas veces aludido sumario contra el Excelentisimo Señor General Fanjul, misión que a disgusto aceptó y en la que trató de favorecer a los Señores encartadosen el mismo; mas negandose decididamente en nueve de Agosto a asistir a un Consejo de Guerra en Badajoz, ante las amenazas que le hicieron, presentó un certificado de enfermedad cesando el día once de intervenir en el sumario del General Fanjul siendo dado de baja en el Cuerpo Jurídico sin concesión de derecho alguno en doce de Agosto de mil novecientos treinta y seis mediante Decreto publicado en la Gaceta de la República de dicho dia. En primero de Octubre de dicho año se refugió en la Legación de Suiza y finalmente, despues de varias vicisitudes, en cinco de Enero ultimo logró pasarse por el frente de Madrid a las Fuerzas Nacionales; es de ideologia derechista y se negó a firmar su adhesión al Gobierno insurgente por lo que no cobró sus haberes.------------------------

RESULTANDO que el Ministerio Fiscal calificó los hechos realizados por DON FRANCISCO JAVIER ELOLA DIAZ VARELA, DON FERNANDO BERENGUER DE LAS CAJIGAS y DON PEDRO RODRIGUEZ GOMEZ como integrantes de un delito de adhesión a la rebelión definido y sancionado en el número segundo del artículo doscientos treinta y ocho del Código de Justicia Militar con las agravantes de la transcendencia de los actos ejecutados y daño causado y los ejecutados por DON PEDRO JORDAN DE URRIES Y PATIÑO y DON JOSE ROMERO VALENZUELA como constitutivos de un delito de auxilio a la rebelión previsto y penado en el párrafo primero del artículo doscientos cuarenta del propio Cuerpo legal con la atenuante de escasa transcendencia de sus actuaciones y eximente incompleta de estado de necesidad y en el acto del Consejo estimó concurrentes dichas agravantes respecto de los procesados Señores ELOLA y BERENGUER sin hacer mención respecto de las concurrentes en el Señor RODRIGUEZ terminando solicitando para los tres primeramente nombrados la pena de muerte, para el Señor JORDAN DE URRIES la de seis años y un dia de prisión mayor y para el Señor ROMERO la de dos años de prisión menor para los que apreció en el acto de la vista la concurrencia de la atenuante de estado de necesidad; y que la Defensa interesó del Tribunal Militar la libre absolución de los Señores JORDAN DE URRIES y ROMERO, para el Señor ELOLA la libre absolución o la pena correspondiente al delito de auxilio a la rebelión con eximentes incompletas y para los Señores BERENGUER y RODRIGUEZ la penalidad correspondiente al delito de auxilio o al de adhesión pero con la apreciación de circunstancias que imposibiliten se les aplique una pena irreparable.--

RESULTANDO que un Consejo de Guerra de Oficiales Generales, reunido en la Plaza de Barcelona el diatrece de Marzo de mil novecientos treinta y nueve, declaróoprobados hechos que sustancialmente coinciden con los que referidos quedan; (excepto la apreciación que hace este Tribunal referente a continuar en servicio el Señor JORDAN DE URRIES asistiendo a los Tribunales populares por si precisaban éstos, sin que conste realizase ninguno y los referentes al Señor ROMERO VALENZUELA) estimando que los imputables a los Señores BERENGUER,ELOLA y RODRIGUEZ integran un delito de adhesión a la rebelión definido y sancionado en el número segundo del artículo doscientos treinta y ocho en relación con el doscientos treinta y siete del Código de Justicia Militar con agravantes de transcendencia de los hechos por la importancia de las funciones desempeñadas y los daños incalculables que se derivaron; declaró que los realizados por los Señores JORDAN DE URRIES y ROMERO no constituyen delito alguno, apreciandose en la actitud del primero indecisión e irresolución inicial y en la del segundo militar y viril resoluci´on; y en atención a todo aquello aquel Consejo impuso a los tres primeramente nombrados o sean DON FERNANDO BERENGUER DE LAS CAJIGAS, DON FRANCISCO JAVIER ELOLA DIAZ VARELA y DON PEDRO RODRIGUEZ GOMEZ la pena de muerte y absolvió libremente a DON PEDRO JORDAN DE URRIES Y PATIÑO y a DON JOSE ROMERO VALENZUELA, si bien llamó la atención de la Autoridad Judicial sobre imposición de sa nción gubernativa al Señor JORDAN DE URRIES, como tambien en relación con las responsabilidades que se desprenden contra personas no sometidas a este procedimiento.-----------------------------------

RESULTANDO que los Vocales Jurídicos del Consejo se muestranconformes con la sentencia en los referente a los procesados Señores ELOLA, BERENGUER y RODRIGUEZ, formulando voto particular respecto de los otros dos procesados, disintiendo de las apreciaciones de hecho y de derecho estimando como hechos probados "que DON PEDRO JORDAN DE URRIES PATIÑO "intervino en representación del Ministerio Fiscal el dia veintidos de "Julio de mil novecientos treinta y seis en el sumario que empezaba a "instruir el Juez Especial Señor ELOLA, por los sucesos ocurridos en "Madrid asistiendo en tal concepto a la primera declaración prestada "en el sumario por el Excelentisimo Señor General Don Joaquin Fanjul "continuando despues en activo servicio de Abogado Fiscal de la Sala "Sexta del Tribunal Supremo y actuando en fecha que no puede precisarse "en losTribunales populares como Asesor Fiscal, según se deduce de los "folios diez y seis vuelto y treinta y dos de la causa. Constan buenos "antecedentes de este encartado que posteriormente sufrió persecuciones por los rojos" y que "DON JOSE ROMERO VALENZUELA se encontraba des "tinado en laFiscalia de la Primera División el dia diez y ocho de Ju"lio de mil novecientostreinta y seis y el veintitres del citado mes "fué nombrado Delegado del Ministerio Fiscal en el sumario que el Juez "Especial Señor ELOLA instruia por los sucesos ocurridos en Madrid asis "tiendo en tal concepto a las diligencias que se practicaron e intervi"niendo con tal caracter en dichas actuaciones desde la fecha indicada "hasta el dia once de Agosto de mil novecientos treinta y seis en que "fué dado de baja por enfermo, dias antes de la indicada causa ante el "Consejo de Guerra en el que recayeron las penas mas graves contra el "General Fanjul y el Coronel Fernandez Quintana. El primero de Octubre "de dicho año se refugió el procesado en la Embajada de Suiza, y des"pues de varias vicisitudes en el mes de Enero próximo pasado se pasó "por el frente a la España Nacional. Es persona de buenos antecedentes" y por considerar que tales actos eran constitutivos de un delito de auxilio a la rebelión militar previsto y penado en el artículo doscientos cuarenta del Código de Justicia Castrense estimaron ser imponible a cada uno de dichos procesados DON PEDRO JORDAN DE URRIES Y PATIÑO y DON JOSE ROMERO VALENZUELA la pena de doce años y un día de reclusión temporal mas accesorias, aun cuando en atención a las circunstancias que en ambos encartados concurren propusieron indulto que a juicio de los votantes pudiera para el Teniente Auditor Señor ROMERO llegar a toda la extensión de la pena.--

RESULTANDO que el Auditor de Guerra de Cataluña estima en su dictamen que "el voto particular responde con mayor fidelidad a la probanza alcan"zada de la que se obtiene una firme convicción en conciencia sobre la

160

"clara culpabilidad del Jefe y Oficial absueltos" que en momentos decisivos y trágicos no supieron seguir la única conducta posible o sea el eludir la prestación de servicios, siendo mas calificada la responsabilidad del Auditor de División DON PEDRO JORDAN DE URRIES que por su mayor categoria estaba obligado a mayor ejemplaridad y dignidad que la que se pone de manifiesto al crear una situación de compromiso a un inferior dando orden de actuar al Señor ROMERO que no tenia destino en la Sala Sexta y su escasa seriedad al buscar como exculpación a sus actividades de Asesor en los Tribunales populares un papel nada airoso para su jerarquia, siguiendo en Noviembre de mil novecientos treinta y seis igual conducta que los elementos hostiles al Movimiento refugiandose en una Embajada, razones por las cuales aquel Auditor es de opinión que la sentencia debió recaer de acuerdo con el voto particular, disintiendo así del fallo dictado. Ordena deducir testimonio de particulares por lo que hace a personas no sometidas al procedimiento y rechaza virtualmente el requerimiento de la Auditoria de la Septima Región en cuanto al Teniente Auditor DON JOSE ROMERO VALENZUELA.-------------------

RESULTANDO que el General Jefe de la Cuarta Región Militar se conformó con el dictamen de su Auditor por lo que desaprobó la sentencia dictada.---

RESULTANDO que para resolución del disentimiento planteado se elevan los autos a este Alto Tribunal.-----------------------------------

RESULTANDO que en la tramitación de la causa se han observado las prescripciones legales pertinentes.-----------------------------------

CONSIDERANDO que los hechos realizados por los procesados Señores BERENGUER, ELOLA y RODRIGUEZ son integrantes de un delito de adhesión a la rebelión militar que prevee y sanciona el párrafo segundo del artículo doscientos treinta y ocho del Código de Justicia Militar, toda vez que sin oposición ni reparo alguno aceptaron, el primero y tercero de los mencionados, los destinos y comisiones que les fueron confiados, desempeñando los cometidos que les encomendó el Gobierno rebelde hasta llegar a integrar los llamadosTribunales populares, dictando e interviniendo en sanciones irreparables sin que conste protestaran de ello,continuando en la funesta labor hasta la ocupación por las Fuerzas Nacionales de la zona donde se encontraban y el Señor ELOLA actuando como Juez Especial contra los verdaderos españoles que se sumaron al legítimo Movimiento Militar de cuyo sumario dedujo numerosos testimonios que sirvieron de cabeza a otros tantos actuados y si bien no se prestó a integrar los Tribunales populares su actuación fué contumaz en la administración de la llamada justicia del Frente Popular y de franca cooperación a la misma cuando como al Señor RODRIGUEZ se le otorgó un ascenso y además le confiaron la delicada misión de presidir la Junta para la depuración de funcionarios judiciales, con cuyos hechos los citados procesadosprestaron una cooperación manifiesta, eficaz y destacada a la causa rebelde pues, dada su categoria y condicion social y profesional, su incorporación a la justicia rebelde daba a ésta exteriormente una sensación de solvencia de la que en realidad carecia y sin que sea pertinente calificar los mentados hechos por lo que se refiere a los procesados militares dada su ideologia derechista como constitutivos de un delito de auxilio a la rebelión, toda vez que con sus actos exteriores contumaces, eficientes y de consecuencias irreparables demostraron su adhesión a la causa rebelde a la que sirvieron sin reserva, desmintiendo con su conducta el escaso arraigo de su anterior ideologia.------------------

CONSIDERANDO que este Alto Tribunal discrepa de la apreciación de los hechos que estimó probados el Consejo de Guerra y su subsiguiente calificación legal relativas al Auditor de División DON PEDRO JORDAN DE URRIES por entender que de las declaraciones del Señor BERENGUER (folio diez y seis vuelto), testigo de mayor excepción por pertenecer al mismo Organismo donde el Señor JORDAN prestaba sus servicios y asistir a las sesiones de losTribunales populares, se desprende que la actuación de este procesado ha sido la que se consigna en el correspondiente Resultando de esta sentencia sin que contradiga esta apreciación que hace este Tribunal, sino que mas bien la robustece, la declaración obrante en autos del Señor Menor (folio treinta y dos), pues no es lógico estimar que el Señor JORDAN DE URRIES, que conocia la organización de los Tribunales populares, manifestase a Don José Menor que habia sido Asesor Fiscal de aquellos cuando en los mismos no existia ese cargo, sin que tampoco sea admisible la explicación que respecto de su presencia en los locales donde los tan citados referidos Tribunales celebraban sus sesiones dá el Señor JORDAN DE URRIES, la que a juicio de este Alto Tribunal obedeció a la obligación que se le habia impuesto de estar presente por si fueran necesarios sus servicios, sin que exista prueba en autos que estos fueran utilizados; por lo que es pertinente estimar que los hechos realizados por el tan referido procesado dada su acreditada ideologia derechista y lo poco eficiente de su actuación, constituyen un delito de auxilio a la rebelión militar que prevee y sanciona el articulo doscientos cuarenta párrafo primero del Código Castrense, toda vez que si bien por su conocido ideario y sin duda por no haber actuado a satisfacción de los rebeldes fué relevado de continuar representando al Ministerio Fiscal en el proceso del General Fanjul, después durante pocos meses siguió en su destino asistiendo en cumplimiento de ordenes superiores a los locales en que se celebraban las reuniones de los Tribunales populares, hechos acreditativos de su acatamiento a los mandatos de las autoridades rebeldes y cumplimiento de las ordenes que recibia y con los que prestó una ayuda a la causa insurgente pues solo su asistencia, ostentando el cargo y empleo que tenia, significaba un beneficio a aquella por la aparente garantia de solvencia que representaba su presencia en tales centros.--------------------------------------

CONSIDERANDO que acreditado en autos que el procesado Señor JORDAN DE URRIES fué relevado, después de una sola actuación, de la misión que se le habia confiado en el proceso del General Fanjul, lo que es acreditativo de que las autoridades rebeldes no estimaron beneficiosa para sus propósitos la intervención de este procesado en dicha causa, por lo que esta intervención no puede considerarse como de cooperación o ayuda a la causa marxista, circunstancia que unida a los atropellos y asesinatos que en la zona insurgente se cometian contra las personas de ideologia derechista, hubo de crear en el encartado un estado de necesidad, en evitacion de grandes o tal vez irreparables perjuicios, que le obligó a seguir la conducta que observó y sin que pueda estimarse que esta situación de necesidad fuese creada por dicho procesado, circunstancia ésta que establece como eximente el número siete del artículo octavo del Código Penal común y por lo que respecta al Auditor de División Señor JORDAN DE URRIES unicamente ha de ser apreciada como incompleta a los efectos de la sanción que imponer por no concurrir respecto del mismo la tercera de las condiciones que exige el precepto legal citado, toda vez que dada su condición de militar tenia la obligación de sacrificarse antes que continuar aunque fuese sin prestar servicio a las ordenes de las autoridades rebeldes, siendo pertinente la apreciación de dicha eximente con el carácter de incompleta, de conformidad con lo prevenido en el artículo ciento setenta y dos párrafo segundo del Código de JusticiaMilitar.----------------------------

CONSIDERANDO que del citado delito de adhesión a la rebelión militar, con las agravantes que se han mencionado en el pertinente considerando, son responsables civil y criminalmente en concepto de autores los procesados Señores DON FERNANDO BERENGUER DE LAS CAJIGAS, DON FRANCISCO JAVIER ELOLA DIAZ VARELA y DON PEDRO RODRIGUEZ GOMEZ y del de auxilio para cometer el tan referido delito con la concurrencia de la eximente incompleta septima del artículo ocho del Código Penal común es responsable tambien en concepto de autor el procesado DON PEDRO JORDAN DE URRIES PATIÑO.----

CONSIDERANDO que de conformidad con lo que respecto de la apreciación de las circunstancias modificativas de la responsabilidad establece el articulo ciento setenta y tres del Código de Justicia Militar son de apreciar respecto de los procesados Señores BERENGUER, ELOLA y RODRIGUEZ la concurrencia de las agravantes de la transcendencia del delito realizado y el daño producido al Estado y a los particulares.--------------------

CONSIDERANDO que a tenor de lo prevenido en el artículo ciento setenta y dos del Código deJusticia Militar, los Tribunales impondrán la pena señalada por la Ley al delito en la extensión que estimen justa.--------

161

CONSIDERANDO que las declraciones del procesado Señor ROMERO VALENZUELA, la del tambien procesado Señor ELOLA (folio veinte vuelto) y el certificado de una disposición inserta en el Diario Oficial de la República obrante al folio ciento uno, separando del servicio al mencionado Señor ROMERO, son elementos de prueba suficientes para estimar y declarar como probados los hechos que asi se declaran en el correspondiente resultando de esta sentencia, los que son demostrativos de la total y probada desafección de este procesado al Frente Popular que hizo ostensible al no firmar su adhesión a la Republica con los consiguientes perjuicios que dicho acto podia causarle y si bien actuó en el sumario del General Fanjul lo hizo durante pocos dias y con la finalidad de beneficiar a los encartados en dicho proceso, obstaculizando los designios y propósitos de los rebeldes, apreciación a la que se llega por la declaración del procesado y por lógica deducción dimanante de los actos anteriores y posteriores realizados por el Señor ROMERO VALENZUELA en relación con la rebeldia, que llegó hasta el extremo de que cuando se le exigió otra actuación como era la de asistir a un Consejo de Guerra se negó a ello a pesar de las graves amenazas de que fué objeto, dandose de baja por enfermo, lo que motivó fuese inmediatamente separado del Ejército con pérdida de toda clase de derechos, circunstancias estas concurrentes en la actuación del Teniente Auditor Señor ROMERO VALENZUELA que despojan a ésta de los caracteres de delictiva ya que no es pertinente estimarla como integrante del delito que establece el artículo doscientos treinta y ocho del Código Marcial por no existir adhesión a la causa rebelde por la manifiesta y no recatada discrepancia de ideologia de este procesado con los rebeldes y carencia de actos de cooperación para la causa insurgente, ni tampoco es de estimar el hecho como constitutivo del delito de auxilio para cometer la rebelión por que los realizados por el Señor ROMERO VALENZUELA no significaron ni representaron ningun beneficio para lacausa rebe lde cuyos designios dificultó tratando de favorecer a los encartados, prolongando el proceso y sin que por otra parte lo esporádico de su actuación y lo modesto de su empleo militar significase con la sola presencia de este procesado una ayuda representativa para las apariencias de legalidad que se proponian dar a sus actos de justicia los insurgentes.---------------------

CONSIDERANDO que cuando loshechos realizados por el procesado no sean constitutivos de delito procede su libre absolución.-----------

CONSIDERANDO que procede en este caso la exacción de responsabilidades civiles por los daños y perjuicios causados al Estado y particulares a consecuencia del alzamiento insurgente al que cooperaron los declarados responsables, de conformidad con lo dispuesto en el artículo doscientos diez y nueve del Código de Justicia Militar en relación con el ciento tres y siguientes del Penal común.---------------

CONSIDERANDO que el apartado a) del articulo cuarto de la Ley de nueve de Febrero de mil novecientos treinta y nueve estatuye que con arreglo a lo dispuesto en el artículo primero de dicha Ley quedan incursas en responsabilidad política y sujetas a las sanciones que se les impongan en los procedimientos que contra ellas se sigan, las personas individuales que hubieren sido condenadas por la Jurisdicción Militar por alguno de los delitos de rebelión, adhesión, auxilio, provocación, inducción o excitación a la misma, o por los de traición en virtud de causa criminal seguida por motivo del Glorioso Movimiento Nacional y por atribuir el apartado b) del artículo veintiseis de la misma Ley a losTribunales Regionales de Responsabilidades Politicas la facultad de remitir a los Jueces Instructores Provinciales los testimonios que reciban de la Jurisdicción de Guerra en los casos a que alude el epigrafe a) del artículo citado a los efectos que se determinan en el artículo cincuenta y tres, es procedente que se envie a tenor de lo que establece el artículo treinta y siete, el oportuno testimonio al Tribunal Regional correspondiente a los efectos indicados; sin que se determine cuantitativamente por este Tribunal la citada responsabilidad, de conformidad con lo dispuesto en el articulo octavo del Decreto de diez de Enero de mil novecientos treinta y siete (Boletin Oficial número ochenta y tres) y en relación con los artículos indicados y lo prevenido en el Capitulo tercero de la Ley de referencia si bien ha de consignarse la reserva expresa de las acciones pertinentes a favor de los perjudicados por el delito.--------------

VISTOS los artículos citados y demás de general aplicación y concordantes del Código de Justicia Militar y Penal común. Siendo Vocal Ponente el Excelentísimo Señor Auditor General de Ejército don Emilio de la Cerda y Lopez Mollinedo.-------------------

F A L L A M O S que debemos confirmar y confirmamos la sentencia que dictó en la presente causa el Consejo de Guerra de Oficiales Generales celebrado en la Plaza de Barcelona el día trece de Marzo de mil novecientostreinta y nueve, en cuanto condenó a los procesados DON FERNANDO BERENGUER Y DE LAS CAJIGAS, Auditor General de la Armada, DON FRANCISCO JAVIER ELOLA DIAZ VARELA, Magistrado del Tribunal Supremo y DON PEDRO RODRIGUEZ GOMEZ, Teniente Auditor de Primera del Cuerpo Juridico Militar, a la pena de muerte y responsabilidades civiles pertinentes, con arreglo a lo preceptuado en la Ley de ResponsabilidadesPoliticas, como autores responsables de un delito de adhesión a la rebelión militar que prevee y sanciona en párrafo segundo del artículo doscientos treinta y ocho del Código Castrense con las agravantes de la transcendencia de los hechos por la importancia de las funciones que desempeñaron y los daños incalculables que para las personas y cosas se derivaron de su actuación; asimismo la confirmamos en cuanto absuelve libremente el procesado Teniente Auditor de Segunda DON JOSE ROMERO VALENZUELA por no ser constitutivos de delito los hechos por éste realizados, pronunciamientos en los que declaramos firme y con todo valor y fuerza legal la mencionada sentencia; y declaramos que debemos anular y anulamos la mentada sentencia en cuanto absolvió al tambien procesado Auditor de División DON PEDRO JORDAN DE URRIEZ PATIÑO por no estimar los hechos por éste realizados constitutivos de delito pronunciamiento que declaramos nulo y sin ningun valor ni efecto legal y en su lugar hacemos la declaración de que debemos condenar y condenamos al Auditor de División DON PEDRO JORDAN DE URRIES Y PATIÑO, como autor responsable de un delito de auxilio a la rebelión militar que prevee y sanciona el párrafo primero del artículo doscientos cuarenta del Código Marcial con la concurrencia de la eximente incompleta número septimo del articulo octavo del Codigo Penal común, a la pena de dos años de prisión menor con las accesorias de suspensión de empleo y la de todo cargo y del derecho de sufragio durante el tiempo de la condena, siendole de abono para el cumplimiento de esta la total prisión preventiva sufrida.-------------

Se consigna la reserva expresa de las acciones que procedan a favor de los perjudicados y, a los fines de lo dispuesto en el Considerando final, se remitirá por el Juez Instructor de la causa al Tribunal Regional de Responsabilidad Política, que en el mismo se indica en tramite de ejecución de sentencia el testimonio oportuno de la presente.-----

OTROSI: se recoge la llamada de atención del Consejo de Guerra y deduzcase testimonio de lospertinentes de lugares que procedan referentes a personas no sometidas a este procedimiento para que por la Autoridad Judicial que corresponda se proceda con arreglo a derecho.------------

Remítase al Ministerio de Defensa Nacional el testimonio que previene el artículo seiscientos once del Código de Justicia Militar y devuélvase la causa con otro testimonio a la Cuarta Región Militar de que procede.---

Así, por esta sentencia lo pronunciamos, mandamos y firmamos.

Francisco Ruiz del Portal

Manuel Ruiz de Atauri, Francisco Fermoso

Sentencia y certificados del Alto Tribunal de Justicia Militar por la que se condena a muerte a D. Francisco Javier Elola Díaz-Varela, junto a otras personas. 10-18 de abril de 1939. Valladolid. Tribunal Supremo.

Francisco Javier Elola Díaz-Varela, la lealtad de un magistrado al Estado de derecho hasta las últimas consecuencias

Federico VAZQUEZ OSUNA*

La transición democrática se hizo a costa de la desmemoria. Un pacto tácito la envolvió: no se exigirían responsabilidades a los vencedores de la guerra civil, que detentaron el poder cerca de cuarenta años; a cambio, éstos permitirían que las fuerzas opositoras a la dictadura se integraran en la vida política y social. El franquismo impuso el olvido con el objetivo de que no se le exigiera responsabilidades por la forma tan sumamente violenta con la que se hizo con el poder público, y la brutal represión que ejerció desde el golpe de estado del 18 de julio de 1936 hasta el final de sus días para mantenerlo. A partir de 1976, la memoria de los vencedores, ya sin conmemoraciones ni recordatorios oficiales, continuaba vigente y era la única reconocida. La democracia nacía huérfana de historia, entendida ésta globalmente, no con la parcialidad heredada del franquismo. El paso del tiempo conduce a la necesidad de conocer el pasado lo más objetivamente posible, no como una forma de venganza o de 'ajuste de cuentas', sino simplemente para comprender, el único medio que libera a las personas y a las colectividades.

Si esta amnesia se da en la historia general, cuanto más en la judicial... La Administración de justicia de la II República es una gran desconocida, no hablemos ya de sus funcionarios. Al igual que el resto de la Administración Civil del Estado, la de justicia tampoco proviene directamente de la República, ya que los rebeldes crearon en 1938 un Tribunal Supremo paralelo, mientras que el republicano partió hacia el exilio. Cuando acabó la guerra, el Tribunal Supremo rebelde se convirtió en el 'legítimo', lo mismo pasó con los funcionarios insurrectos.

La desmemoria ha sumido en el olvido a muchos jueces y magistrados por el simple hecho de haberse mantenido leales a la República. En muchos casos, se trata de funcionarios ejemplares, modelos de rectitud ética y cívica, cuya coherencia se encontraba a las antípodas de la gran mayoría de la magistratura y del ministerio fiscal que desde un principio se mostraron proclives a la causa rebelde.[1]

El magistrado Francisco Javier Elola Díaz-Varela es uno de ellos. Nacido en Monforte de Lemos (Orense) el 22 de septiembre de 1877, en 1903 se licenció en derecho en la Universidad de Santiago de Compostela. En 1905 aprobó la aposición a la carrera judicial y fiscal, indistintas en aquella época. Después del golpe de estado del general Primo de Rivera, el 4 de diciembre de 1923 se le nombra vocal de la Junta Organizadora del Poder Judicial. Este nombramiento sorprende, pues proviene de un dictador. Sólo puede explicarse por medio de dos hipótesis: bien colaboró para intentar promover la regeneración de España, muchos interpretaban el golpe de estado de esta forma; o bien, utilizó este cargo para promocionarse profesionalmente[2]. Tal vez la primera es más convincente, ya que esta colaboración inicial se disipará rápidamente.

En esta época ya era uno de los magistrados más prestigiosos de la judicatura, "dándose a conocer dentro de su carrera por su gran inteligencia y su especialidad en materias penales y procesales." En su expediente personal no constan quejas ni informes negativos, una circunstancia extraña si se tiene en cuenta que la magistratura durante la Restauración sufrió intensamente las venganzas de la oligarquía y del caciquismo: podía gustar a una fracción local, lo cual llevaba implícito el desprecio de la otra, que se traducía en artimañas ante el Ministerio de Justicia o los presidentes de las audiencias para apartarla del destino o separarla.[3] En 1924, con 47 años, se le nombra juez del Distrito de Chamberí de Madrid —los órganos judiciales de Madrid los ocupaba la 'gerontocracia' judicial—, un destino que insinuaba que en pocos años se le designaría para la Audiencia de Madrid, paso previo para llegar al Tribunal Supremo. Gracias a su gran preparación intelectual y jurídica, representará a España en los Congresos Penales Internacionales de París, Bruselas y el de Budapest de 1929.[4]

Esta trayectoria profesional ascendente al lado de la monarquía no se paralizó con la II República. El 13 de mayo de 1931, el Gobierno provisional lo nombra Fiscal General de la República, "inmerecidamente" según reconocerá, un cargo del que dimitirá el 31 de julio de 1931, cuando se le nombra magistrado del Tribunal Supremo. ¡Su carrera profesional es admirable! Tanto en un régimen como en otro mantuvo su estatus y su promoción profesional, cuando lo habitual era caer en desgracia al advenimiento del nuevo. El 28 de junio de 1931 fue elegido diputado a Cortes Constituyentes por Lugo[5]

---

* Autor de la tesis "La rebelión de sus señorías. La Administración de Justicia en Catalunya (1931-1945). La magistratura y el ministerio Fiscal", en catalan, dirigida por el Dr. Antoni Segura Mas, catedrático de Historia Contemporánea de la Universitat de Barcelona; depositada en el Departamento de História Contemporània de la Universitat de Barcelona, pendiente de lectura.

[1] Vease M. Lanero, *Una milicia de la justicia. La política judicial del franquismo (1936-1945)*, Centro de Estudios Constitucionales, Madrid, 1996.

[2] Archivo Histórico Nacional. Fondo Contemporaneo. Jueces y Magistrados. Exp. 13.662.

[3] Véase J. Costa, *Oligarquía y caciquismo como la forma actual de gobierno en España: urgencia y modo de cambiarla*, Ediciones de la Revista de Trabajo, Madrid, 1975.

[4] Indice Biografico de España, Portugal e Iberoamérica. 3ª Edición. K.G. Saur. München, 2000, II, 301, 353.

[5] Fue elegido diputado en las elecciones del 28 de junio de 1931 con 31.910 votos. En su credencial de la Junta electoral se hace constar que "se han formulado numerosas protestas y reclamaciones, basadas, entre otras causas, en que no se celebraron eleccio

por el Partido Radical,[6] lerrouxista. Sorprende la adscripción radical de Francisco Javier Elola, sobre todo por la demagogia que acompañó a Alejandro Lerroux a lo largo de toda su historia. Pese a ello, desde sus inicios, "la masa que seguía (a Alejandro Lerroux) era republicana, anticlerical, confusamente revolucionaria, no 'lerrouxista'. Entonces, existe el lerrouxismo 'lerrouxista' y, diferente, unos seguidores de Lerroux que no son lerrouxistas, entendido como hoy se entiende."[7] Tampoco puede olvidarse que políticos tan insignes como Diego Martínez Barrio o Clara Campoamor, por poner un ejemplo, pertenecieron a este partido en estos años.

Existe la posibilidad que Francisco Javier Elola compaginara el cargo de magistrado del Tribunal Supremo con el de diputado, todos los indicios documentales apuntan a ello. Así, reconocerá el 26 de abril de 1932 en una cuestión parlamentaria que "lo sé por haber desempeñado un alto cargo, para el que inmerecidamente me nombró la República, y por seguir ahora desempeñando cargo jurisdiccional". Un año antes ya había hecho lo mismo. Cuando presentó su candidatura por Lugo, siendo Fiscal General de la República, Manuel Azaña creía que "el fiscal pretende que se le deje fuera de la discusión personalmente, porque él no ha estado presente en la contienda electoral (...) el fiscal no debió mezclarse en contiendas electorales, (...) (sin) dimitir de antemano, si quería ser diputado." Además, el presidente del Gobierno aseguraba en 1933: "Elola, magistrado del Tribunal Supremo y diputado radical (una de las combinaciones monstruosas que ha venido a cortar la ley de Incompatibilidades)...".[8] Esta afirmación da a entender que simultaneaba los cargos de magistrado y diputado. El ejercicio de las dos funciones cuestiona toda su concepción, ampliamente expuesta en las Cortes, sobre la independencia judicial. No obstante, esta compaginación pudo ser una práctica habitual durante la II República, ya que durante la guerra, varios diputados del Parlament de Catalunya también desempeñaban simultáneamente cargos jurisdiccionales.[9]

Manuel Azaña asegura en 1933 que "se ha separado del partido porque no le han hecho vocal del Tribunal de Garantías; los radicales han preferido a Abad Conde,[10] el hombre de las ojeras y de las camisas malva."[11] Puede ser cierta esta interpretación del presidente del Gobierno. Pese a ello, existe la posibilidad que Elola empezara a distanciarse del Partido Radical por el giro a la derecha que estaba experimentando. En la elección de los vocales del Tribunal de Garantías Constitucionales, cuya votación fue desfavorable al Gobierno de Azaña, Alejandro Lerroux "pasó al ataque para acusar a Azaña de querer una dictadura."[12] Un comportamiento que tal vez debía disgustar a Francisco Javier Elola. En el Archivo del Congreso de Diputados primero se le adscribe como radical, y después como republicano independiente.

El pensamiento de Francisco Javier Elola se reflejará intensamente en los debates de las Cortes, básicamente sobre dos temas: la Administración de Justicia y la contención del poder público, el gubernativo, que a menudo impedía a los ciudadanos el ejercicio de los derechos contemplados en la Constitución. Su oposición a la carrera judicial y a la Administración de Justicia, tal como se entendían desde la Restauración, será permanente, lo que demuestra lo lejos que se encontraba de los postulados internos de la magistratura, dominada por el inmovilismo y el conservadurismo. También lo distingue su negativa a la utilización de medidas excepcionales o especiales para solucionar las conflictividades sociales que asediaban la República, de aquí que pidiera contención y el uso de todas los mecanismos contemplados en la legislación, renunciando a la tentación permanente del Ejecutivo de crear disposiciones u órganos especiales y de excepción.

Francisco Javier Elola entendía que "la Justicia española ha atravesado y está atravesando un período de crisis, y es menester que se ponga mano en ello, por el interés de la Justicia y por el interés de España." Una afirmación

"en pugna con la opinión respetable de la mayoría de mis compañeros de carrera. / Aquí se habla de que la mejor forma de robustecer la administración de justicia es crear un Poder judicial fuerte, absoluto, autónomo y único. Pues bien, señores, yo disiento de ese parecer, disiento, no en el sentido de que no haya garantías para los justiciables de inamovilidad, de fuero, etc., ¡ah!, eso es necesario, estrictamente necesario; pero (...) otra cosa es que al socaire de ciertas concepciones vetustas, constitucionales en torno de la Justicia, vengamos aquí a pretender crear una oligarquía judicial que el día de mañana pueda imponerse y enfrentarse con la democracia."

---

nes en determinados colegios, en que se falseó el resultado de la votación en otros, y, en que la mayoría de las actas, se confeccionaron en el Gobierno Civil de la provincia y bajo la presión de ciertas autoridades" El pucherazo y el caciquismo sobrevivían en la República. Tal vez, estas reclamaciones invalidaron su elección. Así, el 21 de julio de 1931, cuando ya había tomado posesión de su escaño, se declaró la nulidad de su elección. De nuevo, fue proclamado de nuevo, pero esta vez con 46.721 votos. Archivo Histórico del Congreso de Diputados. Expedientes de Diputados 1810-1939.

Manuel Azaña asegura que "Parece que estas elecciones de Lugo han sido muy irregulares y escandalosas. (...) A última hora de la sesión, cuando yo me he marchado del Congreso, los diputados acuerdan anular la elección de Lugo" M. Azaña, *Diarios completos*, Edit. Crítica, Barcelona, 2000, págs. 184-185 y 754.

[6] El Partido Radical lo fundó Alejandro Lerroux García (La Rambla, Córdoba, 1864-Madrid, 1949). Esta organización se caracterizó por el anticlericalismo, la propaganda antimonárquica, el españolismo, el anticatalanismo y la demagogia obrerista.

[7] J. Termes, *De la revolució de setembre a la fi de la Guerra civil (1868-1939)*, Edicions 62, Barcelona, 1999, pág. 183. La traducción del catalán al castellano es propia.

[8] M. Azaña, *op. cit.*, págs. 184-185 912.

[9] Diari de Sessions del Parlament de Catalunya, 1 de octubre de 1938.

[10] Gerardo Abad Conde (Ordenes, 1884-Madrid, 1936). Abogado y catedrático, miembro del Partido Radical. Al igual que Francisco Javier Elola, fue diputado por Lugo en las Cortes Constituyentes. Posteriormente, se le nombró vocal del Tribunal de Garantías Constitucionales y ministro de Marina. Murió asesinado en Madrid, víctima del terror que se impuso después del fracaso del golpe de estado del 18 de julio de 1936.

[11] M. Azaña, *op. cit.*, pág. 912.

[12] M. Tuñón de Lara, *La España del siglo XX. De la segunda República a la Guerra Civil (1931/1936)*, Edit. Laia, Barcelona, 1974, pág. 355.

Así, afirmaba que "me opondré, repito, a todo aquello que tienda a entregar a la Magistratura ordinaria algo que disuene de su función". Sí, Elola entiendo el Poder judicial como "un órgano directo de ejecución que realiza determinadas funciones" y "puede pensar(las) y ejecutar(las) (...), es decir, que puede querer y obrar por el Estado." Sólo en este sentido la Justicia es un Poder; sin embargo la denominación Poder judicial le desagrada, por eso "quiero llamarlo Poder jurisdiccional, (...) porque el papel de la Justicia está en la realización del derecho, por medio de un juicio de valor secundario que pudiéramos llamar conocimiento. Fuera de eso no tiene ningún poder." Este Poder jurisdiccional tenía que englobar el ámbito público y privado tal como los reconocía la Ley Orgánica del Poder Judicial de 1870, pero también, y aquí está la novedad, el contencioso administrativo y el social, en igualdad de condiciones con los dos primeros, al margen de las jurisdicciones especiales que hasta entonces habían existido, que sólo beneficiaban al Ejecutivo, en detrimento de la jurisdicción única. Una concepción que no se haría realidad hasta pasados muchos años...

Además, entendía que "La Justicia debe acantonarse en sus respectivas actividades, y dentro de ellas establecer y formar jueces que cumplan con su deber y sean dignos, cultos y amantes de estos movimientos nuevos que, al fin y al cabo, conducen a un mundo nuevo."[13] Francisco Javier Elola asumía que "los jueces tienden, evidentemente, al conservadurismo; son eminentemente conservadores, por no decir retrógrados, y esto es menos admisible todavía en estos momentos en que el Derecho ya no es aquel Derecho cristalizado de los Códigos", sino que "es la vida de todos los días". De aquí su miedo a un Poder judicial, porque "La magistratura está acostumbrada a fundar su criterio, a establecer principios con fórmulas cabalísticas, y algunas veces arbitrarias, desnaturalizando en absoluto el sentido de las Constituciones y el sentido de la democracia". Desde el momento que se reconociera un Poder judicial, entiende que se invadirían "funciones del Parlamento, y por ende (...) (del) principio democrático de donde aquél emana", imposibilitando "la vida continua y normal del Derecho."[14]

Su concepción de un Poder Jurisdiccional implica el respeto que debían las autoridades y los particulares a la independencia de los funcionarios judiciales. Ante una queja parlamentaria de un diputado por unos procesamientos acordados por el juez de Chantada, Francisco Javier Elola entendía que se tenían que utilizar los mecanismos previstos en la ley, de otra forma se podría retroceder al pasado, símbolo de la arbitrariedad, en que un juez que desagradaba al Gobierno, el ministro de Justicia lo separaba o trasladaba. De la misma forma, cuando un juez de Barcelona acordó la suspensión de un acuerdo del Ayuntamiento de Barcelona, Joan Lluhí Vallescà, diputado de Esquerra Republicana de Catalunya, exponía en las Cortes que el juez "no conoce el Estatuto Municipal", por lo que rogaba "al Sr. ministro de Justicia que procure que por la Audiencia de Barcelona se resuelva con la mayor brevedad sobre la apelación que el Ayuntamiento tiene planteada", además "si hay motivo (...) se aplique una corrección o la ley de Defensa de la República". Ante tal ingerencia en la independencia judicial, Elola manifestará "Exíjanse sus responsabilidades por la vía jurisdiccional; no hay derecho a pedir lo que solicita S.S (...) Aquí no se viene a interponer recursos de justicia, que deben ser interpuestos ante los Tribunales."[15]

Asimismo, era muy crítico con el uso que la autoridad gubernativa estaba haciendo de diferentes disposiciones anteriores a la Constitución, algunas del siglo XIX, que la contravenían, entendiendo que ésta las había derogado. La Constitución establecía en el artículo 29 que la detención no se prolongaría más de veinticuatro horas, momento en que el detenido debía pasar a disposición judicial. Pues bien, algunos gobernadores civiles imponían sanciones que al no ser satisfechas tenían aparejada el arresto. "Las multas, pues, impuestas por algunos gobernadores a determinados sujetos que hoy están detenidos por fuerza de este precepto derogado, es realmente una pena correccional, extrajudicial, extrajurisdiccional..." La multa era procedente, pero en caso de impago sólo podía hacerse efectiva por la vía de apremio, pero nunca imponerse un arresto. Estas argumentaciones fueron entendidas por los socialistas y los radical socialistas como 'hacerle el juego' a los diputados de la derecha reaccionaria. Sin embargo, Elola, entre gritos, contestará que éstos "merecen tanto respeto como cualquier ciudadano en sus derechos individuales. Estoy defendiendo un criterio de legitimidad, de juricidad, si queréis, frente a un criterio de arbitrariedad."[16] Su intención era la instauración de un sistema respetuoso con los derechos de todos los ciudadanos, al margen del partido a que pertenecieran, de su ideología o de su clase social; ahora los socialistas protestaban en la Cámara por su denuncia, pero dos

[13] Diario de Sesiones de las Cortes Españolas (a partir de ahora DSCE), 12 de noviembre de 1931. Estas últimas palabras no son gratuitas. F. Beceña, catedrático de derecho de la Universidad de Oviedo, tres años antes, ya había denunciado los males que aquejaban la carrera judicial. Así, entendía que "Salvo raras excepciones, en que la fuerza ideal de la función y su valor social logran atraer a juristas distinguidos, en la generalidad de los casos acude a ella [a la carrera] los que por motivos personales no pueden encontrar posibilidades satisfactorias en otras profesiones más independientes, mejor retribuidas y de más brillantes perspectivas". La situación de la carrera judicial era tan nefasta que "logran alcanzar la categoría judicial personas absolutamente ineptas para ella, aunque hayan logrado superar el nivel mínimo en una determinada oposición". F. Beceña también denunciaba que "La carrera no hace vida cultural de ninguna clase", y la jurisprudencia del Tribunal Supremo no era suficiente para evitar que fueran "analfabetos". Los funcionarios judiciales "en vez de estar rodeados de libros, viven rodeados de establos, que con la inteligencia a medio formar, caen en un ambiente de prosaísmo y de incultura que ahoga lentamente el temperamento mejor formado". Ante toda esta situación, el profesor creía que la magistratura necesitaba "respirar de cuando en cuando aires de justicia, de ciencia, de ciudadanía, de solemnidad"; en vez de vivir fosilizada, amparada en el "El criterio de la antigüedad", sinónimo de "una organización de múltiples categorías que jamás ha estado sometida a otros estímulos que los del favor, ni más acción que la del tiempo". F. Beceña, *op. cit.*, *Magistratura y justicia*, Librería General de Victoriano Suárez, Madrid, 1928, págs 311, 317, 325, 402 y 413-14.

[14] DSCE, 12 de noviembre de 1931.

[15] DSCE, 26 de enero de 1932 y 4 de febrero de 1932.

[16] DSCE, 2 de febrero de 1932.

años más tarde, ellos se convertirían en las víctimas de esta ausencia de garantías.

Pero el discurso de Francisco Javier Elola tiene puntos oscuros. Por un lado, su concepción de la independencia, vulnerada presumiblemente mientras simultaneaba el cargo de magistrado y diputado, como ya se ha dicho; por otro, la denuncia que hace de la magistratura por su conservadurismo, el cual podía desestabilizar el régimen; sin embargo interpela al ministro de Gobernación por haber aplicado a un juez de Madrid la Ley de Defensa de la República. La actuación gubernativa, genéricamente, la interpreta "como una manera de presionar al Poder judicial, a los funcionarios judiciales, y que le hagan perder la serenidad de juicio necesaria para desenvolver esa augusta función, esa misión soberana de que estamos investidos todos los que venimos administrando justicia."

Sorprende que no asuma la difícil coyuntura por la que atravesaba la República, que él ya había denunciado: el cargo jurisdiccional podía utilizarse en detrimento del régimen democráticamente instaurado, como en un futuro demostrarían las circunstancias. Una dualidad muy difícil de resolver, que conducirá al Gobierno a solucionarla con la depuración política de la magistratura y del ministerio fiscal por medio de la Ley del 8 de septiembre de 1932, contraviniendo los mecanismos y las garantías que contemplaba la Ley Orgánica del Poder Judicial.[17]

Por otra parte, el artículo 11 del Estatuto de Autonomía de Catalunya otorgará a la Generalitat la gestión y organización de la Administración de Justicia en su territorio. No obstante, los jueces y magistrados de los que se proveerá tenían que proceder del escalafón estatal. La Generalitat ofertaba las vacantes y los funcionarios solicitaban voluntariamente la "Región Autónoma", pero si no se producía esta petición, Catalunya podía llegar al colapso por falta de personal, como así sucedería en el futuro. En la discusión de este artículo en las Cortes, Elola ya había denunciado este sistema de provisión, prediciendo que fracasaría, ya que le preocupaba que en caso de no existir candidatos que solicitasen Catalunya, ¿qué pasaría? El defensor parlamentario del proyecto, el diputado Poza Juncal, le argumentó: "¿Es que su señoría cree que no hay abogados en Cataluña y que no hay jueces en el escalafón del Estado que sean catalanes?" —sin embargo, los funcionarios judiciales catalanes eran insignificantes. A lo que contestó Elola: "Es que ya no son entonces funcionarios pertenecientes al Escalafón general." Refiriéndose a los abogados. También, existe la posibilidad que sintiera cierta aversión a transferir la Administración de Justicia, fruto de una concepción unitaria de la Administración de justicia. De esta forma, interpreta que la asunción por la Generalitat de la Administración de justicia significa "entregar la Justicia a Cataluña". No obstante, como reconocía Poza Juncal, la transferencia de la Administración de Justicia no suponía "distinción entre la Justicia de Cataluña y la del resto de España."[18]

[17] DSCE, 26 de abril de 1932.
[18] DSCE, 16 de agosto de 1932

Su respeto por la lengua y la cultura catalanas es indudable. Después de un incidente, ocurrido en la Audiencia Provincial de Barcelona entre el presidente de una sección y un grupo de ciudadanos, en el que se encontraban presentes algunos diputados del Parlament de Catalunya, por la utilización de la lengua y el comportamiento de la magistratura durante la Dictadura del General Primo de Rivera, Francisco Javier Elola preguntó en las Cortes al Ejecutivo si se había incoado un expediente "dirigido concretamente contra el juez que se dice autor de determinadas desconsideraciones al idioma de Cataluña y a uno de los miembros de la Generalidad". Por una parte, temía que esta situación deprimiera "la autoridad judicial", y por otra pretendía salvar "la consideración debida a miembros dignísimos del Parlamento de Cataluña." El ministro le contestó que el Tribunal Supremo investigaría estos hechos.[19]

En la asamblea que se celebró para la elección del presidente del Tribunal Supremo, el 10 de julio de 1933, Francisco Javier Elola fue el presidente de la misma, resultando elegido Diego Medina García. En el mes de octubre de 1933, se disolvieron las Cortes Constituyentes; a partir de estos momentos, no se tiene más noticias documentales de Francisco Javier Elola: por su expediente personal del Ministerio de Justicia se deduce que continuó desempeñando el cargo de magistrado en el Tribunal Supremo. Ya en plena guerra civil, el 26 de agosto de 1936, se le nombra presidente de la Sala III de lo Contencioso Administrativo del Tribunal Supremo. Este nombramiento es de suma importancia, sin el cual no se puede comprender la venganza que ejercerá el régimen franquista contra él. Cuando fracasó el golpe de estado del 18 de julio de 1936 en Madrid, se le nombró juez especial instructor de la causa por la insurrección en todos los cuarteles y cantones militares de la ciudad. En la instrucción guardó las formalidades legales, cosa que no gustó en aquel ambiente de exaltación y de extremismo, que exigía una inmediata 'venganza' contra los golpistas, hasta el punto que se le apartó de la instrucción por haber admitido al general Fanjul las pruebas que había propuesto. El 27 de agosto y el 16 de septiembre de 1936 se le nombra instructor del

"expediente general sobre el movimiento de rebelión militar y sus múltiples derivaciones, debiendo entender en ella con función permanente y plenitud de facultades jurisdiccionales, según establecen las citadas disposiciones ministeriales, con extensión para todo el territorio nacional; dada la importancia de la función encomendada, que requiere una atención constante e interrumpida a fin de extraer cuantas responsabilidades hayan de ser exigidas por los tribunales competentes a los elementos civiles y militares complicados en el movimiento subversivo; vengo en disponer que el referido presidente de Sala, Javier Elola Díaz-Varela, se dedique exclusivamente, con la plenitud y extensión de

[19] DSCE, 21 de junio de 1933

la función asignada al desempeño de la mencionada comisión especial, relevándole de todo servicio activo en el Tribunal Supremo, sin perjuicio de requerir su asesoramiento técnico en los casos que este Ministerio determine".[20]

El 27 de agosto de 1937, también se le nombra presidente de la Junta de Inspección de Tribunales de Madrid, "creada con objeto de investigar (la) actitud y adhesión al régimen de los funcionarios de (la) Administración de Justicia." Por este nombramiento será considerado como un funcionario izquierdista...[21] Estas designaciones se realizan cuando la República existe nominalmente, pero con muy poca potestad pública, a veces casi nula. A partir del 18 de julio, en los territorios donde se venció el golpe de estado, la victoria se tradujo en una desintegración del poder público; éste, sin ningún tipo de efectivos represivos, no pudo frenar la criminalidad que se impuso. En estos instantes, surgen multitud de comités y grupos, muchos de difícil identificación ideológica, que se hacen con el 'poder público', si se puede llamar así; eso sí, todos querían actuar para 'controlar' el descontrol, incrementándolo todavía más —las patrullas de control y los grupos de 'incontrolados'...[22] El poder se encontraba en la calle, lo detentaban aquellos que poseían armas, que se habían hecho con ellas. Si esta situación no era suficiente, en estos momentos también se inicia la revolución, la que muy a menudo se tradujo más por sus aspectos destructivos que por los constructivos. No puede olvidarse que todos estos acontencimientos son fruto del golpe de estado del 18 de julio que desintegró el poder del Estado, hasta esta fecha la República contuvo los radicalismos de izquierda y de derecha, con más o menos problemas, pero lo hizo.

Después de estos nombramientos, Francisco Javier Elola se volcó como juez especial, instructor general, en la instrucción de la causa por la insurrección militar, lo que implica que en cada audiencia territorial donde no había triunfado el golpe de estado disponía de un juez especial auxiliar, ello ante la desintegración del cuerpo jurídico-militar después del golpe de estado. Ante la conmoción interna e internacional por el fusilamiento de José Antonio Primo de Rivera, el ministro de Justicia le solicitó el 31 de mayo de 1937 "se sirva remitir a este Ministerio el sumario que como juez especial de los delitos de rebelión y sedición ha instruido contra el inculpado José Antonio Primo de Rivera, posteriormente sentenciado por el Tribunal Popular de Alicante."[23] Estos nombramientos prueban su lealtad al régimen y a las autoridades legalmente constituidas.

Cuando el Gobierno de la República se trasladó a Valencia, el Tribunal Supremo le acompañó, lo mismo que cuando lo hizo a Barcelona en octubre de 1937. En este período, el magistrado Elola desempeñó el cargo especial para el que había sido nombrado. En el mes de junio de 1938, el Servicio de Inteligencia Militar de la República descubrió que una parte de la judicatura de Catalunya estaba integrada en la quinta columna —las diferentes organizaciones clandestinas que trabajaban en el territorio republicano a favor del Gobierno de Burgos—, por lo que el juez instructor de espionaje decretó su ingresó en prisión. En la sentencia del 17 de junio de 1938 del Tribunal de Espionaje y Alta Traición de Catalunya contra estos funcionarios quintacolumnistas se admitía "que no habiendo hecho otra cosa la policía gubernativa y en especial el agente sr. Grimau[24] (...) que afirmar que había comprobado la exactitud de los cargos contra los jueces, o sea de carácter de fascistas o indiferentes propicios a inclinarse a la causa fascista", estas imputaciones no tenían "comprobación en la realidad". De acuerdo con la investigación sumarial, a los jueces sólo se les consideraba de ideología "derechista, acomodaticia, religiosa, liberal, conservador", ya que "no existen indicios para calificarlo(s) de fascista(s)". Estos argumentos señalaban una posible absolución que se confirmó gracias a que contaron con el testimonio de diferentes personalidades políticas de la República. Pero no sólo se comportaron así éstos, sino que "los Presidentes de (...) Sala del Tribunal Supremo, excmos. sres. Elola, Aberrategui, Alvarez Martín y Paz (...) afirman merecerles confianza la lealtad de todos los funcionarios". Ante la interpretación de las pruebas y la información aportada por los testigos, el tribunal, dentro de la más pura tradición liberal, los absolvió; ya que entendía que su finalidad no consistía en "penetrar inquisitivamente en la conciencia de los encartados para discriminar su ideología". Si los funcionarios eran "marcadamente de derecha(s)", pero en ejercicio del cargo "ha(n) cumplido, mostrando(se) fieles al momento actual, es obvio que (a)l Tribunal no le corresponde imponer ninguna sanción, pues en todo caso, en el orden gubernativo, es donde se debe resolver si al Estado republicano le conviene o no tener a tales funcionarios".[25] El 20 de junio de 1938 se les ponía en libertad.

Francisco Javier Elola salió en defensa de sus compañeros de carrera, a pesar de que éstos desde hacía mucho tiempo se habían unido a la causa rebelde mediante el sabotaje, la sustracción de documentación y la contribución económica al Socorro Blanco; pero en aquellos momentos se desco-

[20] Archivo Historico Nacional. Fondo Contemporaneo. Jueces y Magistrados. Exp. 13.662, expediente de Valencia.

[21] Archivo del Tribunal Territorial III. Gobierno Militar de Barcelona. Sumarísimo núm. 8/39.

[22] Vease S. Julia (coord.), *Victimas de la Guerra Civil*, Temas de Hoy, Madrid, 1999 y J. M. Solé y J. Villarroya, *La repressió a la reraguarda de Catalunya (1936-1939)*, Barcelona, 1989, pags. 60-61

[23] De Francisco Javier Elola 'dependia' el juez auxiliar de Alicante que instruyo el sumario contra Jose Antonio Primo de Rivera, Federico Enjuto Ferrán. Esta peticion se la hace el ministro porque, como instructor general, él custodiaba el sumario. Archivo Historico Nacional. Fondo Contemporáneo. Jueces y Magistrados. Exp. 13.203

[24] En la sentencia no está claro si es Grimau o Griman, ya que el mecanografiado es de pésima calidad. De tratarse del primero, muy probablemente, alude a Julián Grimau, dirigente de la Brigada de Investigación Criminal, situada a la Plaza de Berenguer el Gran de Barcelona. J. M. Solé i Sabaté, i J. Villarroya Font, *op. cit.*, pag. 261. Julian Grimau fue ejecutado por el franquismo en 1963.

[25] Archivo Central del Ministerio de Justicia. Justicia. Exp. 13.971 y Archivo Historico Nacional. Causa General. Leg. 1637

nocía este comportamiento. La actuación de Francisco Javier Elola es muy importante, ya que en un futuro muy inmediato aquellos a los que él socorrió lo olvidaran a su suerte, la más trágica...[26]

Desde junio de 1938 hasta el 26 de enero de 1939, fecha en que las tropas rebeldes conquistan Barcelona, no se sabe nada más de él, sólo que continúa como presidente de la Sala III del Tribunal Supremo de la República. Cuando se produce la 'retirada', decide no exiliarse, ya que no se considera reo de ningún delito. Se desconoce a qué obedece esta decisión, los acontecimientos posteriores si inducen a pensar que Elola, con 62 años, se podría encontrar agotado y deprimido por la terrible guerra civil que había vivido desde una alta instancia del Estado. No obstante, presenta la declaración jurada a las autoridades franquistas para incorporarse al 'Nuevo Estado'. El lenguaje que utiliza en ésta lo hacen sospechoso de colaboracionismo, así argumenta que se negó a abandonar España por "el amor infinito a España. Quise dar cuenta de mis actos a las autoridades legítimas". Pero esta hipótesis no prospera desde el momento que él se adelanta a una investigación de las autoridades franquistas, argumentado que nada tuvo que ver con la ejecución del General Fanjul, obra del Tribunal Popular de Madrid.

Las autoridades castrenses franquistas detuvieron a Francisco Javier Elola y decretaron su ingreso en prisión, incoándosele la "Causa núm. 8/1939 de la Auditoria de Guerra de Cataluña, instruida contra magistrados, fiscales y jueces de la Sala Sexta del Tribunal Supremo del llamado Gobierno de la República". A Elola se le acusaba de un delito de rebelión. Ramón Serrano Súñer, el 'cuñadísimo', describe esta forma tan peculiar de administrar justicia como "'la justicia al revés': condenar como rebeldes a los leales, porque rebeldes eran los que se alzaron y todos los que les asistimos y colaboramos".[27]

Las autoridades franquistas lo acusaban de haber sido el instructor de la causa por la insurrección militar del 18 de julio de 1936 en Madrid, y consecuentemente el responsable de la ejecución del general Fanjul, como también de las muertes que se produjeron en la Prisión Modelo de Madrid el 23 de agosto de 1936. Como ya se ha expuesto, inició la instrucción de la causa de Madrid,[28] de la que renunció al no observarse las prescripciones legales, por cuanto no se le permitió admitir las pruebas que propuso el general Fanjul; además la complejidad de los hechos obligaba a tramitarla por el procedimiento ordinario, y no por el sumarísimo como se estaba haciendo, cosa que tampoco se le consintió. Las autoridades castrenses franquistas entenderán esta renuncia como la imposibilidad que tenía de instruir la causa al haber sido nombrado intructor general para toda la 1ª División. Además, se le intentará involucrar en la creación de los tribunales populares. El intentará liberarse de cualquier responsabilidad en la redacción de Decreto por el cual se establecieron,[29] pues muchas ejecuciones derivaban de estos órganos especiales y de excepción. En su redacción no tuvo ninguna participación: siempre había destestado las jurisdicciones especiales, porque creía que el ordenamiento de la República poseía suficientes instrumentos legales para hacer frente a la situación creada después del 18 de julio. Así expone que

"Don Mariano Gómez (presidente del Tribunal Supremo) mostró al dicente el original del Decreto firmado la noche anterior (21 o 22 de agosto de 1936) por el que se constituían los tribunales populares en Madrid, según se dijo debido a reclamaciones de potencias para imprimir mayor rapidez a la Justicia y poder poner coto a la actitud violenta de las turbas que tantos excesos habían cometido en jornadas precedentes" (...) Que al constituirse los tribunales populares (...) todos los magistrados de la Sala Sexta intervinieron en ellos. (...) Que la iniciativa de creación de otros organismos de Administración de Justicia penal fue también de D. Mariano Gómez".[30]

---

[26] Archivo Central del Ministerio de Justicia. Justicia. Exps 14.831, 14.303, 15.271, leg. 482, 1011. Archivo General de la Administración. Depuraciones Ministerio de Justicia, carpeta 14.

[27] S. Julia, *Un siglo de España. Política y sociedad*, Editorial Marcial Pons, Madrid, 1999, pág. 146.

[28] El 25 de julio el Tribunal Supremo nombra a Humberto Llorente Regidor, Felipe Uribarri, Manuel Fernández Gordillo y Mariano Luján, jueces de instruccion de Madrid, jueces especiales delegados para la instruccion del sumario encomendado al Sr. Elola. Su jurisdiccion se ampliaba a todo el territorio de la 1ª División

[29] Los tribunales populares eran un popurri de la legislación de la República, pero en aquel contexto de ruptura social y política se valoraban como de una gran innovación. El enjuiciamiento de estos organos estaba condicionado por la extracción política de los jurados, y muchas veces de los jueces y fiscales. "En circunstancias normales, la designación de jurados por sus convicciones políticas, hubiera sido, desde luego, totalmente inadmisible, pero, en la España de agosto de 1936, aquel era el unico sistema a que se podia recurrir".[29] Rodriguez Olazábal, J., *La Administración de Justicia en la Guerra Civil*, Edicions Alfons el Magnànim, València, 1996, pág. 39. La unica forma de frenar, de "poner coto a la actitud violenta" de los 'incontrolados', según el presidente del Tribunal Supremo, como ya se vera. El ex presidente Niceto Alcalá-Zamora cree que los tribunales populares son una traición a la República, ya que "se encomienda a los representantes de los partidos políticos afectos al Gobierno, administrar justicia a sus enemigos", así se olvida que "La Constitucion habia tenido el propósito de proteger el Poder judicial frente al Ejecutivo, y he aqui que los mismos que ante el extranjero se proclaman sus unicos y celosos defensores, la violan, al instituir una jurisdicción excepcional, sin garantia alguna de imparcialidad ni de preparación". N. Alcala-Zamora, *Ensayos de Derecho procesal. Civil, penal y constitucional*, Edición de la Revista de Jurisprudencia Argentina, Buenos Aires, 1944, pags. 259-60.

[30] Mariano Gomez González, presidente del Tribunal Supremo. "Habia sido catedrático de Derecho Politico de la Universidad de Valencia ( ) En Inglaterra, Francia o Estados Unidos, se hubiera dicho probablemente, que el señor Gómez y Gonzalez era hombre de derechas, pues tenia arraigadas convicciones religiosas y gozaba de buena posición economica y de excelente consideración social. Pero era liberal, y eso bastaba para que en la España de aquellos años lo tuvieran muchos por hombre *avanzado*, lo que aún hoy significa, segun nuestra Academia, tener 'ideas políticas radicales' o, lo que es lo mismo, ser 'partidario de reformas extremas' (...) Al comenzar la guerra, el señor Gomez y González permaneció leal a la Republica y, por ser el presidente más antiguo de los presidentes de sala que siguieron prestando servicio, hubo de asumir interinamente las funciones de presidente del Tribunal Supremo, cargo que paso a ocupar en propiedad unos meses mas tarde. Hombre que a la valia intelectual unia el valor personal, no rehuyo los trances de mayor riesgo y, a raiz de la vergonzosa matanza de presos del 23 de agosto, se presentó en la Carcel Modelo para presidir el primer Tribunal Especial [Tribunal Popular] creado por el Gobierno ( ) quiso predicar con el ejemplo. Quizas muchos lo censuren aún hoy por ello, pero yo he sentido siempre profunda admiracion por aquel gesto de gallardia y sentido del deber." J. Rodriguez Olazábal, *op. cit.*, pags. 76-77. J. Rodriguez fue presidente de la Audiencia Territorial de Valencia.

El 26 de febrero de 1939, se le procesará por existir 'indicios racionales' de ser autor de un delito de rebelión. En el auto de procesamiento se asegura

"Que el Tribunal Supremo en virtud de las leyes orgánicas que regulaban su constitución y funcionamiento poseía las facultades y atribuciones de la natural jerarquización en los órganos de la administración de Justicia señalaba para el organismo superior, y correlativamente en aquellos las de subordinación y acatamiento, que fueron aprovechadas por el llamado Gobierno de la República, para intentar vestir con la apariencia de legalidad exterior, una vez iniciado el Movimiento Nacional todas aquellas instituciones judiciales creadas con posterioridad al dieciocho de julio de mil novecientos treinta y seis y que cual los llamados tribunales populares (...) tantos crímenes, tropelías e injusticias cometieron de cuya inducción y realización debe alcanzar la responsabilidad al llamado Tribunal Supremo que con arreglo a las disposiciones dictadas en la zona roja, desde la fecha señalada anteriormente, ya con carácter de especialidad, ya en las normas de constitución de dichos órganos, conservó las indicadas facultades de fiscalización, unidas a otras, como las de propuesta de nombramientos de componentes de los organismos anteriormente citados, de resolución de conflictos jurisdiccionales suscitados entre aquellos (...) Puede afirmarse que de hecho e inclusive de derecho la responsabilidad de la llamada justicia administrada en la zona que tuvo que sufrir la dominación marxista debe recaer directamente sobre los componentes del Tribunal Supremo, y especialmente sobre aquellos que por los cargos que ostentaban puede estimarse gozaban de la confianza del Gobierno que nominalmente dirigía dicha administración de justicia."

De esta forma, se le imputaba: ser instructor de la causa por la insurrección militar en Madrid, abrir una pieza separada para cada cuartel y sus cantones, denegar recursos de procesamiento, aceptar el nombramiento de presidente de Sala del Tribunal Supremo, formar parte de la Sala de Gobierno de este tribunal...

Estas interpretaciones tan caprichosas, sólo intentaban obviar la realidad histórica y la forma tan sumamente violenta con que el franquismo se hizo con el poder público. En el recurso de reforma contra el auto de procesamiento, argumentará, muy valiente y serenamente, pero con unos argumentos liberales que no tenían cabida en el 'Nuevo Estado', que

"no me conceptuo reo de delito de rebelión militar, porque no me levanté contra la Constitución del Estado, ni del Jefe del mismo, ni de las Cortes, ni del Gobierno *formalmente* legítimo. Tampoco me adherí expresa o tácitamente a ningún movimiento de esta índole; como magistrado del Tribunal Supremo, integraba un Poder del Estado y no me aparté un solo momento de mis deberes constitucionales y orgánicos, de obediencia, deber funcional, subordinación y disciplina, permaneciendo alejado de toda clase de partidismos y luchas políticas. (...) En concreto: he obrado por *obediencia debida* y en *cumplimiento legítimo de un cargo* jurisdiccional, cuya investidura era indiscutible para el que la recibiera, en mal hora. (...) no debe medirse la responsabilidad de un juez por el insólito y grave hecho perseguido, sino por su actuación jurisdiccional, respecto a su trascendental misión. (...) hago las precedentes afirmaciones para situar mi posición ante el indicio. Este requiere como base de influencia lógica, que descanse en hechos demostrados o evidentes. Solicito de V.E se ahonde la instrucción sumarial a fin de aislar e individualizar mi responsabilidad concreta, respecto de los hechos que se me imputan como constitutivos de un delito de rebelión en cualquiera de sus matices."

De nada le sirvió el ruego: el franquismo tenía suficientemente claro cual sería su fin. Ante la impotencia de cómo se desarrollaba la instrucción, intentará razonar todo lo que le estaba sucediendo, unas notas que la autoridad castrense se hará con ellas y ordenará unirlas a la causa. En ellas argumenta con una gran lucidez e integridad:

"Surge la *rebelión* por el alzamiento colectivo en armas contra un poder legalmente constituido. En dieciocho de julio de mil novecientos treinta y seis existia un *Estado* con todas las condiciones jurídicas y reales a las que debía su ser en el mundo internacional. Era el de la República española. Se regía por una Ley fundamental: la Constitución de diciembre de mil novecientos treinta y uno. Su estructura era racionalizada. Hallábase dotada de leyes, reguladoras de su vida interior. Poseía organismos públicos en pleno funcionamiento (...) No se concibe, pues, una rebelión del Estado organizado, contra una minoría que por las razones sociales y políticas que la asistiesen para combatir el poder legal y formal se había levantado en armas contra aquél. Real y jurídicamente la rebeldía estaba en el campo de los que se levantaron contra el Estado republicano y no se consolidó como tal Poder (...) Por lo tanto, en los primeros meses a partir de julio de mil novecientos treinta y seis, no podía calificarse de *rebelde* al servidor del Estado, ni al Estado mismo (...) El Estado naciente podrá calificarnos de afectos o desafectos, de leales o de sospechosos, de confianza o desconfianza, pero jamás como rebeldes para fundar sobre esta calificación jurídica una sanción penal. (...) Las ideas no delinquen, sino las conductas, férreamente subsumidas en los preceptos legales coetáneos a sus presuntas infracciones. Todo otro criterio sería horriblemente injusto, inicuo, desmoralizador y contrario a los intereses del Estado nuevo, en régimen jurídico de permanencia y de convivencia social."

En la instrucción de la causa fue olvidado por aquellos compañeros de la carrera que él había socorrido un año antes, pese a que algunos ya habían sido readmitidos en el proceso de depuración franquista, por lo que ya disfrutaban del reconocimiento del régimen. Incluso se le denegó el defensor que designó, el letrado José Maruny Boy, nombrándosele uno de oficio. En el consejo de guerra asistirá como testigo José Castán Tobeñas, quien afirmará que Francisco Javier Elola "siempre dio prueba de independencia y buen magistrado, estudioso y capacitado, que siempre votó las conmutaciones, y que don Mariano Gómez le reprendió".

La sentencia del 13 de marzo de 1939 considerará probado que Francisco Javier Elola

"había desempeñado el cargo de Fiscal General de la República a raíz de su instalación y nombrado Magistrado del Tribunal Supremo por el ministro de Justicia, Albornoz, el veintiuno de julio de mil novecientos treinta y seis (sic), a propuesta de la Fiscalía General de la República, fue designado por la Sala de Vacaciones del Tribunal Supremo en funciones de Sala de Gobierno, juez especial para que se hiciera cargo de la causa incoada por la Auditoría de la Primera División, por el delito de Rebelión Militar, o sea, por los sucesos acaecidos con ocasión del Movimiento Nacional, concediéndole las atribuciones que la Jurisdicción competen a los instructores y al Auditor, salvo las del artículo quinientos treinta y tres del Código de Justicia Militar, siendo nombrados a su propuesta, cuatro Jueces-Delegados con objetivo que la rapidez y eficacia del procedimiento fueran máximas, reservándose el mencionado Sr. Elola la facultad de dictar resoluciones; que en el día treinta de Julio del indicado mes, la Sala Sexta del Tribunal Supremo dictó auto declarando su competencia para conocer en única instancia de la citada causa, ordenándose prosiguieran las actuaciones en juicios sumarísimo, únicamente contra los procesados don JOAQUIN FANJUL GOÑI y DON TOMAS FERNANDEZ QUINTANA (...) que en cuatro de Agosto del mismo año, solicitó éste ser relevado de los incidentes del indicado sumarísimo, por hallarse actuando como Juez Especial en la causa general por rebelión militar en todo el territorio de la Primer División, causa general de extraordinaria importancia en la que el procesado formó pieza separada por cada cuartel de Madrid, y sus cantones, subdividadas en ramos por unidades militares, dictando centenares de autos de procesamiento, de cuyos recursos conocía personalmente; ampliándose la jurisdicción a todo el territorio y deduciendo múltiples testimonios de la susodicha causa general que sirvieron de cabeza a otros tantos procesos en los que recayeron las más graves penas; se le nombró también Presidente de la Junta Depuradora de los funcionarios de Justicia; en veintiséis de agosto del mismo año, se le confiere un ascenso de libre elección en su carrera siendo nombrado Presidente de la Sala 3ª, formando parte como tal de la de Gobierno con la que asiste a varios actos públicos realizados como propaganda de la Justicia roja, continuando sin interrupción en su puesto hasta la liberación de Barcelona; mantuvo relaciones con el célebre asesino rojo García Atadell, exaltando en una de ellas su entusiasmo por el Frente Popular, y denunciándole en otra las sospechas que tenía de que por elementos adictos a la Causa nacional se planeaba un asalto a una emisora de Radio Madrid."

Por estos hechos, en los que curiosamente no se tuvo en cuenta que fue el instructor general de la causa para toda la República, se le considera autor de un delito de rebelión, y se le condena a la pena de muerte... La sentencia la apeló al Alto Tribunal de Justicia Militar. En la sentencia del 18 de abril de 1939 del Alto tribunal se considera probado que los hechos objeto de apelación

"son integrantes de un delito de adhesión a la rebelión militar (...) el señor Elola actuando como Juez Especial contra los verdaderos españoles que se sumaron al legítimo Movimiento Militar de cuyo sumario dedujo numerosos testimonios que sirvieron de cabeza a otros tantos actuados y si bien no se prestó a integrar los Tribunales Populares su actuación fue contumaz en la administración de la llamada justicia del Frente Popular y de franca cooperación a la misma (...) los citados procesados [en la causa había varios acusados] prestaron una cooperación manifiesta, eficaz y destacada a la causa rebelde pues, dada su categoría y condición social y profesional, su incorporación a la justicia rebelde daba a ésta exteriormente una sensación de solvencia de la que en realidad carecía (...) demostraron su adhesión a la causa rebelde a la que sirvieron sin reserva".

Así se confirmó la pena del consejo de guerra de Barcelona. El 11 de mayo de 1939, "El Asesor Jurídico del Cuartel General de S.E el Generalísimo (...) dice: S.E el Jefe del Estado, se da por ENTERADO de la pena impuesta a DON FRANCISCO JAVIER ELOLA Y DIAZ-VARELA (...)"

Al día siguiente, se hace constar:

"DILIGENCIA ACREDITANDO LA EJECUCION.- En la plaza de Barcelona a doce de Mayo de mil novecientos treinta y nueve.- Año de la Victoria.- Se extiende la presente diligencia para hacer constar que a las cinco horas del día de la fecha, y en el Campo de la Bota, han sido ejecutados por fusilamiento la pena impuesta a los procesados DON FERNANDO BERENGUER DE LAS CAJIGAS, DON FRANCISCO JAVIER ELOLA DÍAZ-VARELA y DON PEDRO RODRIGUEZ GOMEZ. Realizada que fue la ejecución el médico designado al efecto don José María Llorach previo reconocimiento del cuerpo, certificó su defunción.- Y para que conste, la firma S.S el oficial médico, de lo que doy fe."[31]

[31] Archivo del Tribunal Territorial III. Gobierno Militar de Barcelona. Sumarísimo 8/39. Las mayúsculas y los subrayados constan en el original.

En la certificación de defunción se hace constar como causa de la muerte una "profusa hemorragia interna"[32].

Pese a ello, el magistrado Luis Pomares Pérez, presidente de la Sala II de la Audiencia Territorial de Barcelona, juez especial de Barcelona de la causa por la insurrección militar, auxiliar de Elola, también se le condenará a la pena de muerte por el Alto Tribunal de Justicia Militar, pues se le consideraba responsable de las muertes de los generales Goded y Burriel. Sin embargo, esta pena la conmutará el general Franco[33]

Francisco Javier Elola representaba la nueva Administración de Justicia que el republicanismo quiso instaurar, de aquí la necesidad de fusilarlo. Su asesinato fue un acto de venganza y a la vez de prevención. El simbolizaba un régimen del que no debía quedar ni rastro. Por otro lado, su preparación y rigor intelectual y jurídico eran temidos por el 'Nuevo Estado', en cualquier momento podía manifestar su oposición, con sólidos fundamentos, lo cual también hacía necesario desembarazarse de él, 'preventivamente', ya que su forma de actuar siempre procedió "única y exclusivamente del concepto más puro sobre el cumplimiento del deber ajustado a la ley y a la conciencia más estricta, sin inclinaciones políticas determinadas y mucho menos tendenciosas".[34] Tampoco puede olvidarse sus críticas a la carrera judicial tal como se había concebido hasta esos momentos, ni su denuncia de la preparación jurídica e intelectual de la magistratura, así como su adscripción política "retrógrada".

Pero la pesadilla aún no había terminado para la familia de Francisco Javier Elola. De acuerdo con la Ley de Responsabilidades Políticas de 9 de febrero de 1939, los condenados por la jurisdicción castrense también eran objeto de esta ley, una nueva jurisdicción más dentro del universo que creó el franquismo, a fin de desnaturalizar la ordinaria. El asesinato de Francisco Javier Elola no era suficiente, ahora sus herederos tendrían que someterse a un nuevo calvario. Así, se le instruyó un expediente de responsabilidad que tenía como único fin, después de declarar su responsabilidad política, la confiscación de todos o parte de sus bienes o la imposición de una multa a cargo de su caudal hereditario. El juez instructor de Barcelona rápidamente puso en funcionamiento toda la burocracia del régimen para averiguar el patrimonio del difunto. Se investigó en Madrid, Barcelona, Lugo, Monforte de Lemos... Después de años de investigaciones, sólo se encontró a nombre de él y de su esposa 18.000 pesetas en acciones de Ferrocarril MZA y de la Transatlántica, las que se embargaron.

Pero el suplicio aún no había terminado, la humillación aún continuaría. El 5 de abril de 1944, se requería a su viuda, Consuelo Fernández González, para que aportara una declaración jurada de los bienes a nombre del difunto o aquellos otros en común. Esta manifestará: "Mi fallecido esposo no dejó bienes de ningún género", sí cuatro hijos, hoy huérfanos. Con la modificación de la Ley de Responsabilidades Políticas de 1942, sólo podían prosperar los expedientes en que la cuantía intervenida fuera superior a 25.000 pesetas, de esta forma se entregaron las 18.000 pesetas embargadas a sus herederos, el 3 de enero de 1945.

Curiosamente, uno de los jueces que instruyó este expediente de responsabilidades políticas fue uno de aquellos que se libró de una pena del Tribunal de Espionaje y Alta Traición de Catalunya, posiblemente la de prisión o la de muerte, gracias al testimonio a su favor, entre el de otros, de Francisco Javier Elola, presidente de la Sala III del Tribunal Supremo de la República...[35]

---

[32] Registro Civil de Barcelona, antiguo Juzgado Núm. 7, folio 49, acta 755, libro 159

[33] Archivo del Tribunal Territorial III. Gobierno Militar de Barcelona. Sumarísimo 3/39 y Archivo Histórico Nacional. Fondo contemporáneo. Jueces y Magistrados. Exp. 12.391

[34] Archivo del Tribunal Territorial III. Gobierno Militar de Barcelona. Sumarísimo 8/39

[35] Arxiu General del Tribunal Superior de Justicia de Catalunya. Tribunal Regional de Responsabilidades Políticas de Barcelona. Exp. núm. 87/39.

Reproducción del artículo publicado en Revista Jueces para la democracia. Información y debate, núm. 48 (noviembre/2003)

MINISTERIO DE JUSTICIA

REGISTROS CIVILES ESPAÑA

REGISTRO CIVIL DE .... DISTRITO ....

Número 755

NOMBRE Y APELLIDOS

Francisco Javier Elola Díaz-Varela

En BARCELONA *provincia de* idem, *a las* diez y veinte — *minutos del día* trece de Mayo *de mil novecientos* treinta y nueve, *ante D.* Andrés Algueró de Alarcón, *Juez municipal* — *y D.* Francisco de P. Cardemines Valls *Secretario,* — *se procede a inscribir la defunción de D.* Francisco Javier Elola Díaz-Varela *nacido en* Monforte de Lemos *provincia de* Lugo — *el día* — *de* sesenta y un años *de mil* — —, *hijo de D.* Gregorio — *y de Doña* Ysabel — —, *domiciliado en* — *de* — — *núm.* —, *piso* —, *de profesión* Magistrado Tribunal Supremo *y de estado* (1) Casado ignorándose los demás datos

falleció en el Campo de la Bota (2) *el día* — *de* ayer, *a las* seis y — *minutos, a consecuencia de* (3) profusa hemorragia interna —, *según resulta de* (4) el oficio remitido — ~~*y reconocimiento practicado*~~, *y su cadáver habrá de recibir sepultura en el Cementerio de*l Sud Oeste —

Esta inscripción se practica en virtud de lo mandado por el M. I. S. Coronel presidente del a Auditoría de Guerra de Cataluña con oficio de ayer que queda archivado

consignándose además que se ignora si testó

habiéndola presenciado como testigos, D. Juan José Vidal — *y D.* Camilo Palmé —, *mayores de edad y vecinos de* esta, Hospital 101 y Virgen Montserrat 6

Leída esta acta, se sella con el del Juzgado y la firman el Sr. Juez, los testigos (7) .... *de que certifico.*

Andrés Algueró

N.º 5440055 /22

Acta de defunción de D. Francisco Javier Elola Díaz-Varela. 13 de mayo de 1939. Barcelona
Registro Civil de Barcelona, Tomo 159-7, página 49

La presidencia de la Asamblea encargada de designar la terna para el nombramiento de presidente del Tribunal Supremo

(Fotos Contreras y Vilaseca, Yusti y Marín Gavilán)

Ahora (Madrid) 11 de julio de 1933, pág.17
Hemeroteca Digital. Biblioteca Nacional de España

El nuevo fiscal de la República, don Francisco Javier de Elola, rodeado de algunos de los concurrentes al banquete celebrado en su honor, por iniciativa de la Colonia Gallega de Madrid
(Fots. Alfonso, Díaz Casariego y Marín)

Mundo Gráfico (Madrid) 27 de Mayo de 1931, pág.11
Hemeroteca Digital. Biblioteca Nacional de España

DON JAVIER ELOLA
Ilustre magistrado, que ha sido nombrado Fiscal de la República por el Gobierno provisional

Mundo Gráfico (Madrid), 20 de mayo de 1931, pag. 23.
Hemeroteca Digital. Biblioteca Nacional de España.